学前教育专业教育教研成果系列教材

学前教育原理与实践

滕 宇　王艳红　主编

北京理工大学出版社
BEIJING INSTITUTE OF TECHNOLOGY PRESS

内 容 提 要

本书应高校学前教育专业培养目标的调整,以学前教育基本原理为主线,力求体现学前教育理论研究的前沿信息和《幼儿园教育指导纲要(试行)》倡导的最新理念,立足于学前教师专业发展的现实需要,注重实践能力的培养,强调理论与实践的融合,帮助学生了解学前教育教学实际,学会审视分析并初步解决教学实践中的问题。

本书围绕学前教师必备的专业素养,共分为八章。每一章的内容都注重以基础知识、基本原理为主,反映学前教育领域的基本共识,解决共性的理论认知问题,为后续的学习与发展打好知识、技能和价值基础。同时强化综合实训和实践教学,着力培养学生的从师素质和职业品格。

本书可作为高等院校学前教育专业的教材,也可作为学前教育工作者的参考用书,还可作为幼儿园教师资格理论考试的学习资料。

版权专有　侵权必究

图书在版编目(CIP)数据

学前教育原理与实践 / 滕宇,王艳红主编. -- 北京:北京理工大学出版社,2018.8(2024.1重印)
ISBN 978 - 7 - 5682 - 6192 - 0

Ⅰ.①学… Ⅱ.①滕… ②王… Ⅲ.①学前教育-教育理论 Ⅳ.①G61

中国版本图书馆 CIP 数据核字(2018)第 192998 号

责任编辑:杜春英		**文案编辑**:党选丽	
责任校对:周瑞红		**责任印制**:李 洋	

出版发行 / 北京理工大学出版社有限责任公司
社　　址 / 北京市丰台区四合庄路 6 号
邮　　编 / 100070
电　　话 / (010)68914026(教材售后服务热线)
　　　　　　(010)68944437(教材资源服务热线)
网　　址 / http://www.bitpress.com.cn
版 印 次 / 2024 年 1 月第 1 版第 7 次印刷
印　　刷 / 定州市新华印刷有限公司
开　　本 / 787 mm × 1092 mm　1/16
印　　张 / 14
字　　数 / 325 千字
定　　价 / 49.00 元

图书出现印装质量问题,请拨打售后服务热线,负责调换

前 言

学前教育学是一门多领域交叉融合的学科,体现了人类对学前儿童发展与教育的共同智慧。本书应高校学前教育专业培养目标的调整,以学前教育基本原理为主线,力求体现学前教育理论研究的前沿信息,体现《幼儿园教育指导纲要(试行)》倡导的最新理念。同时立足于学前教师专业发展的现实需要,注重实践能力的培养,强调理论与实践的融合,帮助学生了解学前教育教学实际,学会审视分析并初步解决教育实践中的问题。

近年来,政府对学前教育及学前师资培养日益重视,学前教师专业化建设呈现出前所未有的全新局面。为了落实学前教师专业标准中"以人为本、实践取向、终生学习"的基本理念,本书的设计特色如下:

一、理论简约。每章的理论部分采用简约式概述的方式展开,突出重点内容,为学前教育实践与发展提供明确的价值导向和行为引领。全书对 49 个典型案例进行剖析,并提供 32 个事例补充说明,扩展学前教育工作者的理论视野,探寻现象背后的原理本质,体现教材的教学适用性和可读性。

二、实践并行。实践部分占全书篇幅的 40% 以上,每章均设有技能训练内容,把理论表述转化为研讨活动或实践操作,丰富学前教育工作者的实战体验。共有 92 个实践训练项目、118 个实例分析练习,体现教材的实用性和可操作性。

全书共八章,由滕宇教授担任第一主编,王艳红教授担任第二主编。其中第一章和第五章由王艳红编写,其余六章由滕宇编写。全书由滕宇统稿。

本书可作为高等院校学前教育专业的教材,也可作为学前教育工作者的参考用书,还可作为幼儿教师资格理论考试的学习资料。

本书在编写过程中参考和引用了国内外学者的著作论文和学前教育一线教师的实践案例,在此向原作者表示诚挚的谢意!

本书虽沥尽心血,但依然深感粗糙,需要继续提高。本教材中的疏漏或不当之处,恳请广大读者及同行专家赐教指正,以期进一步修改完善。

编 者
2017 年 11 月

目 录

第一章 学前教育概述 (1)
第一节 学前教育的价值 (1)
一、学前教育价值的生理基础——关于脑科学的研究 (1)
二、学前教育价值的心理基础——关于关键期的研究 (2)
三、学前教育对于人的发展的价值 (4)
四、学前教育对教育事业、家庭和社会的价值 (5)
第二节 学前教育目标 (6)
一、学前教育目标概述 (6)
二、我国学前教育目标的结构体系 (6)
三、现阶段我国的学前教育目标 (8)
第三节 学前教育的基本原则 (9)
一、保教结合的原则 (9)
二、以游戏为基本活动的原则 (9)
三、发挥一日生活整体教育功能的原则 (10)
第四节 现代社会学前教育的发展趋势 (11)
一、政府主体作用越来越明显 (11)
二、学前教育育人水平不断增强 (13)
三、学前教育机构不断发展 (14)
四、学前教育师资不断优化 (14)
五、国际学前教育交流与合作日益频繁 (15)
教育评析技能训练 (16)

第二章 学前教育主要理论流派 (25)
第一节 人本主义的学前教育理论 (25)
一、人本主义理论的主要观点 (25)
二、人本主义视野中的学前教育 (26)
第二节 建构主义的学前教育理论 (29)
一、建构主义理论的主要观点 (29)
二、建构主义视野中的学前教育 (30)
第三节 教育生态学的学前教育理论 (34)
一、教育生态学理论的主要观点 (34)

  二、教育生态学视野中的学前教育 ……………………………………（36）
 第四节 多元智力的学前教育理论 ……………………………………（38）
  一、多元智力理论的主要观点 …………………………………………（38）
  二、多元智力理论视野中的学前教育 …………………………………（40）
 ■ 教育理论应用技能训练 …………………………………………………（43）

第三章 学前教师与学前儿童 …………………………………………（48）
 第一节 学前教师 ……………………………………………………（48）
  一、学前教师概述 ………………………………………………………（48）
  二、学前教师的专业素养 ………………………………………………（49）
  三、学前教师的专业成长 ………………………………………………（56）
 第二节 学前儿童 ……………………………………………………（58）
  一、儿童观概述 …………………………………………………………（58）
  二、科学的儿童观的内涵 ………………………………………………（59）
 第三节 师幼互动 ……………………………………………………（62）
  一、教师与幼儿的相互关系 ……………………………………………（62）
  二、努力建构积极、有效的师幼互动 …………………………………（63）
 ■ 学前教师教育技能训练 …………………………………………………（65）

第四章 幼儿园环境 ……………………………………………………（72）
 第一节 幼儿园环境概述 ……………………………………………（72）
  一、幼儿园环境的概念和分类 …………………………………………（72）
  二、幼儿园环境的创设原则 ……………………………………………（73）
 第二节 幼儿园心理环境的创设 ……………………………………（75）
  一、幼儿园心理环境的特点 ……………………………………………（75）
  二、幼儿园心理环境创设的要求 ………………………………………（76）
 第三节 幼儿园物质环境的创设 ……………………………………（77）
  一、室外环境的创设 ……………………………………………………（77）
  二、室内环境的创设 ……………………………………………………（80）
 第四节 幼儿园环境创设的评估 ……………………………………（83）
  一、幼儿园心理环境的标准 ……………………………………………（83）
  二、幼儿园室外环境的评估 ……………………………………………（83）
  三、幼儿园室内环境的评估 ……………………………………………（84）
 ■ 环境创设技能训练 ………………………………………………………（85）

第五章 学前儿童活动 …………………………………………………（92）
 第一节 区域活动 ……………………………………………………（92）
  一、区域活动概述 ………………………………………………………（92）
  二、区域活动环境的创设 ………………………………………………（93）
  三、区域活动材料的投放 ………………………………………………（94）
  四、区域活动的流程 ……………………………………………………（96）

五、区域活动的指导模式 ………………………………………………………（ 98 ）
　🔲 区域活动指导技能训练 …………………………………………………………（ 99 ）
　第二节　小组活动 ……………………………………………………………………（102）
　　　一、小组活动概述 …………………………………………………………………（102）
　　　二、小组活动的价值 ………………………………………………………………（102）
　　　三、教师在小组活动中的管理技术 ………………………………………………（102）
　🔲 小组活动指导技能训练 …………………………………………………………（104）
　第三节　主题活动 ……………………………………………………………………（107）
　　　一、主题活动概述 …………………………………………………………………（107）
　　　二、主题活动的有效开展 …………………………………………………………（108）
　🔲 主题活动指导技能训练 …………………………………………………………（114）

第六章　学前儿童游戏 ……………………………………………………………（121）
　第一节　学前儿童游戏的内涵 ………………………………………………………（121）
　　　一、学前儿童游戏的特征 …………………………………………………………（121）
　　　二、学前儿童游戏的教育作用 ……………………………………………………（122）
　　　三、游戏的分类 ……………………………………………………………………（124）
　　　四、游戏的发展阶段 ………………………………………………………………（124）
　第二节　学前儿童游戏的准备工作 …………………………………………………（125）
　　　一、游戏条件方面 …………………………………………………………………（125）
　　　二、学前教育思想方面 ……………………………………………………………（128）
　第三节　角色游戏的开展与指导 ……………………………………………………（129）
　　　一、角色游戏概述 …………………………………………………………………（129）
　　　二、角色游戏的主要特点 …………………………………………………………（129）
　　　三、角色游戏中的教师指导 ………………………………………………………（130）
　🔲 角色游戏指导技能训练 …………………………………………………………（133）
　第四节　结构游戏的开展与指导 ……………………………………………………（136）
　　　一、结构游戏概述 …………………………………………………………………（136）
　　　二、结构游戏的主要特点 …………………………………………………………（136）
　　　三、结构游戏中的教师指导 ………………………………………………………（137）
　🔲 结构游戏指导技能训练 …………………………………………………………（140）
　第五节　表演游戏的开展与指导 ……………………………………………………（141）
　　　一、表演游戏概述 …………………………………………………………………（141）
　　　二、表演游戏的特点 ………………………………………………………………（142）
　　　三、表演游戏中的教师指导 ………………………………………………………（142）
　🔲 表演游戏指导技能训练 …………………………………………………………（144）
　第六节　体育游戏的开展与指导 ……………………………………………………（146）
　　　一、体育游戏概述 …………………………………………………………………（146）
　　　二、体育游戏中的教师指导 ………………………………………………………（147）

　　　　三　体育游戏指导技能训练 ………………………………………………… (148)
　　第七节　智力游戏的开展与指导 ……………………………………………… (150)
　　　　一、智力游戏概述 ……………………………………………………… (150)
　　　　二、智力游戏中的教师指导 …………………………………………… (151)
　　　　三　智力游戏指导技能训练 ………………………………………………… (152)
　　第八节　音乐游戏的开展与指导 ……………………………………………… (153)
　　　　一、音乐游戏概述 ……………………………………………………… (153)
　　　　二、音乐游戏中的教师指导 …………………………………………… (155)
　　　　三　音乐游戏指导技能训练 ………………………………………………… (156)
　　第九节　游戏观察 ……………………………………………………………… (157)
　　　　一、游戏观察概述 ……………………………………………………… (157)
　　　　二、游戏观察的内容 …………………………………………………… (159)
　　　　三、游戏观察的方法 …………………………………………………… (160)
　　　　四、游戏观察的记录 …………………………………………………… (161)
　　　　三　游戏观察技能训练 ……………………………………………………… (163)

第七章　学前教育的衔接与合作 …………………………………………………… (167)
　　第一节　幼儿园与家庭教育的衔接与合作 …………………………………… (167)
　　　　一、家庭教育概述 ……………………………………………………… (167)
　　　　二、幼儿入园适应中的家园衔接 ……………………………………… (169)
　　　　三、幼儿园与家庭的合作 ……………………………………………… (171)
　　第二节　幼儿园与社区教育的合作 …………………………………………… (175)
　　　　一、学前社区教育概述 ………………………………………………… (175)
　　　　二、幼儿园与社区的合作内容 ………………………………………… (177)
　　第三节　幼儿园和小学的衔接 ………………………………………………… (179)
　　　　一、儿童入学适应的常见问题 ………………………………………… (179)
　　　　二、幼小衔接工作的内容 ……………………………………………… (180)
　　　　三、国外幼小衔接的经验 ……………………………………………… (183)
　　第四节　家庭、幼儿园、社区的合作 ………………………………………… (185)
　　　　一、以政府为主导，明确家园区合作管理机制 ……………………… (185)
　　　　二、以社区为平台，完善家园区合作管理的内容与形式 …………… (186)
　　　　三、以幼儿园为核心，提升家园区合作的服务功能 ………………… (186)
　　　　四、以家庭为基点，拓展家园区合作实施主体 ……………………… (187)
　　　　三　家园区合作技能训练 …………………………………………………… (187)

第八章　学前儿童发展评价 ………………………………………………………… (192)
　　第一节　学前儿童发展评价概述 ……………………………………………… (192)
　　　　一、学前儿童发展评价的内涵 ………………………………………… (192)
　　　　二、学前儿童发展评价的意义 ………………………………………… (192)
　　　　三、学前儿童发展评价的内容 ………………………………………… (193)

四、学前儿童发展评价的基本要求 ……………………………………（193）
第二节　学前儿童发展评价的方法与实施 ……………………………（195）
　　一、观察法 …………………………………………………………（195）
　　二、评定量表法 ……………………………………………………（199）
　　三、谈话法 …………………………………………………………（200）
　　四、作品分析法 ……………………………………………………（201）
　　五、成长记录袋评价 ………………………………………………（202）
　■　学前儿童发展评价技能训练 …………………………………………（203）

参考文献 ……………………………………………………………………（208）

第一章

学前教育概述

学前教育是一种社会现象,也是一项社会活动。我国的学前教育是国家教育体系的重要构成部分,是国家学校制度的基础阶段。学前教育的目的一方面在于保证幼儿身心健康,促进幼儿和谐、全面地发展,为培养社会主义事业的建设者和接班人打基础、做准备;另一方面在于为幼儿家长解除后顾之忧,有利于解放劳动力,使家长更潜心于物质财富和精神财富的创造。当今社会,学前教育越来越受到公众的关注,已成为文明社会不可缺少的一个教育阶段。

教育按受教育者的年龄层次划分,可分为胎教、新生儿教育、托儿所教育、幼儿园教育、小学教育、中学教育、大学教育及多种多样的社会教育。我国的学前教育主要指对0~6岁年龄段的儿童所实施的教育,包括0~3岁婴儿的早期教育和3~6岁幼儿的学前教育。0~3岁婴儿的学前教育一般在家庭、托儿所和早教中心进行,3~6岁幼儿的学前教育则是在幼儿园实施的。

第一节 学前教育的价值

价值就是满足人们需要的关系属性。学前教育不仅有利于开发婴幼儿的学习潜能、提高学习兴趣、增强学习能力、促进学前儿童较好地适应以后的学习生活,为其终身的发展打造一个良好的开端,而且是缩小社会贫富差距、提高国民素质、提高国家经济实力的最具有前瞻性的战略决策,也是政府投资最少、回报率最高的教育事业。

一、学前教育价值的生理基础——关于脑科学的研究

脑的发展是个体心理发展的自然物质基础。学前期是人一生中脑的形态、结构和机能发展最为迅速的时期,这主要体现在脑重的增长、大脑皮质发展、大脑单侧化等方面,这些直接决定着大脑机能的发展。借助FMRI、LMN扫描等基于计算机的成像技术,人们比以往任何时候都更详尽地了解大脑的结构。人们可以看到大脑在不同发展阶段的形状与功能,以及出生前数月的大脑发育情况。

(一)脑重的增长

出生之际,婴儿的大脑处于极度未发展状态。人脑有140多亿个细胞,这是个体终生思考、交流、学习和发展的基础。有研究表明,出生后3个月内脑细胞第一次迅速增殖,

70%～80%的脑细胞是在3岁前形成的,脑的发育速度在7岁前是最快的。新生儿脑重约400 g,只相当于成人脑重的30%,9个月时脑重达660 g,接近于成人脑重的50%,这一时期脑重平均每天增长1 g;3岁左右儿童的脑重达950 g,相当于成人脑重的70%;6岁时脑重达1 280 g,相当于成人脑重的90%。这些脑形态的发展变化在一定程度上反映了大脑内部结构发育和成熟的情况。

(二) 大脑皮质发展

儿童出生后5个月是脑电活动发展的重要阶段,脑电逐渐皮质化,伴随产生皮质下的抑制;1～3岁期间,儿童脑电活动逐渐成熟,主要表现为安静觉醒状态下脑电图上主要节律的频率有较大提高,脑电图也复杂化。在4～20岁这个年龄段中,脑功能发展存在两个明显的加速期,第一次在5～6岁(第二次是在13～14岁),使个体脑的机能在一定程度上呈现出一个"飞跃"。随着新经验的到来,婴儿的大脑通过在神经元之间形成和强化数以兆计的神经结或神经键来做出反应。

(三) 大脑单侧化

大脑单侧化,即在大脑某个半球建立特定功能的过程,是大脑机能发展的另一重要方面。新生儿就具有大脑单侧化的倾向,但这种倾向只表明了大脑两半球在功能上存在着量的差异。随着幼儿期大脑逐步发育成熟,单侧化倾向逐渐发展,两半球在功能上出现质的差异。脑的结构和机能在学前期的发展并非处于一种纯粹自然的状态,而是在很大程度上受到环境和教育的影响与制约。作用于儿童身体或神经系统上的早期经验影响其大脑相应区域细胞的生长。丰富多彩的适宜环境因素的刺激是促进儿童脑细胞迅速生长的重要条件,而适宜的早期教育是促进脑发育充分和完善的最有效的环境刺激因素。

儿童大脑的"工作细胞"已经形成,大脑的主要机能已趋完善,具备了接受外界大量刺激的可能性。如果抓紧时机进行充分的、最适合、最有效的刺激,可以使儿童在大脑中留下极为深刻的印象,有助于儿童大脑及早建立复杂交错的神经网络,为儿童今后大脑健康发展奠定良好的基础,使其日臻完善和成熟。

可见,脑是个体心理发展必需的"硬件",其质量直接影响人的发展,而学前期是脑的形态、结构和机能发展最为迅速的时期,同时这一时期的发展又在很大程度上受制于早期环境和教育质量,这就直接为学前教育对人的全面发展和国民素质的提高产生长远、深刻的影响提供了生理基础和依据。

二、学前教育价值的心理基础——关于关键期的研究

关键期是发展神经生物学领域中的重要概念,起源于奥地利生态学家、诺贝尔奖获得者洛伦兹(K. Lorenz)对印刻现象的研究。之后研究者开始把主要精力集中于人类行为上,并且这些研究成果为教育领域研究早期儿童发展所借鉴,尤其是对儿童的各种早期发展行为(包括心理、技能、知识的掌握等行为)的研究中,提出了儿童心理发展关键期理论,并且对儿童早期教育和儿童学习产生了巨大的影响。当前研究进展主要包括关键期内某些功能的补偿性、关键期与突触发生及修剪的关联性,以及人脑有发育顺序和成熟的关键期等方面。

研究发现,关键期内的某些能力以及学习能力与突触发生有密切关联,即学习的机制在于神经细胞突触能力的改变。一个人从出生起就不断地学习和记忆各种东西,在脑系统中也相继形成一个个有序状态,相应地也引起突触的生长。从婴儿出生开始一直持续到儿童期,

这是大脑神经突触显著增长的时期。人脑中突触的密度是随着不同的脑区而变化的，在幼儿成长过程中，存在着一系列的关键发展期或敏感阶段，不同发展方面的关键期也不尽相同，具体见表1-1。

表1-1　儿童智力与非智力心理素质发展的关键期[①]

时间	内容	发展状态
2岁左右	计数能力	开始萌芽
3岁左右	学习自我约束	建立规则意识
3岁左右	动手能力	开始发展成熟
3岁半左右	独立性	开始建立
3岁半左右	注意力	发展
3~5岁	音乐能力	开始萌芽
3~4岁	观察能力	开始形成
4岁左右	学习外语	开始发展
4岁半左右	知识学习	产生直接兴趣
5岁左右	学习与生活观念	开始掌握
5岁半左右	抽象思维	开始萌芽
5岁半左右	抽象词汇及语言能力	开始形成
5岁半左右	幼儿悟性	开始萌芽
5岁半左右	学习心态、学习习惯	开始产生
6岁左右	社会组织能力	开始形成
6岁左右	创造力	开始成熟
6岁左右	观察能力	开始成熟

　　人类突触生长的时间周期与儿童的发展和教育密切相关，表现为神经发展方面的改变与幼儿行为和认知能力变化的联系。环境刺激维持和强化经常加工信息的突触，经常使用的突触得到经验的强化和保持。错过了学习关键期，相关的学习就会变得非常困难，呈现递减状态，甚至不可能进行相关的学习。因此科学家称之为一个可开可关的"机会之窗"（Window of Opportunity）。

　　所有这些研究都在坚定一个信念：幼儿早期是大脑对新经验最开放的时期。脑的发展在最早期是独特的，经验在一定的时间段里能起非常重要的作用，它们将要深深地影响往后的发展。学前期是幼儿人生的关键阶段，人的学习能力、对事物的敏感程度、行为习惯以及智力等都是在这一时期发展而来的。这段时期对幼儿具有重要的作用，所以应该抓住机会对幼儿开展适宜性的教育，提升幼儿早期发育所处环境和所接触信息的质量。

　　国内外对学前教育在幼儿智力发展中的作用进行了诸多研究，如美国著名心理学家布鲁

---

① 李黎波. 儿童关键期的教育. 牡丹江师范学院学报，2004（4）.

姆（Orlando Bloom）对将近千名儿童从出生一直到成年进行了追踪研究，他提出了个体智力发展的科学假设：5 岁以前幼儿的智力与 17 岁普通人智力水平相比较，在 4 岁时获得了 50%的智力，其余 30%的智力是在 4~8 岁形成的，最后的 20%是在 8~17 岁时形成的，即人的智力在 17 岁时就已确定，并且婴幼儿阶段决定了一个人大部分的智力，学前阶段是人智力形成的关键期。

以脑生理、心理研究为主要内容的儿童早期心理和教育研究的深入，正使人们对于学前教育重要性和价值的认识不断地提高和深化。加强早期儿童教育，为每一个儿童创造高质量的学前教育的机会，正成为世界各国教育改革与发展的一项重要内容。

三、学前教育对于人的发展的价值

学前教育阶段是人生最重要的训练和装备心灵的阶段，为人的一生做重要的奠基，直接影响生命大厦的高度、广度和坚实度。它涉及各种潜能的发掘、各种意志品质的培养、各种必要生活经验的习得、各种良好习惯的养成。学前教育对于人的发展的价值是学前教育诸多价值中最核心、最根本的，它对于教育事业、家庭和社会发展的价值都是以其对于人的发展的价值为中介来实现的。

（一）为幼儿的身体发展奠定良好的基础

在学前期，幼儿处于生长发育的重要时期与特殊阶段。身体的生长发育速度快，身体各部分器官与系统尚未发育成熟，身体形态结构没有定型，幼儿的动作不够协调，独立生活能力差。学前教育遵循幼儿身体生长发育规律，通过科学安排幼儿生活、预防疾病、平衡膳食、加强体育锻炼等措施，能够促进幼儿身体的正常发育，加强机体的机能及对外界的适应能力，增强体质，并为幼儿未来的发展奠定良好的基础。

（二）持续影响幼儿社会性品质的发展

学前期是个体社会化的起始阶段，6 岁前是人的行为习惯、情感、态度、性格雏形等基本形成的时期，是儿童养成良好社会性行为和人格品质的重要时期。这一时期儿童的发展状况影响并决定着儿童今后社会性的发展方向、性质和水平。高质量的学前教育能够有力地促进儿童社会交往能力、爱心、责任感、自控力、自信心和合作精神的发展，帮助儿童积极地适应环境，顺利地适应社会生活，对儿童的各方面发展产生持续性影响，从而有助于他们的健康成长。

（三）对塑造幼儿个性有非常重要的作用

在幼儿时期，孩子的个性品质开始萌芽并逐渐形成。幼儿有自己独特的视角，有自己独有的想法，自我意识逐渐萌芽，他们具有很强的可塑性，是最易发展、最易受挫的时期。学前教育在关注幼儿全面发展的同时，注重幼儿的个性彰显，为幼儿营造一个宽松和谐、平等激励的环境，以正确的思维模式对幼儿加以引导，有效地塑造幼儿初步的个性态度和思想理念，树立幼儿的自信心与上进心，培养幼儿的创新意识与探究精神，鼓励幼儿自由思考。学前教育能够从新的角度探索、思考和讨论新的问题，使幼儿的个性品质得到最专业、最科学的塑造。

（四）加强幼儿对事物的认知，培养求知欲

学前期是人的认知发展最为迅速、最重要的时期，在人一生认识能力的发展中具有十分

重要的奠基性作用。婴幼儿具有巨大的学习潜力，学前期幼儿主动学习知识，是学口语、交际成熟化、掌握知识概念最快速的阶段，同时，幼儿的想象力、创造力十分丰富，动手实践能力很强，是逐渐挖掘潜力、开发智力的有利时机。

学前教育为儿童提供丰富的感性经验并给以积极的引导，促成学前教育与儿童协调发展与连接，形成相互促进的联动关系。学前教育的质量还直接关系到儿童能否形成正确的学习态度、良好的学习习惯和强烈的学习动机，从而对个体的认知发展和终身学习产生重大的影响。适宜的、遵循儿童身心发展规律的学前教育能够积极地促进儿童各种智力和非智力因素，特别是语言能力、思维能力、创造性、学习动机、求知欲、自我效能感等的发展，有效地激发儿童探究世界的学习欲望，良好地诱导儿童认知结构的发展，给幼儿潜力充分发挥的空间。

四、学前教育对教育事业、家庭和社会的价值

学前教育不仅对个体的身心发展十分重要，而且对教育事业的发展、家庭的幸福和社会的稳定与进步也具有重要的作用。

（一）学前教育对教育事业发展的价值

学前教育作为我国学制的第一阶段、基础教育的有机组成部分，必然对我国教育事业的整体发展具有重要的作用与影响。学前教育通过帮助幼儿做好上小学的准备，包括学习适应方面的准备（如培养学习所需要的抽象思维能力、观察能力、对言语指示的理解能力和读写算所需要的基本技能等）以及社会适应方面的准备（如培养幼儿任务意识与完成任务的能力、规则意识与遵守规则的能力、独立意识与独立完成任务的能力以及主动性、人际交往能力等），能够使儿童入学后在身体、情感、社会性适应和学习适应等方面都有良好的发展，从而顺利地实现由学前向小学的过渡，进而实现向更高级别的学校过渡。由此可见，学前教育质量对于基础教育乃至教育事业的整体发展具有巨大的影响。

（二）学前教育对家庭和社会的价值

事实表明，儿童能否健康地成长和发展已成为决定家庭生活是否和谐幸福、家庭生活质量是否提升的关键性因素。家庭是社会的组成细胞，每一个幼儿能否健康成长都是家长关注的焦点，决定了家庭生活的和谐幸福，进而牵动着整个社会。学前教育可以纠正、弥补家庭学前教育的诸多不足。专业教育机构提供的物质环境、人文环境是家庭教育所无法比拟的，而通过学前教师的专业教育活动，可以让幼儿在身心方面获得更大的发展，所有由专业教育机构开展的正规学前教育对于儿童的发展具有很强的针对性。学前教育质量直接关系着家长能否放心地工作、安心地生活。这很好地反映出学前教育及其质量对家庭生活、国民经济的发展和社会秩序的稳定等所具有的重要作用。

在不同的历史时期，不同的社会背景下，学前教育的价值和意义是不同的。学前教育不仅为儿童的全面发展打下坚实的基础，更关系到社会的进步和国家的富强。学前教育是一切教育活动的起点，虽然教育事业没有尽头，但在学前教育阶段打好基础，能让之后的教育活动更加高效。在终身教育观的指导下，必须重视学前教育的价值，放眼未来，从理论和实践上促进学前教育的发展，提升学前教育品质，真正做到为培养身心健康发展的儿童而奋斗，为切实追求儿童幸福而努力。

第二节　学前教育目标

学前教育目标代表了社会经济的发展对人才规格的需求，也代表了心理学、教育学等社会科学的研究进展，同时体现出家庭对儿童的期望。《幼儿园工作规程》对我国学前教育目标有了新的诠释，表达了现代社会和未来社会对新一代人才规格的需求。

一、学前教育目标概述

（一）学前教育目标的内涵

学前教育目标是教育目的在学前教育阶段的具体化，是国家对学前教育提出的培养人才的规格和要求，是全国各类型学前教育机构统一的指导思想。

我国学前教育的目标是"对幼儿实施体、智、德、美等方面全面发展的教育，促进其身心和谐发展"。"全面"指体、智、德、美发展的整体性，缺一不可；"和谐"指体、智、德、美的有机性，不可分割。"全面和谐发展"是学前教育目标的核心要求，既是教育活动的出发点，也是教育活动的归宿。学前教育只有全面实施素质教育，才能满足幼儿终身学习和未来发展的需要。这一目标体现了国家对新一代要求的总方向，是确定幼儿园教育任务、评估幼儿园教育质量的根本依据，国家通过这一目标对全国幼儿园教育进行领导和调控。

（二）学前教育目标的意义

1. 学前教育目标对学前教师的思想和观念具有导向、激励作用

学前教师是学前教育活动的组织者，是学前教育活动方向的把握者。用学前教育目标影响教师，使之具有明确和正确的目标意识，并以这种意识去选择教育内容、教育方法、教育手段，设计教育环境。可以说对教育活动真正起指向作用的是扎根于教师意识中的教育目标。有了明确的教育目标，才能使教育活动有统一的目标和步调，有统一的衡量教育结果的标准和指标。

2. 学前教育目标对教育过程具有指导、控制作用

学前教育目标是教育过程的调控器，它使整个教育过程都围绕并指向教育目标。由于学前教育目标提供了学前教育的发展方向和质量要求，教育者在按照一定的教育目标对幼儿进行教育时，就能更好地控制教育对象的发展，改变人的自然的、盲目状态的发展过程，或摆脱各种不符合教育目标行为的外来干预，按照教育目标的要求来培养儿童，为其成为一定社会合格的成员打好基础。

3. 学前教育目标对幼儿发展具有规范、评价作用

学前教育目标指明了幼儿发展的领域和基本范围，描绘了幼儿发展的蓝图。学前教育实践工作中，评价教育行为是否有效、教师工作成绩的高低以及在教育活动中幼儿成长状况如何，都是通过学前教育目标来检验的。教育目标也是衡量教育成效的尺度，是衡量幼儿发展的尺度。因此，学前教育目标也是学前教育评价体系的基础。

二、我国学前教育目标的结构体系

在国家学前教育总目标的宏观指导下，通过"综合——分析——综合"的思维过程而形成纵横交叉、有机结合的目标系统。

(一) 纵向结构

学前教育目标从纵向的逻辑关系来分解，可依次划分为四个层次。通过层层具体化，转化为对幼儿的可操作性的发展要求。学前教育目标的层次不同，其可操作性就有区别。越是具体的、下位的目标越具有可操作性。上位目标一定要分解为下位目标，才能得以实施。

1. 学前教育总目标

学前教育总目标是由国家制定并通过法规或其他行政性文件颁布的，是在全国范围内具有指导价值的目标。这一层次的目标概括性强，较为宏观，可操作性低，是一种较为原则性的目标。

2. 学段目标

学段目标是素质发展目标的具体化，由一系列相互联系的、逐步递进的单元目标构成。由于教育活动和幼儿发展既有连续性，又有阶段性，是一个循序渐进、螺旋上升的运转过程，也是幼儿素质不断由"现有发展区"向"最近发展区"持续递进的过程。因此，要制定不同的学段目标。学段目标包括各年龄班的学年目标和学期目标，即综合性地规定每个学段的教学内容、教学要求、主要教育活动与幼儿发展的预期目的等。

3. 单元教育目标

单元教育目标即把学段规定的教育领域内容，按照以科学知识为主导、以事物的发展规律和幼儿的思维逻辑为序，确定一个个主题的排列组合，形成循序渐进、有机结合的系列性单元教育活动，并相应地一一制定单元教育目标。每个单元教育可包括若干个具体教育活动，可以是综合性的，也可以是侧重于某个学科领域的内容。学前教育生活中，让幼儿获得的认知、经验、技能以及个性、社会性品质等要求，都体现在单元教育目标中。

4. 教育活动目标

教育活动目标又称教育行为目标。它是指某一个具体的教育活动所要达到的结果，或所引起的幼儿行为的变化。它是单元教育目标的具体化，是一种最具有可操作性的目标。学前教育任务和培养目标都要通过一个个的具体教育活动而实现。不管如何组合，具体活动目标都要落实学段目标和贯彻单元教育目标，并密切针对幼儿身心发展的实际水平和新需求。学前教育目标只有细化成教育活动目标，才能贯彻到具体的教育过程中，才能落实到幼儿的发展上。

(二) 横向结构

横向结构是指上述每一纵向层次的学前教育目标都可以从三个横向角度加以确定，分别形成内容目标结构、领域目标结构和发展目标结构。

1. 内容目标结构

从学前教育内容来看，每一纵向层次的目标都包括体育、智育、德育和美育目标。这四个方面的目标相互联系、有机结合，形成内容目标结构。

2. 领域目标结构

从学前教育活动来看，每一纵向层次的目标都可分为健康、语言、社会、科学、艺术等领域的目标，从而形成领域目标结构。

3. 发展目标结构

从幼儿身心素质发展来看，每一纵向层次的目标都包括情感、认知与能力等方面的目标，从而形成发展目标结构。

上述目标有机地构成了教育目标结构体系。幼儿园教育目标体系明细具体见表1-2。学前教育总目标主导其他目标，其他目标是在纵向或横向上层层落实，分别围绕总目标运转，充分发挥着"卫星"的作用。

表1-2 幼儿园教育目标体系明细

领域目标	情感	认知	能力
健康	培养健康的生活态度，提高参加体育活动的兴趣	了解健康、安全的基本常识	发展基本动作，培养自我服务技能
语言	增进用语言进行表达和交流的意愿，培养阅读的兴趣	理解日常用语，了解阅读的基本常识	发展言语交往技能，增强对语言文字的敏感性
社会	培养良好的社会性情感和积极的生活态度	丰富社会生活经验，发展社会认知能力	培养基本的交往技能和良好的社会行为习惯
科学	培养对科学现象进行探究的情感	增进对周围事物、现象之间以及人与自然之间关系的认识	培养运用感官发现和解决简单问题的能力
艺术	萌发初步的感受美、表现美的情趣	初步感受自然美和艺术美	能用自己喜欢的方式进行艺术表现活动

同样是画树木，A教师的活动目标是：能大胆地画出1~2棵自己喜欢的树，能创造性地表现树的形态和色彩，B教师的活动目标是：能用绘画的方式记录下自己观察到的树的形态和结构，尝试描绘树的细节特征。

分析：从这两个教学活动的目标可以看出，这是分属两个不同领域的教学活动。A教师设计的目标是针对美术活动的，因为它突出了绘画活动的创造性。B教师设计的目标是针对科学活动的，它强调了对树木的观察，突出的是如实地"记录"。

三、现阶段我国的学前教育目标

2016年国家教育部发布的《幼儿园工作规程》中，我国学前教育目标的具体表述如下：

（1）促进幼儿身体正常发育和机能的协调发展，增强体质，促进心理健康，培养良好的生活习惯、卫生习惯和参加体育活动的兴趣。

（2）发展幼儿智力，培养正确运用感官和运用语言交往的基本能力，增进对环境的认识，培养有益的兴趣和求知欲望，培养初步的动手探究能力。

（3）萌发幼儿爱祖国、爱家乡、爱集体、爱劳动、爱科学的情感，培养诚实、自信、友爱、勇敢、勤劳、好问、爱护公物、克服困难、讲礼貌、守纪律等良好的品德行为和习惯，以及活泼开朗的性格。

（4）培养幼儿初步感受美和表现美的情趣和能力。

学前教育目标的侧重点随着不同的历史时期而发生一定的变化。其中可以明显地看到知识观、教师观、儿童观、教育观的变化。从较多地强调知识教育发展到强调能力培养，从知识、能力并重发展到强调个性发展，强调情感发展。这也从一定程度上反映了广大学前教育工作者对幼儿发展认识的全面和深入。

第三节　学前教育的基本原则

教育原则是反映教育规律的，在教育系统内部制约和指导教育的基本法则和标准。学前教育的基本原则包括两个部分：一部分是与其他教育阶段如中、小学教育共有的，如尊重儿童的人格尊严和合法权益的原则、发展适宜性原则、因材施教原则等；另一部分是它所独有的、与其他教育不同的特殊原则。

一、保教结合的原则

"保教结合"在幼儿园是一种教育思想，也是一条教育原则。这是由幼儿身心发展的统一性所决定的，也是学前教育工作规律所要求的。贯彻保教结合原则是我国教育方针在学前教育中的具体体现。贯彻这一原则，应当注意以下两点。

（一）保育和教育是幼儿园两大方面的工作

保育主要是为幼儿的生存、发展创设有利的环境和提供物质条件，给予幼儿精心的照顾和养育，帮助其身体和技能良好地发展，促进其身心健康地发展；教育则重在培养幼儿良好的行为习惯、态度，发展幼儿的认知、情感、能力，引导幼儿学习必要的知识技能等。这两方面构成了幼儿园教育的全部内容。

（二）保育和教育工作互相联系、互相渗透

幼儿园保育和教育不可分割的关系是由幼教工作的特殊性和幼儿身心发展的特点决定的。虽然保育和教育有各自的主要职能，但并不是截然分离的。教育中包含了保育的成分，保育中也渗透着教育的内容。保育和教育不是分别孤立地进行的，而是在统一的教育目标指引下，在同一个教育过程中实现的。在实践中应做到"教"中有"保"，"保"中有"教"，二者并举、有机结合，渗透于幼儿的一日生活和全部教育活动之中，统一在幼儿的全面发展上。

教师应从幼儿身心发展的特点出发，在全面、有效地对幼儿进行教育的同时，重视对幼儿生活上的照顾和保护，保教合一，确保幼儿健康、全面地发展。

二、以游戏为基本活动的原则

基本活动是指在人生的某个阶段，其出现频率最高，对人的生存发展最有价值、最适合所在年龄阶段的活动。幼儿生理学、心理学的研究成果以及大量实践经验表明，游戏最符合幼儿身心发展的特点，最能满足幼儿的需要，能有效地促进幼儿发展，具有其他活动所不能替代的教育价值。贯彻这一原则，应当注意以下两点。

（一）游戏是儿童最好的学习方式

"幼儿园以游戏为基本活动"符合现代学前教育的基本原理。对于学前幼儿来说，游戏也是一种学习，它是一种更重要、更适宜的学习。幼儿在游戏中感知和探索周围世界，模仿和演练社会行为规范。各种游戏活动为幼儿身体、智能、道德品质、情感、创造性发展提供了学习的平台，是他们成长的重要手段。幼儿园生活中，必须从时间、场地、玩具材料及教

师指导等各方面保证幼儿各种游戏的正常开展。

(二) 游戏是学前教育内容与形式的结合

游戏既是学前教育活动的内容，又是学前教育实施的途径。教学活动中可以通过游戏的形式巩固幼儿所学的知识、技能。通过游戏给幼儿一定的自主性，以达到激发幼儿学习的兴趣，使之产生愉快的情绪体验，增强教育效果。为使学前教学活动更适合幼儿的需要，更能发挥教育的作用，必须寓教育于游戏之中，把游戏的因素渗透到各种活动中，将游戏形式贯穿于教育活动的全过程。

三、发挥一日生活整体教育功能的原则

幼儿园一日生活包括由教师组织的活动（如幼儿的生活活动、劳动活动、教学活动等）和幼儿的自主自由活动（如自由游戏、区域活动等）。一日生活中的各种活动是完成体、智、德、美全面发展教育的需要，具有保育和教育的双重意义。每种活动不是分离地、孤立地对幼儿发挥影响力的，幼儿一日生活中教育手段的多样性也有利于幼儿接受教育。合理安排幼儿的一日生活是幼儿学习与发展的基本保证。贯彻这一原则，应当注意以下两点。

(一) 教育生活化

教育生活化是指将富有教育意义的生活内容纳入课程领域。例如，课程安排按照学前教育机构生活的自然秩序展开，课程内容可以依据节日顺序展开，或者依据时令、季节变化规律来组织课程等。加强教育同生活的联系，将学前儿童在各种情境中的经验加以整合，不论是日常生活中学习积累的，还是在非日常生活中应该了解和认识的，都纳入到课程组织结构中加以统整。此外，活动的内容选择、活动的实施等都要注意生活化。

(二) 生活教育化

生活教育化是指将学前儿童已经获得的原有经验在生活中进行适时引导，以促进学前儿童的发展。在学前教育机构中，在成人看来并不重要的小昆虫、小石子、树叶等各种各样的自然物，都是学前儿童眼中的宝贝。教师若能对学前儿童的世界加以观察，并将这些内容有效地组织起来，会使学前儿童在感知生活的过程中得到发展。故教育活动设计不仅仅是课堂教学活动的设计，还应该包括一日活动的各个环节，寓教育于一日活动中，及时抓住机会对儿童实施教育。通过帮助儿童组织已经获得的零散的生活经验，使经验系统化、完整化。

幼儿园一日生活安排见表1-3。

表1-3 幼儿园一日生活安排[①]

活动时间	活动内容
晨间活动 （7：30—8：30）	1. 教育幼儿有礼貌，主动跟老师打招呼。 2. 组织幼儿欣赏歌曲
教育活动 （9：00—9：20）	1. 游戏活动：猜猜我是谁，能熟练说出好朋友的特征。 2. 艺术活动：歌曲《小小粉刷匠》，能用自豪的情绪演唱歌曲，感受歌曲欢快、活泼的风格，并能根据歌词创编表演动作

---

① https://www.jy135.com/html/jihuazongjie/zhongbanjihua/2010/0712/29113.html

续表

活动时间	活动内容
生活活动 （9：20—9：40）	巩固已养成的好习惯，会正确、主动地洗手，能主动喝足量的水，随渴随喝
游戏活动 （10：00—10：40）	户外游戏：跨步比赛，进一步了解手势所表达的意思，体验同伴间游戏的乐趣
生活活动 （11：00—14：40）	欣赏故事、午睡，进餐时注意培养幼儿独立进餐的能力和文明进餐的习惯。学习系鞋带，能熟练看出鞋的正反方向
区域活动 （14：40—15：40）	安全教育：《小小气球》，教育幼儿气球碎片不能当玩具玩
生活活动 （15：40—16：00）	引导幼儿学会自己的事情自己做，培养幼儿自我服务的意识
游戏活动 （16：00—17：00）	户外游戏：造皮球，练习听信号行动，能快速地做出反应

在幼儿园里，教师要全面负责幼儿的整个活动，不仅要照料幼儿的生活起居、饮食睡眠，要指导他们进行身体锻炼，关心他们的身心健康，还要指导他们开展游戏、劳动、散步等各项活动，促进他们在智力、情感、社会文化等方面的发展。要贯彻"一日生活皆教育"的理念，教师就要全面了解幼儿各年龄段和各领域的行为发展，重视学习环境的创设，使幼儿真正能在与环境材料的互动中学习，还要丰富活动资源，细化一日生活的具体要求，在过渡环节方面精心设计，寻求幼儿自主与教师安排的平衡点，努力使幼儿的学习与发展得到具体的落实。

上述各条原则是彼此密切联系、相互渗透、不可分割的整体，教师在学前生活实践中应当综合运用，并贯穿于学前教育的全过程。

第四节 现代社会学前教育的发展趋势

2010年9月，首届联合国教科文组织世界幼儿早期保育和教育大会在莫斯科召开。大会主题为"构筑国家财富"，充分反映出国际社会对发展学前教育所形成的共识。哈佛大学儿童发展研究中心主任、美国国家研究院脑科学与儿童发展研究委员会主席杰克·肖可夫（Jack Shonkoff）在大会上强调："儿童的早期发展状况会影响到一个国家未来劳动者的素质和效率、国民的生活质量以及社会的公平、稳定与发展。投资早期教育就是投资国家的未来。"

一、政府主体作用越来越明显

自福禄培尔（Froebel）创办世界上第一所幼儿园以来，社会性的学前教育机构已有近200年的历史。正规的学前教育由最初少数工业发达国家富裕阶层儿童的专利，逐步成为当今世界绝大多数国家不同家庭背景孩子的启蒙教育。原先具有浓郁的慈善性兼福利性色彩的学前教育机构，正日益转变为国民教育体系的基础部分。学前教育的发展与机构的管理，也从各种非政府组织包括社会慈善机构、私人基金会、教会等的分散进行与运行，渐趋转为国家运用法制进行规范以及政府通过公共政策与权利的使用予以支持、资助。国家及政府成为推进学前教育发展的最重要角色，政府采取的相关政策与策略对各国学前教育的发展具有极其重要的作用。

（一）通过立法保障学前教育的发展

第二次世界大战后，各国对学前教育更加重视，不断地推出各种法律法规，以保证和促进学前教育的发展。1979年，美国政府通过的《儿童保育法》提出"所有幼儿都能进入幼儿园"的国家教育目标，1990年通过了《儿童早期教育法》，1994年《2000年目标：美国教育法》中把"所有儿童都要接受高质量的、能培养发展潜力的学前教育"放在全美八大教育目标的首位，并以联邦立法的形式加以规定，这在美国教育立法中尚属首次。英国政府近年来通过制定和颁布许多相关的法律与政策报告，如《儿童法》《儿童保育法》绿皮书《每个儿童都重要》以及《儿童保育十年战略》等为其学前教育事业发展提供政策与法律保障。我国《国家中长期教育改革和发展规划纲要（2010—2020年）》提出"到2020年基本普及学前教育的战略目标"，《国务院关于当前发展学前教育的若干意见》制定了促进学前教育改革与发展的政策体系。

（二）政府财政投入不断加大

以政府财政投入为主发展学前教育在当今已形成广泛的国际共识，世界各国采取各种形式不断加大对学前教育的投资力度。欧盟委员会保育协作组织1996年建议欧洲各国至少把GDP的1%投入学前教育和保育事业，瑞典幼教投入占GDP的1.7%，丹麦达到2%。学前教育财政经费占教育经费总预算的比例不断增长，目前学前教育公共经费占教育总经费8%~10%的国家有丹麦、德国、奥地利、意大利、爱尔兰、英国和瑞典，超过10%的国家有匈牙利、法国和捷克。2011年法国幼儿园在学儿童人均年花费5 670欧元。美国国会1990年通过《儿童保育与发展固定拨款法》，依照该法规定，1996—2002年每个财政年度联邦政府应对该法授权的儿童保育服务提供10亿美元的拨款，获得拨款的机构要将其中不少于4%的部分用于改进和提高儿童保育服务的质量。2002年通过《不让一个儿童落后法》，其中"阅读优先"项目覆盖学前教育，该法规定2003—2008年联邦政府每年度拨款9亿美元用于"阅读优先"项目，其目的在于帮助各州和学区在幼儿园至三年级发展各种以科学研究为基础的阅读项目，从而提高儿童的阅读能力。美国总统奥巴马上任后，在教育施政纲领中提出实行"全民早期教育"，投资100亿美元发展学前教育。

（三）保障学前教育的公平与普惠

学前教育的基本属性和学前教育资源的特殊性，决定了不可能通过自由市场竞争实现资源配置的优化并服务于社会大众。建立学前教育的社会公共服务体系，政府必然是资源配置的主导者、资源的主要提供者和普惠广大人民群众的基本保障者。

美国有若干个全国性的学前儿童保育与教育计划，其中，持续时间最长、影响最大的是1965年开始的开端计划（Head Start）。该计划旨在向贫困家庭的3~5岁儿童与残疾幼儿免费提供学前教育、营养与保健。1994年又提出早期开端计划，把教育服务对象延伸到贫困家庭的两岁孩子；后来又推行"社会服务补助金"项目，为低收入但不领福利金的家庭提供托儿补助。2008年资助金额达17亿美元，其中近10%的补助金用于为符合条件的低收入家庭提供托儿资助。英国提出的"Sure Start"项目、德国提出的"Mo. Ki"计划和荷兰提出的 Capabel 计划，都是致力推进面向处境不利幼儿、促进教育起点公平的国家行动。我国政府在发展学前教育中所承担的保障公平责任，突出表现在公益普惠的基本取向和构建学前教育公共服务体系。具体如下：一是从整体上努力扩大普惠性学前教育资源，让广大适龄儿童公平享有接受基本的、有质量的学前教育的机会。二是让公共财政对学前教育的投入普遍惠及接受普惠性学前教育的儿童，让他们广泛分享公共投入的阳光雨露。三是大力发展农村学前教育，努力缩小城乡在接受学前教育机会和学前教育质量方面的差距。四是建立和完善资助制度，对家庭经济困难的儿童、孤儿和残疾儿童减免保教费、补助伙食费，使他们不会因为经济原因失去接受学前教育的机会。五是采取有效措施，着力解决好留守儿童、进城务工人员随迁子女接受学前教育的问题，努力满足他们的特殊需要。

二、学前教育育人水平不断增强

自 20 世纪 80 年代以来，许多国家逐步把学前教育纳入义务教育和终身教育的体系，在学前教育的目标、制度、内容、方式和方法等方面，都出现新的变化。

（一）日益重视学前教育的全面发展功能

20 世纪 80 年代以来，世界发达国家学前教育目标出现明显变化，即由加强早期智力开发向注重整体发展方向转变，倡导幼儿全面发展的论调成为主旋律，成为美、苏、日、德等国教育改革的重要内容之一。随着人文主义教育观的复归，人们意识到社会和情感问题应被看成智能发展的重要组成部分。1985 年 6 月，"日、美、欧幼儿教育、保育会议"的中心内容就是从"智育中心"转向幼儿个性的全面发展。1990 年 4 月，日本开始实施新修订的《幼儿园教育要领》，明确地将人际关系、环境、表现列入幼儿园的教育内容中，以纠正偏重智育的倾向，促使儿童在天真、活泼、幸福的气氛中得到良好的发展。美国幼儿教育界普遍重视通过社会教育促进幼儿智力、社会交往能力、价值观和自我意识的发展。近来，各国学前教育目标、教育内容等区别逐渐缩小，出现了趋于融合的倾向，均包含促进儿童的社会交往、自我服务、自尊、思考、学习准备等方面的发展。

（二）学前教育科技含量不断增加

世界各国都进一步加强学前教育科研工作，开展学前教育及相关学科领域的专题研究。以信息技术、生命科学为标志的现代科技的发展大大提高了学前教育的科学化水平。脑科学研究成果不仅使人类认识到幼儿教育不可替代的重要价值，也使幼儿教育更能科学地开发幼儿的大脑潜力，发展智力。而信息技术的发展使幼教从教育观念到办园模式，从教育内容、形式到教育方法、手段等，都发生根本的变化。目前在幼教教学软件开发、多媒体教学技术应用、通过移动互联网科技引导学前教育未来发展等方面，发达国家都表现出强劲的发展势头。

（三）学前教育特色理论实践体系趋于完善

随着心理学、生理学和保健学等方面取得的科研成果，这些学科的知识与研究方法对学前教育理论发展起了巨大的推动作用。学前教育学不仅从这些科学中吸取相关的研究成果，而且逐渐利用社会学科常用的实证方法和自然学科所采用的实验方法，尝试新的改革。出现"0 岁方案""多元智力理论"等幼教新理论，"铃木小提琴教学法""自然游戏教学法"等幼教新方法，并在实践过程中出现森林幼儿园模式、银行街课程等独具学前特色的新模式。在不同思想体系指导下，学前教育领域涌现出 Montessori、Waldorf、Reggio Emilia、High Scope、Frobel、DAP 等主流儿童教育理念，成为全球85%以上幼教机构的指导教学思想。

三、学前教育机构不断发展

各国学前教育事业虽然有较大发展，但正规的学前教育机构如幼儿园和保育学校等仍难以满足社会上的各种不同需要。近年来，许多国家学前教育机构的办学形式日益多样化和灵活化。

（一）学前教育机构形式多样化

从形式看，有全日制或半日制的幼儿园、保育学校，也有计时制或咨询游戏性质的托儿站，还有一些以艺术训练为主的幼儿艺术学校。在瑞典，主要有日托中心、托管中心、学前教育中心、家庭日托、儿童护理中心、公园游戏场所、玩具图书馆等；在澳大利亚，主要有学前教育中心、儿童保育中心、游戏小组等；在南非，主要有保育中心、游戏小组、小学预备学校、母亲日托等。

（二）学前教育机构家庭化和社区化

瑞士和挪威等国出现被称作"日间妈妈"的家庭式微型幼儿园。这些家庭式微型幼儿园一般都设在开办人自己家里。除自己的孩子以外，她们也招收少量其他人家的孩子。国外社区学前教育设施大致有三种：一是专为儿童设立的，如儿童馆、儿童咨询所、儿童公园等；二是为儿童与家长共同参与服务的，如图书馆、博物馆、儿童文化中心和各种终生教育中心等；三是所谓"父母教育"，如母亲班、双亲班和家长小组会议等。

（三）学前教育机构发展呈一体化趋势

20世纪60年代以来，托幼机构的性质开始发生变化，逐渐由仅限于保育发展成为集保育和教育功能为一体的幼儿社会教育机构。针对0~5岁、6岁的婴幼儿的"保教一体化"成为世界多国开始着力的学前教育改革方向。一些国家相继建立和发展了"以社区为基础的整合性早期服务机构"，如英国有"早期儿童优质服务中心"，澳大利亚有"新型儿童服务中心""儿童保育和家庭支持轴心策略"和"家庭和社区振兴策略"，日本有"社区育儿支援中心""幼儿教育网"和"幼儿教育中心"。在我国，上海市宝山区于1997年开始"保教一体化管理模式"的探索。

多样化、多功能的学前教育机构，满足了社会不同层次的需要，也促进了学前教育的不断发展。

四、学前教育师资不断优化

在学前教育受到政府高度重视的背景下，学前教师培养已形成一个起点高、体制完备、操作性强的有机体系，注重职前培养、新教师入职培训与在职教师专业发展培训的一体化。许多国家都采取了一系列行之有效的措施。

（一）重视学前教育师资的职前培养

首先是提高学前教师准入标准。美国托幼机构的教师，要求中学毕业后进入教育学院接受专业培训3~4年，学完3年的课程并获教师合格证后才可以当教师，然后再学习第四年的课程才能获学士学位。至 2015 年,"开端计划"所覆盖的教师中,已经有 73% 的教师拥有与教育相关的学历或以上学历,高学历化与专业化的师资力量成为美国幼儿教育质量水平的保证。法国《公务员总章》规定公立幼儿园教师属国家公务员,目前多数学前教师拥有研究生学历。其次是延长职前学习的年限。土耳其把学前教育师资的培养时间从 20 世纪 80 年代的 2 年发展为 20 世纪 90 年代的 4 年;西班牙、匈牙利、澳大利亚把学前教育师资的培养时间从 2 年延长至 3 年或 4 年;奥地利把教师培养时间从 4 年延长至 5 年。再次是优化课程结构,既做到基础课和专业课相互补充,又注重理论和实践相互结合。法国学前教师培训中突出的是"多能性",包括教育理论、实践培训、学科培训以及选修课。第一学年以校内课程学习为主,结束时参加由教育部组织的统一教师资格考试(即教师聘用会考),会考合格者才能成为实习教师。然后开始第二学年学习——以职业能力培养为核心的实习阶段,结束时提交论文,接受教学实践、学位论文、课程模块三个方面的评估,三方面评估都合格者才能获得合格教师资格。

(二)重视学前教师在职培训

在职培训成为推动各国学前教师专业化发展的重要途径,并且部分国家在职培训已形成完整体系或者固定项目。新加坡政府开展"早期儿童发展培训者培训"。法国规定每位学前教师有权在职业生涯中免费接受累计一年的继续教育培训。日本将在职教师的研修作为教师教育的重点,按照教师的需求,根据不同教龄阶段的特点,开展 5 年经验者研修、10 年经验者研修、20 年经验者研修等,以提高不同教龄教师的素质和能力。教师的在职进修形式有院内培训及公开保育活动、国际间研修交流、幼儿教育研究会举办的短期培训班等,并充分尊重和提倡教师自主性的研修。多渠道多形式的培训,使各国学前教师的合格率有所上升,师资队伍的质量得到提高。

(三)注意学前教师的性别构成

丹麦、瑞典、澳大利亚、马来西亚、日本等国都十分重视男性在学前教育中的作用,支持、鼓励男性从事学前教育工作。这使男性学前教师能占有一席之地以促进儿童人格的健全发展。据统计,日本学前教育男性教师自 1990 年以来始终保持在 6.3% 的高比率,而美国学前教育男性教师比例高达 10.3%。

五、国际学前教育交流与合作日益频繁

随着世界全球化和一体化的趋势逐渐加强,世界各国都十分重视多元文化教育、全球教育或国际理解教育,积极推动学前教育领域的国际交流与合作,将其作为推动学前教育现代化的重要策略。

20 世纪 80 年代以来,世界各国积极推动有关儿童发展诸多问题的跨国研究和合作交流,共商促进儿童发展的大计。1981 年联合国教科文组织在法国巴黎召开的世界学前教育大会,要求每个国家为保证儿童接受合理的保健和教育的问题献计献策。1984 年国际学前教育课程研究委员会成立,提出了多国合作研究学前教育的计划,有 21 个国家参与了影响儿童成长因素的协作研究。1989 年召开的联合国大会也很重视儿童教育问题,大会指出,国际间的谅解、宽容和相互协调,有利于儿童的生存、保护和发展;国际间的经济合作,有助于儿童生活和教育条件的改善;国际间信息和资料的交流,有益于儿童社会性、精神、道德和身心的健康发展。同年召开的"面向 21 世纪的教育"国际研讨会,提出要从全人类、

全球的视野出发，把儿童培养成面向世界的国际人。1990年在美国纽约召开的世界儿童问题首脑会议，反映了国际社会对儿童问题的进一步重视，为儿童营造了有利于生存和发展的更大空间。1993年联合国儿童基金会在广东召开"幼儿的教育与发展"国际研讨会，来自各国的专家学者介绍了学前教育的实验研究和促进儿童发展的举措，并就儿童发展的某些领域开展进一步的合作研究。1997年，在北京召开亚太地区幼儿教育国际研讨会，研究儿童成长发展的特点和普遍规律。2016年，在上海召开学前教育国际研讨会，探讨多元文化背景下的学前教育发展新方向。这些国际行动对推进各国学前教育的改革与发展都起到了积极的作用。

中国拥有世界最大规模的学前教育，学前教育工作者既需要对自身的历史和现实有清晰的认识，同时也要具备对今后教育发展的前瞻性洞察力。他们要充分发挥我国当前社会的有利条件，站在国际和未来的角度，进一步开展学前教育理论和实践的研究，进一步推进我国学前教育改革，进一步健全和发展具有中国特色的学前教育体系。

教育评析技能训练

一、训练目标

（1）掌握学前教育目标、学前教育原则等基本理论，理解学前教育对幼儿发展及社会发展的重要意义，初步了解当今社会学前教育的发展趋势。

（2）初步树立运用教育思想指导学前教育实践的意识。

（3）初步形成设计学前教育活动目标的能力。

二、训练内容与要求

（1）见习或假期社会实践时到幼儿园观摩一日活动，初步认知幼儿园儿童入园、盥洗、进餐、如厕、喝水、自由活动、午睡、离园等，获得幼儿园生活的直观认识。

（2）学前活动目标设计技能训练。根据给出的领域目标，要求具体、清晰地设计教育活动目标：小班语言活动"小草青青"、中班健康活动"我们的眼睛"、大班科学活动"平衡"。

三、分析案例，回答问题

（1）目前，我国由于升学竞争的现实性矛盾，学校教育陷入应试教育的模式中，而这种竞争也影响到学前教育阶段，如社会上风行的"0岁方案""神童方案"。一些家长和幼教机构难以摆脱这种短视的教育做法，表现为重知识灌输轻能力培养、重智力培养轻人格因素培养等错误倾向。一些幼儿园迫于家长压力或经济利益的驱动，办起了各式各样的兴趣班、特长班。

请您从如何正确理解我国学前教育目标的角度对这一现象进行分析。

(2) 有的学前教育专业学生认为，幼儿园教师最重要的素质是能唱会跳、能弹会画，学不学教育思想、教育理论无关紧要，只要工作几年，有工作经验就能当个优秀的学前教师。

这种看法对吗？您怎么看？

(3) 在伦敦举行的"父母与子女"会议上，英国"0~3岁"公司总裁马修·梅尔梅德说，很多父母热衷于让幼儿玩大量的益智玩具，安排幼儿进行各种"开发智力"的活动，希望借此提高孩子的语言、认知等能力；但实质上如果学习压力过重，幼儿的大脑会不堪重负。这样，孩子长大后容易对事物缺乏兴趣和好奇心，竞争力弱，不善于为人处世。

请您从如何正确理解我国学前教育目标的角度对这一现象进行分析。

(4) 午饭后，幼儿三三两两地在讲话或玩耍。这时，教师悄悄按下录音机的放音键，不一会儿，舒缓、柔美的《摇篮曲》悄然回荡在整个寝室。幼儿开始有秩序地脱鞋、脱衣、上床，然后闭上眼睛边听音乐边慢慢入睡，音量也由大到小，慢慢消失。

起床时间到了，教师再次按下放音键，录音机里开始播放优美欢快的音乐，声音慢慢由小变大。幼儿陆续醒来，开始穿衣、穿鞋、下床，然后请教师梳头或如厕、喝水。

请您根据相关学前教育理论对案例进行分析。

(5) 江苏增加幼儿园男教师比例，力争通过5年左右的时间，使全省每一所幼儿园至少拥有一名以上男教师。从2010年开始，江苏省实施幼儿师范男生免费培养计划，首批招收了300名五年制幼儿师范男生。2012年江苏扩大师范生免费教育试点，招收培养600名左右五年制免费幼儿师范男生。

对这种现象您如何评价？

（6）由于幼儿们太小，帮幼儿喝水成了一项繁重的工作，教师累，幼儿乱。于是，教师在饮水机前按排队的位置贴上小脚丫。告诉幼儿站到脚丫的位置去排队，幼儿们很感兴趣，再到饮水机前接水时，都会去找小脚丫站，没有教师提醒，队自然排好了。前面一个接完水时，下一个主动往前靠，看起来整齐有序。

请按相关学前教育理论进行分析。

（7）丰老师组织中（2）班的半日开放活动。活动中，丰老师给每个小组三个刚摘下的玉米棒，让幼儿两个人一组仔细观察玉米，有什么新发现可以记录下来。幼儿们在谁先观察的问题上出现了一些争执。有些幼儿开始剥玉米的"外衣"，惊奇地发现了玉米的须。有的幼儿在玩玉米须，有的幼儿在数玉米粒，还有的幼儿剥下玉米粒品尝。接着丰老师让幼儿们说说看到了什么、感觉到了什么，有些幼儿描述玉米外壳的特点，有些幼儿描述玉米须的特点，有些幼儿描述玉米棒本身的特点，还有些幼儿描述生玉米粒的味道。幼儿们发现每组的玉米外壳、玉米须和玉米棒都有点不一样。很多幼儿提出能不能吃玉米，丰老师说已经在煮玉米了，要等会儿。在等待阶段，丰老师给每组一些工具，如皮尺、直尺、盘秤、纸、笔、剪刀、胶水等，允许幼儿想做什么就做什么，但希望能选择做一件事，最多做两件事，每件事都要坚持做完。期间，丰老师给一些有需要的幼儿提供了启发和帮助。等大部分幼儿做完，就让他们洗手吃玉米。家长和教师们讨论的时间里，大家的意见很不一致。有的家长就问丰老师这节课到底是什么课？促进了幼儿哪方面的发展？教师到底对幼儿的发展起了什么作用？有的家长认为幼儿没有学到东西，还有的家长说为什么不为每个幼儿准备一个玉米棒……

请试用学前教育相关理论对案例进行分析。

（8）与往常一样，又到了做早操的时间，广播里响起了动听的音乐，提示幼儿到操场上做早操。此时的幼儿正在兴致勃勃地看蚂蚁搬家。音乐一起，王老师便立刻说："快来排队吧！"幼儿中响起了一阵叹息声："怎么又要做早操了！"幼儿们不情愿地站了起来，三三两两地开始排队，这时奇奇嘀咕着说："王老师，为什么一定要做早操呢？我们的蚂蚁搬家还没有看完啊？"王老师也觉得有些可惜，这是早上幼儿们刚刚生成的活动，正是孩子兴致最浓的时候，可是……王老师想了想，只好回答说："现在是做早操的时间啊。"虽然当时搪塞过去了，但一直到晚上，王老师的心中仍然想着这个问题，这个回答能够让幼儿们满意吗？

您对这件事如何评价？

（9）颖颖是个内向、胆小的孩子，早晨来园总哭丧着脸，恋恋不舍地看着母亲离去的背影。"老师早"的问候声细小得几乎听不到，然后无可奈何、一言不发地坐到位置上。教师建议她参加幼儿们的活动，她总是固执地摇摇头。在班级中，她是个平静的孩子，上课发言没有她，游戏时也看不到她愉快的笑脸，顽皮捣蛋也找不到她。应该说，她是个让人省心省力的好孩子。可是，教师感到茫然。因为教师教的不是一群小兔子，也不是一群小羊，而是孩子。孩子本应该是天真的、活泼的，应该让他们在对世界的探索中慢慢成长，而不是长期蜷在自己的小角落里。

假如您是这位教师，您将如何看待和解决颖颖的问题？运用相关教育原理进行分析。

（10）培养儿童抗挫折能力的淬砺教育已为社会接受，而具体操作的技术环节在学前教育生活中却又备受争议，挫折无法预期，人为制造挫折又认为违背教育人性化。

请您谈谈对这个问题的看法。

（11）开学的第一天，一大群家长围在幼儿园宣传廊议论纷纷。园长仔细打听，原来是一些家长对班级一周的教育活动安排很不满意。有的家长说："一周就安排上这么几节课，这么多的时间用来游戏，难道我们花钱给孩子上幼儿园是让他到这儿来玩的？"

请您运用学前教育的相关理论帮助园长解答家长们的困惑。

（12）在美国著名的佩里计划中，研究人员对学前教育做了具体的经济效益分析。将佩里计划学前教育的开支（包括教职员工资、管理费、房费、孩子的供给）作为投入，把因学前教育而减少特殊教育、拘留审讯费用及以后持续的福利救济费等项支出作为效益。计算结果显示，每个孩子每学年学前教育投入为 4 818 美元，效益为 29 000 美元，即在学前教育上每投入 1 美元，其效益为 6 美元。

试运用相关理论对案例进行分析。

（13）"不要让孩子输在起跑线上"是现在家长最坚定的信念。但起跑线在什么地方？家长莫衷一是，很多人将这句话理解为"提前学习"。

请用关键期理论对此进行分析。

（14）有一则趣话，1978 年，75 位诺贝尔奖获得者在法国巴黎聚会。面对着许多获奖者，人们最想知道的是，他们是怎样走上获奖的道路的？有人向一位获奖者问道："您在哪一所大学，哪一个实验室里学到了您认为最重要的东西？"这位白发苍苍的学者回答说是在幼儿园里。他在幼儿园能学到什么呢？他的回答是："把自己的东西分一半给小伙伴们；不是自己的东西不要拿；东西要放齐整，饭前要洗手，午饭后要休息；做错了事情要表示歉意；学习要多思考，要仔细观察大自然。从根本上说，我学会的就是这些东西……"

从这件事您能得到哪些启示？

拓展阅读

幼儿教育与幼儿幸福——对幼儿教育的一种反思

谁都不会否认，幼儿教育应该给幼儿知识，应该发展幼儿的能力，应该激发幼儿积极的情感。我认为这还不够，幼儿教育还应让幼儿感受到幸福。并且，我坚信，幼儿有没有获得幸福，是衡量幼儿教育成效的最根本的标准。

幸福是美好童年不可缺少的

幸福是人类的根本追求，人类的一切奋斗都指向最终的幸福。幸福是主体的一种积极的心理感受，这种感受是同人生的内在生命力量联系在一起的。一切与人的身心健康成长相关的积极感受才是幸福。因此，幸福不是一种外在的恩赐，幸福也不等同于物欲享受。儿童在生命成长的过程中，除了机体在生长发育外，他的精神也在成长。儿童来到人世，就开始建构自己的精神世界，进入如蒙台梭利所说的"精神胚胎期"。这个时期，不同于他的"生理胚胎期"，也不同于日后的成人生活阶段。蒙台梭利认为，"生活最重要的时期并非大学时代，而是人生之初，即从出生到6岁这一阶段。这是因为，这一时期正是人的潜能，其最伟大的工具，本身开始形成之时。不仅仅是智能，人的所有心理能力亦然。"在精神胚胎期，儿童开始心理建构的工作。这种工作，是儿童生命本能的自然展开。儿童在成长过程中也许的确不能缺少成人的协助，但儿童主要的和根本的是依靠自己的力量使自己长大成人。"儿童并非毫无能力，并非须事事依赖成人，好似一只等待成人灌注的器皿。正是儿童'创造'了人，没有一个人不是从曾经经历过的儿童时代的创造而长大成人的。""是儿童自己从周围世界中吸取材料，是儿童用这些材料造就未来的人。"儿童生命成长过程中表现出来的这种创造能力是其心理世界不断发展和完善的原动力。对于儿童来说，不受任何阻碍地投入到自己的创造活动之中，就是最大的幸福。正因为如此，我们必须把儿童在其内在的巨大潜能指引下的创造、建构活动，看作对整个人类的建构和完善，是人类迈向真正自由和幸福的必须经历的过程。在这个过程中，儿童"创造了人类智能的所有要素，以及人类所幸具有的一切。"对儿童而言，这个过程本身就是一个十分幸福的过程，只有当儿童的精神建构活动不断受到成人的无理阻挡的时候是例外。总之，儿童的幸福是与儿童的精神世界的成长联系在一起的。一切有利于儿童精神世界成长的活动，一切与儿童的身心发展需要一致的活动都有可能给儿童带来幸福。一切违抗儿童成长内在力量的、外在强加的活动对儿童来说均无幸福可言的，甚至是不幸的。必须指出的是，幸福是一种真正的愉快，它可能外露，也可能内藏。真正的愉快是指这种感受是发自儿童内心的，是与其成长的方向一致的。幸福的感受能引发儿童不断地创造、探究和成长。愉快不一定都是幸福，不当的物欲、无理的要求、侵犯他人的快感等均与幸福无关。

幸福为什么与部分幼儿失之交臂

现实生活是否让幼儿感受到了幸福？这个问题涉及影响幼儿生活的所有方面，本文受篇幅所限，无法对这个问题做全面深入的讨论，而只从幸福为何远离幼儿、至少是部分幼儿的成因方面做一些粗略的讨论。首先，许多儿童感受到了幸福，他们生活在幸福中，并为了幸福而生活着。同时，我也断定，还有许多儿童并没有真正地体验到幸福，或者没有充分地体验到幸福。儿童有没有体验到幸福，不是凭成人去问儿童幸福不幸福就可以断定的。这需要了解儿童的现实生活，了解儿童的真实感受，要从儿童生命尤其是精神生命成长的历程中辨析儿童是否真正感受到了幸福。为什么有那么多幼教专业人士在呐喊"发展儿童的主体性，进行主体性教育"？为什么会在我们的儿童教育领域中出现"愉快教育"的术语？这是因为，在我们的教育实践甚至某些教育理论中，儿童没有主体性体现，儿童作为学习主体的地位没有得到确认，儿童在生活和学习的过程中并没有感到真正的愉快。进而可以说，儿童的生活和学习并没有与儿童内在的、不断萌发的生命力取得一致。因而至少并非所有的儿童都真正感受到了幸福。社会、家长及教师应为儿童真正的幸福而努力，这是一切真正关心儿童健康成长的有识之士的共同心声。那么，在一个美好的社会制度下，幸福是如何与儿童至少部分儿童失之交臂的呢？

首先，幸福观的偏差。教师尤其是家长，经常把幸福等同于物质生活条件的优裕，等同于成人为儿童创设的各种成人认为十分优越的条件。不可否认，物质生活条件的改善和提高的确是影响人生幸福的一个方面，但这仅仅是外在的方面，物质富有者不能感受到真正幸福的大有人在。儿童同样也是如此，必要的物质条件是儿童真正的幸福生活所不可缺少的，但这并不意味着物质条件越丰富，就越幸福。对有的儿童来说，各种图书的确会给他带来内心的愉快感受，使他在阅读的过程中感受到幸福；但也有的儿童在众多的图书面前无所适从，茫然失措，图书并没有给他带来积极的感受。同样，有的儿童在钢琴面前积极而兴奋，乐此不疲；但也有的儿童见了钢琴就烦躁不安。成人经常为儿童在不断丰富的生活中没有感到幸福或没有出现成人期待的结果而苦恼，这是一种偏差的幸福观导致的苦恼。这种苦恼的背后，是儿童的不幸福，甚至是由于被迫顺从而带来的苦难。因此，一定的物质条件是幸福感受的必要条件，而不是充分条件。只有在一定的物质条件下，个体所从事的活动、所获得的体验与其生命成长尤其是内在精神成长取得一致，内在的生命潜能得以不断激发时，个体才能有真正的幸福感受。所以，对于与儿童生活紧密相关的成人来说，了解儿童、了解儿童的需要和兴趣、了解儿童精神世界成长和发展的规律，就是发现儿童生命的法则。教师和家长必须遵循这些法则而行动，因为它们表明了普天下共同的人的权利，并为儿童的成长、为儿童生命法则的展开提供适宜的而非奢侈的条件。只有这样，儿童才能得到真正的幸福。在幸福观偏差方面，还需要注意的是成人经常误把儿童的"高兴""愉快"当作幸福本身，甚至在生活和活动中刻意去追求这种"高兴"和"愉快"的效果。在家庭经常能听家长们廉价的许诺；在幼儿园，经常能看到教师以本应属于儿童自身权利之一的游戏作为幼儿学习的奖赏，经常听到教师在要求儿童"高兴地"说和"高兴地"唱。其实，在这种要求下，儿童脸上挤出来的"笑容"是短暂而廉价的，也是转眼即逝的。那并不是真正的高兴和愉快，因为它们并不是发自儿童内心，并不是建立在儿童对学习内容理解的基础上的，儿童的内在需要并没有真正参与其中。

其次，对个体需要认识的偏差。个体能否真正体验到幸福，关键在于当前的活动是否与个体的需要或兴趣协调一致。在现实生活中，成人经常把自己的需要和意志强加给儿童。有的成人以为，自己需要的，儿童也一定需要。其实，儿童与成人处于生命历程的不同阶段，他们不可能有完全相同的需要。儿童在生命法则展开的过程中，有特殊的需要和兴趣。卢梭在其经典名著《爱弥儿》中有一段十分明了的表述：一个成年人确实必须知道许多对儿童似乎无用的东西。可是，成人所应当知道的一切，难道儿童都该学、都能学吗？把做儿童时用得着的东西教给儿童，你可以见到那已是很够他忙的了。为什么要叫他去求那也许终生都用不着的学问，而忽略那些足以满足他现时需要的学问呢？卢梭提出的问题，其实在今天的儿童教育中还没有得到彻底的解决。家庭教育的内容不断扩展，在每周五天工作制下，还有许多儿童在并不愉快更不幸福地度过他们的"星期六"和"星期七"（对他们来说，不存在双休日）；幼儿园课程内容不断超载，人们只知道往幼儿园课程里不停地添加内容，从没有想到儿童的发展是否真正需要这些内容，也从不考虑是否要从现有的课程中减去些什么、课程的内容对儿童是否适合。人们要在幼儿园课程中注入成人自己为适应不断发展的社会而需要学习的内容。但儿童不是成人，儿童的生活不同于成人的生活。正如杜威所指出的"儿童的世界是一个具有他们个人兴趣的人的世界，而不是一个事实和规律的世界。儿童世界的主要特质，不是什么与外界事物相符合这个意义上的真理，而是感情和同情。""儿童一切需要中最合乎人道的需要，即他的精神的、心灵的迫切需要，却被忽视了。在儿童心灵里活着的人依然被压抑着。"正是从这个意义上说，要解放儿童。要知道，儿童自有其特殊需要，无视这些需要，就是无视儿童的幸福。

最后，对儿童学习认识的偏差。儿童是怎么学习的？3~6岁的幼儿是怎么学习的？每一个教育工作者都必须正确地回答这个问题。幼儿的学习不同于中小学生的学习。幼儿的学习是同幼儿的一日生活紧密联系在一起的。一日生活是幼儿学习的内容，也是幼儿学习的过程。因此，除了集体教学活动以外，在幼儿园中，一日生活的其他环节，如饮食、劳动、游戏、散步、卫生等都是幼儿的学习活动，也都是幼儿的学习内容。幼儿学习这些内容的主要方式不是坐而静听，而是在特定的生活和学习情境中通过多种感官参与活动。如果缺少了动手、动口、动脑的机会，就不可能有真正有效的学习，这是现代儿童心理发展理论所明示的。而现实是，幼儿经常地被安置在一个需要端正静坐的环境里。在某些幼儿园，幼儿连动手的机会都没有，因为他们的手被要求摆放在自己的大腿上。对幼儿而言，动作就是思维，幼儿在动作中学习。但幼儿动作被控制了，难道不影响幼儿动脑吗？儿童需要活动。蒙台梭利在50多年前就揭示了这一点："儿童对活动的需要几乎比对食物的需要更为强烈。……如果我们给他这个活动场地，我们将会看到，这些从来不能满足的使人苦恼的小孩现在转变成愉快的工作者，出名的破坏者变成他周围器物的最热心的保护者。一个行动和活动杂乱无章的吵闹喧嚷的孩子，转变为一个精神宁静、非常有秩序的人了。"可见，活动对于幼儿是多么的重要，活动又是多么有效地在改变幼儿。是儿童的生命潜能作用影响着活动的时长及活动的性质和质量，并使儿童在重复有变化的活动中感受到真正的幸福。

幸福是幼儿教育的应有之义

通过以上的讨论我们可以清楚地看到，儿童的幸福与成人的作为紧密地联系在一起，从一定意义上说，是成人的干预使儿童没有充分感受到真正的幸福。同时，我们也可以认定，成人的努力——朝着儿童生命潜能成长方向的努力能使儿童更好地拥有幸福。我认为，幸福是科学的幼儿教育的应有之义。这是因为：一方面，教育作为人类社会的一项智慧性的文明事业，它是人类幸福的有机构成部分，即"幸福需要教育"。因此，教育是人类包括儿童幸福生活所必不可少的。教育是在人类幸福的光辉映照下的伟大工程，而幼儿教育是这一工程的核心和起始，幼儿正是由于接受了教育，才促进了身体、认知、情感等方面的发展，使他能更好地感受并创造幸福。另一方面，教育应包容幸福。当然，全面包容幸福的教育一定是依循现代心理科学、教育科学而实施的教育，是确实有助于儿童生命潜能发展的教育，即科学的教育。科学的儿童教育，其出发点和归宿是儿童的幸福；科学的儿童教育，其内容和过程应该能够激起儿童的幸福感受，让儿童感到满足和兴奋。使儿童教育充满幸福的关键在于"在儿童教育中运用隐藏在儿童内心深处的那些力量"，这"不仅可能，而且必须这样做"。苏联教育家赞可夫说过："了解儿童，了解他们的爱好和才能，了解他们的精神世界，了解他们的欢乐和忧愁，恐怕没有比这一点更重要的事了。"只有这样，儿童教育才可能与儿童的兴趣与需要联系起来，与儿童的发展联系起来，最终与儿童的幸福联系起来。为此，我们热切地呼吁，儿童教育工作者切实地关注儿童的幸福吧，儿童今天的幸福，就是人类未来的幸福。

虞永平．幼儿教育与幼儿幸福——对幼儿教育的一种反思．幼儿教育，2000（4）．

学前教育主要理论流派

理论的分歧意味着一门新学科的萌生。迄今为止,学前教育产生诸多理论流派。了解世界有影响的学前教育理论流派,了解他们的教育思想及在学前教育发展中的重要贡献,有助于我国学前教育的发展以及理论流派的发扬光大。

第一节 人本主义的学前教育理论

"人本主义"一词是德文"Anthropologismus"的意译,指承认人的价值和尊严,把人看作万物的尺度,或以人性、人的有限性和人的利益为主题的任何哲学。20世纪中叶人本主义心理学在西方社会盛行,当代人本主义教育思想的兴起以马斯洛(Maslow)、罗杰斯(Rogers)的理论为先导。人本主义教育理论对人类潜能的重视、对人类创造性与好奇心的强调、对自我实现者的研究、对健康人格的科学探索,这些都大大改变或刷新了人们对这个问题的认识,推动了相关的研究与思考。

一、人本主义理论的主要观点

人本主义理论具有明显的认识定位,可以将之概括为"以人性为本位"。人本主义倡导的教育,是将人的发展彻彻底底地置于人性的充分养成之上,置于个体内在的潜能在后天的充分实现之上,这种教育以"完整的人"的发展为最基本的价值取向,以培养充满活力、和谐发展的人为最基本的教育目的。

(一)目的观

人本主义教育思想强调教育的目的是促进人个性的发展,帮助学生认识到他们自己是独特的人类并最终帮助学生实现其潜能。人本主义教育理论把"完整的人(Whole Man)"作为核心概念,强调每个人与他自身内部和独特性之间的整体性;主张教育应该介入学习者的身心、情感、认识等各方面的成长。教育的本质是发展人的潜能,尤其是那种成为一个真正人的潜能;教育要在满足人最基本需要的基础上,强调自我实现需要的发展;人的社会化过程与个性化的过程是完全统一的。

(二)师生观

人本主义理论认为的教育关注,是帮助一个学生了解下列陈述:
第一,人是一个抉择的个体,在生命的过程中不能逃避抉择;第二,人是一个自由的个体，有完全的自由去设定自己的生活目标；第三，人是一个负责的个体，当人抉择了自己应该过何种生活时，就必须为其负责。人本主义思想重视对学生的解放，把每一个学生都当作具有他或她自己的感情的独特的人看待，而不是作为授予某些东西的物体。人本主义教育思想重视人的价值，强调受教育者的主体地位与尊严，追求人的个性、人性、潜能的发展。在教育过程中强调学生的自主学习、主动探究，力求为学生提供良好的学习环境，以促进学生主动性与创造性的发挥。

人本主义思想认为教师角色应有别于传统教师，他并不重视认知，也不握有所谓"正确答案"，他不过是一位愿意帮助学生探索可能答案的人。教师的任务是对学生发展的"促进"，而不是传统教育中对学生的"训练"或"教导"。学生是学习的主导者，教师只是学生学习的促进者、鼓励者和帮助者。教师的主要作用是帮助学生创设一种适宜的学习环境，从而使学生积极主动地完成学习任务。罗杰斯构建了以"非指导性"方法为主的教学模式，认为教师主要扮演的是一个促进者的角色，他与学生之间建立的是一种和谐的人际关系。教师创造良好的学习氛围，隐性地指导学生的学习与发展。教师要尊重学生、真诚地对待学生，让学生感到学习的乐趣，自动、自发地积极参与到学习中。教师积极地参与教学的组织活动，调动学生天生的求知欲、好奇心，激发学生的学习积极性和创造性，使其成为不倦的学习者。

（三）学习观

人本主义教育理论提出了意义学习的学习观。所谓意义学习，不是指那种仅仅涉及事实累积的学习，而是指一种使个体的行为态度、个性以及在未来选择行为方针时发生重大变化的学习。学生对当前材料的学习程度，取决于这一材料对学习者当时的个人意义以及学习者是否能意识到这种意义，二者在很大程度上是一种正比例关系。学习是个人自主发起的、使个人整体投入其中并产生全面变化的活动。人本主义教育理论强调"以学生为中心"的教育原则，认为真正的学习是意义学习，提倡对知识的灵活理解，而不是消极地接受。意义学习的目的就是培育学生的独立性、创造性，鼓励学生自由探索，促进学生自由学习。

二、人本主义视野中的学前教育

人本主义教育理论把教育的宗旨定位在强调发展人的潜能和树立自我实现观念，主张教育是为了培养心理健康、具有创造性的人，并使每个学习者达到具有满足感与成就感的最佳状态。学前教育始终关注的是人的整体发展，尤其是人的内心生活的丰富和发展，即人的情感、精神和价值观念的发展。

（一）把人文关怀融入到学前教育生活中，体现"以人为本"

人本主义思想认为，生活是一个使个体不断成长并达到完美的进程，这个进程是实现倾向的，指向于个体的成长、自主、摆脱外部力量的控制。在这一过程中，教育发挥了重要的作用。个体总是在得到无条件的积极肯定和积极自我肯定的基础上发展自我意识的。学前教育中应提倡创造自由、真诚、互助的气氛，从而使儿童健康成长，促进其人格的健全与完满。

1. 教师的人本责任

在人本主义心理学者看来，人发展的本质是内在潜能在后天环境中的充分实现。对于教师来说，在教育中承担的职责是教儿童如何做人，做一个适应社会、对社会有所作为的人。

学前教师要相信儿童都是善良的、积极向上的、健康的，相信儿童能妥善处理自己和他人之间的关系，对出现问题的儿童要尽量少批评，以理智的态度冷静地对待，要认可这样或那样的错误是儿童个体发展过程中不可避免的现象，应用引导性的语言使儿童能主动认识到自己所犯的错误。教师必须以人为出发点和归宿，牢固树立"以人为本"的思想，才能把学前教育的各项目标真正落到实处。

> 某幼儿园大班小朋友洋洋非常淘气，陈老师带幼儿活动时，洋洋经常出现违规行为。陈老师问洋洋，是否喜欢陈老师带着小朋友做游戏或者教学活动，洋洋说自己特别喜欢陈老师，上陈老师的课或者跟着陈老师做游戏都是他的"最爱"。于是陈老师明白，洋洋这个外向冲动的孩子，在活动中会由于过分兴奋而不能很好地控制自己的行为和情绪，并非有意"犯规"。陈老师悄悄对洋洋说："老师知道你很喜欢老师，老师也很喜欢你。老师知道你高兴了就会忘记我们正在上课，咱们来个约定吧，当你管不住自己的时候，老师就竖起一根指头，你就注意了，好不好？"洋洋同意了。在陈老师的经常提醒下，洋洋在活动中的"捣乱"现象逐渐减少，慢慢地不再需要老师的手指示意他、老师的眼神提醒他，渐渐地，他的自控能力有了很大的提高。
>
> http://q.yanxiu.com/xueqian/thread-8313302941214-1.shtml

2. 进行有效的交流

成功的教育离不开师生间有效的、和谐的交流与沟通。作为学前教师应明确理解、接受、同情和公平对待儿童的重要性，在尊重儿童人格、师幼平等对话的基础上进行情感的交流。创造一种融洽的教学氛围，建立一种民主、平等、和谐、互相学习的新型师幼关系。教师把自己真挚浓烈的情感寓于整个教育生活中，创造出特定的情绪氛围，让每一位儿童都能充分表达自己的思想和感受，多给儿童一些自我表现的机会，让儿童去体验、去感悟，充分享受学习中的快乐，只有这样才能让儿童的个性得到充分的发挥。

3. 欣赏儿童的发展

学前教育过程意味着教师与儿童共同呼吸，与儿童一起成长。教师的首要工作就是以尊重、理解、激励、引导等人性化的管理方式营造有意义学习的生活氛围。同时，教师本身就是一种资源，应当与儿童共同分享情感、交流思想；教师应当尽量提供各种资源，满足儿童的个性化需要；教育者应当建立起对儿童潜能的信念，并在自然人性的基础上开展教育。

（二）学前教育教学中树立统合观念，提倡"意义学习"

学前教育提倡儿童的学习是一种使个体的行为、态度、个性以及未来选择行动方针发生重大变化的学习。它仅仅是一种增长知识的学习，而且是一种与个体各部分经验都融合在一起的学习。要注重意义学习的培养，使儿童的整个身心都纳入其中，最大限度地调动儿童学习的积极主动性，构建真实的问题情境，鼓励儿童自由探索，培养积极愉快、适应时代变化的人。

1. 开展自发的经验学习

学前教育强调让儿童亲自体验，在经验中发现自己的东西。有必要让儿童学会直接地用新鲜的目光检验现实，而不是只接受别人的实践结果。经验学习是指一种使个体的行为态度、个性以及价值观发生重大改变的学习，它关注学习内容与个体之间的关系。经验学习包括四个方面的因素：第一，学习具有个人参与的性质，即人的情感与认知全部投入学习活动中。这是进行有意义学习的前提。第二，学习是自我发起的。这充分展示了个体在学习中的地位。第三，学习是渗透性的。这意味着学习能使儿童的行为、态度，乃至个性都发生变化。第四，学习是由儿童自我评价的。这说明儿童自己对经验学习起着重要的作用，通过培养学习经验来挖掘儿童的学习潜力，引导和培养自我学习意识。只有这样，儿童才能全身心地参与学习活动，才能自觉地深入地进行学习，才能有意识地进行自我评价，从而促进教育活动得以顺利地进行。

2. 创设真实的问题情境

创设真实的问题情境是基于人本主义学习理论关于教学设计的首要任务，它是一种支持儿童进行意义学习的各种真实问题的组合。如果要使儿童全身心地投入学习活动，那么就必须让儿童面临对他们个人有意义的或有关的问题，就应该为他们创设各种真实的问题情境。学前教师要能发现一些对儿童来说是真实的同时又与教学活动相关的问题，增加儿童在学习过程中的愉快体验，使儿童在问题情境中能动地体味知识、感悟生活、建构人格，还可以让儿童进行角色扮演，模拟在真实问题情境下的各种角色的行为，以便将来在真正问题的情境中得心应手。问题情境要适合儿童的兴趣、能力及需要，要与儿童的生活经验和社会状态密切相联，必须考虑儿童的愿望和要求，看看是否有助于儿童对问题的探讨与解决。

3. 促进儿童学会学习

在学前教育过程中，知识是否被掌握，所学的知识是否系统，对儿童来说并不是举足轻重的，教学过程的重心应是"学会学习"。学习不仅仅是学习信息的交流与合作，还是语言的表达、思想的沟通、心灵的碰撞、性格的磨合，从而培养儿童的组织交往能力和独立学习的能力，促进自我概念的发展和集体主义观念的形成。应该把儿童培养成"学会如何学习的人""学会如何适应变化的人"，从而成为能顺应社会要求"充分发挥作用"的人。

（三）重视教育过程中人格、态度和情感因素的作用，培养"完整的人"

社会发展对人的素质的要求是全面的，人的心理活动具有整体性，认识过程和情意过程的产生和发展自始至终是互相交织、相辅相成的。学前教育中应坚持培养"完整的人"的教育理念，重视儿童的价值观、态度体系和情感反应的作用和发展。

1. 要培养儿童的健全人格

学前教育理论要培养儿童的健康人格，让儿童生活得更有尊严、更自在、更幸福、更有价值，达到心灵生活的丰满、自我的完善。学前教育各项活动蕴涵着丰富的教育因素，要充分挖掘和利用这些因素，通过组织生动活泼的科技、体育、艺术等活动，培养儿童良好的个性品质。另外通过训练，使儿童有意识地用科学知识调节、控制行为，做到知行统一。协助儿童形成完善的人格，学会认识和接纳自己，使儿童形成正确的自知、稳定的情绪、良好的品格、积极的心态。

2. 要培养儿童的积极情感

学前教师要把培养儿童良好的情感作为自己义不容辞的责任，让课堂成为师幼情感交流的场所，使儿童得到知识的积累、情感的熏陶。教师应当保持一颗童心，留住一份童趣，理解儿童的精神世界，达到移情性理解；儿童就是儿童，应当让他们去做本该做的事，尝试些或许该犯的错误；相信儿童的潜能，关注儿童的成长与进步；放松心态，欣赏儿童一点一滴的变化，赞叹发展过程中惊人的力量，感受生命展开中异乎寻常的美。

3. 要培养儿童的人文精神

人文精神与科学素养、创新能力的统一是现代人的基本特征。学前教育关注教育所培养出来的人是否全面和谐地发展，是否具有独立人格。它强调人的自由、人的尊严和个性的彻底解放；要求教育所培养的人，不仅仅是一个劳动者，还是一个有明确的生活目标、高尚的审美情趣，既能创造又懂得享受的人。使儿童既会做事，又会做学问，更会做人，这是学前教育追求的理念，反映出一种对人的人格、文化、创造力的完整性追求，以适应时代的需要。

人本主义学前教育理论以真诚、悦纳、理解为核心，强调儿童作为"人"的本性，主张在教育过程中予以深刻的人文关怀。在当前提倡关注人的生命价值、注重人文关怀的教育大背景下，学前教师更应当从人的本性和教育的本质角度进行深入的反思，使童年少一些强制和束缚，多一些宽容和理解，让学前教育真正闪烁人性的光芒。

第二节　建构主义的学前教育理论

建构主义发端于认知主义，其核心主要体现为对两个问题的探究：知识是什么？学生如何获得知识？对这两个问题的不同回答和认识显然也将影响教师的教学观和教学实践。建构主义（constructivism）观点的直接先驱是皮亚杰和维果斯基的智力发展理论。皮亚杰（Jean Piaget）从认识的发生和发展角度对儿童心理进行了系统、深入的研究，提出了认识是一种以主体已有的知识和经验为基础的主动建构；维果斯基（Vygotsky）强调学习者的社会文化、历史背景的作用，提出了"最近发展区"的重要概念；柯尔伯格（Kohlberg）在认知结构的性质与认知结构的发展条件等方面做了进一步的研究；斯腾伯格（Sternberg）则强调个体的主动性在建构认知结构过程中的关键作用。所有这些研究都使建构主义理论得到进一步的丰富和完善，为建构主义理论应用于教学实践奠定了基础。

20世纪80年代以后，建构主义学习理论引起了世界各国教育学者的广泛关注与研究，对于建构主义教育理论内涵的研究成果也日趋丰富，建构主义学习理论逐渐成为国际科学教育改革的主流理论。

一、建构主义理论的主要观点

建构主义理论认为，知识不是通过教师传授得到的，而是学习者在一定的情境即社会文化背景下，借助他人（包括教师和学习伙伴）的帮助，利用必要的学习资料，通过意义建构的方式而获得的。其理论核心是以学生为中心，强调学生对知识的主动探索、主动发现和对所学知识意义的主动建构。教师是学生意义建构的帮助者、促进者，教学过程是建构和理解的过程，教学目的是培养学生的探究能力和创造性思维。

（一）知识观

建构主义认为，知识不是对现实的准确表征，它只是人们对客观世界的一种解释、一种假设，并无最终答案，它必将随着人们认识程度的深入而不断地变革、升华和改写，出现新的解释和假设。因此知识不过是由参与社会实践活动的各方通过互动、交流和沟通而达成的一种暂时性的共识。知识并不能精确地概括世界的法则，而是需要针对具体情境进行再创造。人们是用建构的方式（即运用已有的知识经验）去认识和理解他们所处的现实世界。

（二）学习观

建构主义认为，学习是一个积极的建构过程，不是由教师把知识简单地传递给学生，而应该是由学生自己建构知识的过程。学生是学习的主体，是知识意义的主动建构者。学习不应该由外部来决定，它是个体对现实世界做出创造性的理解的过程。每个学生都必须根据自己的知识经验对建构的对象做出解释，获得知识的多少取决于学习者根据自身经验去建构有关知识的意义的能力，而不取决于学习者记忆和背诵教师讲授内容的能力。

（三）师生观

建构主义强调，学生不是知识的被动接收者和被灌输的对象。教师应该重视学生对各种现象的不同理解，倾听他们的想法，思考这些想法的由来，引导学生丰富和纠正自己的解释；并把学生原有的知识经验作为新知识的生长点，引导学生从原有的知识经验中产生新的知识经验。建构主义非常重视教师与学生之间、学生与学生之间共同针对某些问题进行探索，相互交流和质疑，了解彼此的想法。经验背景的差异是不可避免的，这些差异本身对学习者来说就是一种宝贵的学习资源。

（四）教学观

在教学活动中，学生不是空着脑袋走进课堂的，他们不是接受知识的木偶，教师也不是传授知识的机器，教学不是简单的告诉，而是与学生交流、探究以及做出调整的过程。建构主义理论非常重视教学活动的安排，它认为教学活动作为建构和理解的过程应该在一个丰富的真实教学情境中进行，使学生有足够的自我建构知识的空间。只有这样，学生才能灵活地把已有的经验应用到新情境中，从复杂的真实问题中建构新知识。

1. 教学是帮助学习主体进行意义建构的过程

建构主义学习认为，一切新的学习都是建立在以前学习的基础上或在某种程度上利用以前的学习。如在解决问题的学习中，总要有一个原有的知识激活阶段，然后通过同化或顺应过程重建新知识与原有知识结构之间的联系，使认知从一个平衡状态进入另一个更高的发展平衡状态。但这不是知识的简单量变，而是对原有知识的深化、突破、超越或质变。这就要求在教学中，促进新旧知识交互作用，这对于完善认识结构，使认识结构综合化、整体化、系统化，具有重要的作用。

2. 教学是在问题解决中自主学习的过程

"基于问题的学习"是建构主义所提倡的一种教学方式，其教学策略就是以学生为中心，教师创设一定的问题情境，促进学生与情境的交互作用，从而积极主动地建构客观世界的意义。师生根据教学内容，联系生活实际提出问题，在教师的指导下通过搜集材料、提取信息、处理信息、合作研究、探索解决问题的学习方式，为学生提供一个交流、合作、探索、发展的平台，帮助学生建构并完善认知体系。

3. 教学是以合作学习活动为主要策略的过程

建构主义教学观认为，教学是以合作学习作为主要策略，是与学生合作共同建构知识。现代教学不应该是教师单向信息传递的过程，而应是师生间、学生间的双向交流与多向交流活动。教师应该创设有助于交流协商、知识建构和知识协作的学习共同体，让学生在师生互动、生生互动中，在各种信息的反馈中，循序渐进地锻炼和提高学生的洞察力和分析力，促进对知识的理解，从而形成共享的、学习过程的主动建构。

二、建构主义视野中的学前教育

建构主义者没有直接论及学前教育，但我们可以从其关于教学内容、教学过程、教学设计等论述中，得出关于学前教育方面的启示。学前教学过程不是传递知识的过程而是一种探究过程。学前教学的任务不应是知识的传授、技能的学习，而是各种生活的体验、各种感觉的丰富。它要求在教学过程中考虑儿童已有的认知水平和已有经验，重视儿童的兴趣和需要，为儿童提供活动和表现能力的机会，使儿童在一定情境中学会合作、相互协调，能够积极主动地探究，自主地进行意义建构，从而促进儿童能力和个性的全面发展。

（一）遵循儿童认知的规律

建构主义理论认为，在学习知识之前，儿童的头脑里并非是一片空白。儿童通过日常生活的各种渠道和自身的实践，初步形成了对客观世界事物的看法，建构了大量的朴素概念或前概念。这些前概念决定着儿童的感知过程，并对儿童解决问题的行为和学习过程产生影响。

1. 了解儿童的原有认知水平

儿童的探究学习是以自己的方式理解世界，从而获得具有独特意义的知识。"接知如接枝"，儿童知识的同化必须以已有的认知结构和经验背景为基础。在学前教育教学中，教师必须充分认知儿童原有的经验背景和认知发展水平，以此作为儿童新知识的生长点（最近发展区）。教师为儿童呈现的教学内容、教学方式也要有利于儿童同化新知识，能够促进儿童从原有的知识经验中生长新的知识经验。

2. 激发儿童内在的认知冲突

根据建构主义理论，学习是新知识与学生已有的知识经验交互作用的过程，认知冲突有助于儿童认知水平的发展。儿童因为疑难、困惑而引起主动的探究学习，其认知的冲突、混乱、惊奇实质上代表着儿童的学习活动。学前教师要利用认知冲突推动儿童认知的发展，一方面在学前教学、游戏等活动中提供最适宜的认知冲突，激发儿童主动探索和求知的兴趣；另一方面教师应该注意培养儿童认知加工策略和理解知识的心理模式，丰富儿童对各种现象的不同理解，以构建新的认知。

3. 促进儿童自主学习的认知提升

儿童在问题情境及解决过程中扮演积极的角色，在思考问题、检索自己原有知识、寻求问题解决策略的过程中，获得新的相关学科基础知识与技能，形成新的有意义的知识概念和体系。学前教育教学中，教师通过支架式教学、抛锚式教学、随机进入教学等方式，创设条件搭建新旧知识之间的联系，激发学习兴趣，激活求知欲望，引导儿童进行探究性学习，帮助儿童建构当前所学知识的意义，使他们在发现问题、探索问题及解决问题的过程中不断获取知识、巩固知识。

"支架"（scaffold）一词原本指建筑行业中的"脚手架"，指的是搭在正在修建或修补的房屋外围的一种结构物，其作用在于为建筑工人提供一种站立的平台。由于它并非房子本身需要的部分，也非其组成部分，而在房屋建好或修好之后，就会被拆掉或撤走，所以从"支架"的本义来说，它只是作为一种凭借或工具存在，当目的达到时，就会被收走；但在这一特定时段内或阶段上，这种工具同时又是必要的、不可或缺的，否则目的无法实现。在学前教育生活中，教师通过搭建认知支架、范例支架、情感支架、建议支架等，帮助幼儿理解，幼儿能形成较为自主的学习品质，并在支架被撤走后仍然保持自主学习的能力。

悦悦和几个小朋友在建"街心花园"，他们很快地用"乳娃娃"瓶子围好了花圃，铺好了草地，然后有些幼儿在花圃里打起滚来，有些幼儿在花圃里跳出跳进的。我在一旁观察了一会儿，时间一秒一秒地过去了，这组的小朋友还是玩得很起劲，根本没有顾及我在旁边。

建构"街心花园"的材料，教师提供的都是废旧物品，在建构中不需要较难的建构技巧，所以，孩子们很快搭建好花圃以后就认为自己的任务完成了。

见此，我走过去说："呀，街心花园怎么没有路灯呢？晚上有没有叔叔阿姨在花园里跳舞呢？"孩子们一听马上停下来，悦悦自言自语："用什么材料来做路灯呢？"晓斌说："科学区里有电线，我们可以用它做一些霓虹灯。"李苑说："我们还可以找一些圆圆的积木做电线杆。"我乘胜追击："你们的街心花园里怎么一个人也没有啊？"孩子们想了一会儿，纷纷说："我们用橡皮泥捏一些跳舞的叔叔阿姨。""还可以做一些小椅子，跳舞的人跳累了可以坐下来休息。"于是，他们又各自去寻找材料，开始积极地建构起路灯、人和小椅子。

分析：在游戏中，教师的启发开阔了幼儿的思路，幼儿想到用各种各样的材料来做路灯，扩展了游戏的内容，并维持孩子对游戏的兴趣，提高幼儿游戏的积极性和愉悦性。由此可见，教师及时地帮助引导，为幼儿的学习提供"支架"行为，是提高师幼互动质量、促进幼儿在原有水平上得到发展的核心。

http://youer.1kejian.com/lunwen/celue/64385.html（有添加）

（二）创设开放的学习环境

对于儿童来说，教师的引导、支持和鼓励以及丰富的可供探索的物质环境和安全的心理环境，是其积极主动地参与各项活动和进行意义建构不可缺少的条件。英国哲学家约翰·密尔（John Mill）曾说过："天才只有在自由的空气里才能自由自在地呼吸。"教师要与儿童共同建构知识，就必须营造一个良好的、利于师幼互动的学习环境，强调真实的学习活动和情境化内容，创建实践共同体和实习场，以使儿童所学的知识和能力具有远迁移力和强大的生存力。

1. 树立以人为本的教育观念

学前教师要关注儿童的成长与进步，理解儿童的精神世界，并能与之进行真诚、积极的对话。教师要相信每个儿童都拥有巨大的智慧潜能和创造能力，并在自然人性的基础上开展教育。学前教育要营造一种人文生态，以生气唤醒生气，以激情感动激情，把教育的过程与生活的情境融为一体，让儿童生活得更自然、更自在、更幸福，达到精神世界的丰富、人生意义的完善。

2. 营造宽松安全的学习氛围

学习氛围蕴涵着丰富的教育资源，并且能鼓励儿童通过与环境的互动去建构意义。学前教育生活中，教师应让每个儿童都有机会参与探索，支持和鼓励儿童大胆提问，发表不同的意见，让儿童学会尊重他人的观点，学会从不同角度看问题。幼儿园应为儿童创造一个自由、宽松的学习氛围，使儿童在与教师、同伴或他人的交往中，体验到语言交流的乐趣，乐于与他人交往，学会互助，学会合作与分享。

3. 鼓励儿童之间的合作交流

儿童的学习是通过生生之间的相互合作逐渐完成的，学习本质上是一种社会性交流的过程。交流是人类的天性，交流的目的是检验或证实自我观点，获得某种认同。儿童通过相互交流，才会知道其他人的看法并非都与自己的一样，这样儿童就不可避免地要进行辨别、思考，从而学会从他人的立场去思考问题，从而有利于摆脱儿童的自我中心状态，利于儿童养成批判性、客观性思考问题的习惯。

(三) 重视儿童学习的过程性

在建构主义理论看来，知识与其说是个名词，不如说是个动词，是一个不断认知、体察和建构的过程。学前教学活动的展开也是这样一个过程，"学习过程重于学习结果"或"学习过程即学习结果"的特征较其他教育阶段更为明显。

1. 创设自主探索的学习情境

学习必须有具体的情境，包括学习时的情绪体验，如激奋、担忧、恐惧、快乐等。情境是信息的寄居地、附着带，学习活动的情境是知识的生长点和检索线索，是回忆的有效提示。实践研究证明，从情境中获得的体验是更为真实的、有效的。学前教师必须为儿童提供丰富的学习情境，为儿童能够运用多种感官、多种方式进行探索提供条件，使儿童逐渐学会解决游戏和实际生活中的简单问题。学习情境中学前教师对儿童的支持、引导和鼓励，有利于儿童的学习和意义建构。

2. 为儿童创建探究的空间

很多学前教师往往急于完成自己的活动目标，因而很多时候会不自觉地加快幼儿学习的进程。例如：当幼儿很费力地在做某件事或很努力地在表达一个意思时，学前教师似乎很难做到静静等待，通常她们会说："来，让老师帮你把衣服穿上！""老师帮你把它画得更漂亮些！"事实上，幼儿只有亲身实践，才能从中完成积极的自我建构。如果教师急于代替幼儿解决所碰到的问题，幼儿也许感受到的只是被教师控制的挫败感、羞愧感和无力感。因此，教师要做到有克制的干预，既在幼儿的最近发展区给予支架性引导，又给予幼儿足够的时间和空间让他进行自我探究、自我建构和自我成长。

3. 为儿童提供犯错误的机会

总结我们以往的教育理念，防范思想在里面占有很大的比例。教育者严格控制儿童的所作所为，教育的任务就是预防和纠错。对这种思路进行梳理，《学记》中的"禁于未发"是这种心态忠实的体现。教育者总是期望在孩子犯错前就能提醒他，让他避免犯错误，什么事情都要求尽善尽美，不允许任何一点纰漏。可是如果孩子在成长过程中没有犯错的权利和机会，根本无法成为独立的人。儿童的错误对儿童而言是一笔宝贵的财富。如何看待儿童的"错误"以及对"错误"的处理方式，是教育发展新时期对教育者的基本考量。儿童的"错误"从长远来讲，如果处理得当是有利于儿童的发展的。

教师在桌上给每个人放了一小盘材料：一块长方形磁铁、一张小纸片、一块小布片、一个回形针和一个小木片。然后，请小朋友们操作这些材料，看看谁是磁铁的"好朋友"，能被它吸住，并在纸上记录下来。

甜甜很高兴能做这个实验。只见她认真地拿起长方形磁铁，然后又拿起小纸片，小心地把纸片贴到磁铁扁扁的侧面，一松手，纸片飘落了下来。她惊讶地"哦"了一声，然后放下材料，拿起老师准备好的纸笔在记录表中关于纸片的栏目里打上"叉"。

接下来，甜甜试了布片，结果依旧吸不住。她又拿起回形针，在磁铁侧面贴了一下，然后松手，回形针也掉了下来。甜甜因为有了前两次的经验，所以见怪不怪地放下材料打算记录结果。碰巧教师巡视到了她的旁边，一眼看到了她的操作，急忙拿过甜甜的磁铁，边示范边说："瞧，要用磁铁的头去吸！看，这不就吸住了吗？"看到回形针被稳稳地吸住了，甜甜瞪大了眼睛，非常吃惊。教师亲切地说："快点记录下来！我们要交流啦！"这时活动室开始嘈杂起来，大部分孩子做完了实验争着向同伴和老师报告，于是教师开始招呼孩子收拾材料重新坐回到黑板前来。

在这纷纷扰扰中，甜甜抿紧了嘴，皱起了眉。她没有按照老师说的做，而是重新拿起磁铁模仿老师的样子去吸回形针，回形针被稳稳地吸在磁铁头上。接下来，她依然没有记录，而是拿起刚才的小纸片放到磁铁头上，纸片轻轻地飘落了下来。"哦，还好。"甜甜的眉头松开了。虽然旁边的小伙伴搬动椅子撞到了她的手臂和腿，但是她毫不在意，又把磁铁对准了刚才的布片。布片实验的结果依旧。甜甜大大地松了口气。她抬起头来观望，发现大家都已经回到老师身边了。甜甜开始收拾材料，搬动椅子。等她回到集体中时，大家的总结交流都快结束了，甜甜只好茫然地坐在一边……

分析：这是一个很常见的教学活动，目标清晰——让儿童通过自主操作了解磁铁能吸住铁制品这个特性，且过程流畅。所以，教学活动的目标是让孩子们多快好省地获得这个知识点。但是，从这个教学片段中，你看到教学的另一层意义了吗？甜甜的学习表现有没有让你感到一丝欣慰？这更深层次的意义对儿童的教育价值才是非同凡响的。上述活动对甜甜来说，也许有很多遗憾：她没有完成所有的实验任务，没有参与集体的讨论，也没有听清楚老师对磁铁特性的最后总结，甚至差点就得出了错误的结论。但是，这个活动过程对她具有重大的意义：为她提供了认真专注地去做实验的机会；在尝试——观察——确认——记录的过程中培养了她的专心、耐心和信心；尤其是发现自己的错误时，她不顺从权威，能及时反思，坚持通过亲自实践来验证结果，这种对待科学的严谨的态度和亲身实践的经历可能比知道"磁铁能吸住铁的东西"这一常识更宝贵。

俞春晓. 幼儿教师必须修炼的10项教学技能. 北京：中国轻工业出版社，2015.

第三节 教育生态学的学前教育理论

教育生态学（Ecology of Education）这一术语是美国哥伦比亚大学师范学院院长克雷明（Cremin Lawrence）于1976年在《公共教育》一书中首先提出的。应用生态学的原理，特别是生态系统、生态平衡、协同进化等原理与机制，研究各种教育现象及其成因，进而掌握教育发展的规律，揭示教育发展的趋势和方向。人类学家、生态心理学家布朗芬布伦纳（Urie Bronfenbrenner）在《人类发展生态学》中介绍了研究人类发展涉及的关键性的环境——家庭、学前教育机构、学校等，并对它们之间的关系进行了深入分析，引起了儿童心理和教育研究者们的极大关注。我国学者吴鼎福、诸文蔚在《教育生态学》中认为，应从教育和周围的生态环境相互作用的关系入手，以教育系统为主轴，剖析教育的生态结构与生态功能，以教育的生态系统为横断面，建立起纵横交织的网络系统结构，从而集中地阐述其原理，揭示出教育生态的基本规律。

一、教育生态学理论的主要观点

教育生态学就是研究教育与其周围的生态环境（包括自然的、社会的、规范的、生理的、心理的）之间相互作用的规律和机理的科学。教育生态学作为跨越教育学和生态学两个领域的一门新兴的交叉边缘学科，把教育放在自然环境、社会环境、规范环境中，研究这三种生态环境和人的生理、心理环境的各种生态因子与教育的相互关系。

（一）教育的生态环境

教育的生态环境是对教育的产生、存在和发展起制约和调控作用的多元环境体系。大致分三个层次：一是以教育为中心，综合外部自然环境、社会环境和规范环境组成的单个或复合的教育生态系统；二是以单个学校或某一教育层次为中心构成的，反映教育体系内部的相互关系；三是以儿童的个体发展为主线，研究外部环境包括自然、社会和精神因素组成的系统。

（二）教育的生态结构

儿童发展的生态环境由若干相互镶嵌在一起的系统组成，包括微观系统、中观系统和宏观系统。对处于教育衔接期的儿童来说，他们所在的微观系统包括家庭、幼儿园、社区以及它们之间的衔接与合作；中观系统是指儿童虽未直接参与但对儿童有着影响的环境，包括当地的社会福利、医疗保险和教育设施等；宏观系统则是指儿童所处的亚文化中的社会机构组织或意识形态。在当前社会生活中，政府部门的政策、社会文化的影响、意识形态与价值观等因素的变化（如国家的就业政策）会影响到中观系统（如父母的生活格局），进而影响到微观系统（如家庭的生活品质），以至于影响到儿童本身。

（三）教育生态的基本特征

教育生态是以生态学的视野关注教育过程中的每一个生态因子，既有生物的又有非生物的，既有物质的又有精神的，既有动态的也有静态的，这些因子相互依赖、和谐共生形成教学氛围。教育生态具有以下四方面的特点。

1. 整体相关与动态平衡的统一

教育生态遵循着生态平衡规律，即各个因子和谐、平衡才能发挥各组成要素的正常功能，并由此产生整体功能的放大效应，从而达到最大限度地发展人、完善人的教育目的。在教育生态中，"有机物"（教师、儿童）、"无机物"（教学及生活环境）、"气候"（人际关系、学习氛围）、"生产者"（教师）、"消费者"（儿童）之间进行着物质流动、能量转换与信息传递。每个因子、每个过程的变化都会影响到其他因子和过程的变化，诸多因子多元共存、和谐共生发挥功能放大效应的同时，促进每个因子的自我完善。

2. 多元共存与和谐共生的统一

教师和学生都是具有多样性的丰富个体，多样性是课堂生态系统内在丰富联系性的外在表现。在教育过程中，要承认学生的多样性，允许并保护课堂教学中学生个性的存在。教育生态应遵循个体的生命发展规律和原则，促进学生的生命走向更加完整、和谐，体现教育本质的回归，走进学生的生命世界，促成教育系统各元素之间的和谐运作，使师生在丰富多样的环境中共同发展，实现多元共存与和谐共生的统一。

3. 开放性与交互性的统一

教育生态作为一个开放的生态系统，有"物质""能量""信息"的进出和交换，以达到自身的不断更新与发展。同时，教育生态作为一个交互作用的关联系统，其内部生态因子之间、生态因子与外部环境之间也在发生着多元的、互动的联系，使其发生着物质、能量、信息的交互作用。课堂中生态主体通过外界环境不断地进行知识吸收，并将积极构建的知识通过自己的方式传递给课堂教学中的其他生态个体，促进课堂生命体的共同发展，同时完成个体的社会化过程。

4. 差异性与标准性的统一

教育生态尊重人的差异性、多样性，重视学生独特的感受、体验，及时满足学生合理的需求。同时，学生的世界观、价值观正在形成之中，教师既要根据学生的个别差异尊重他们的选择，又要根据一定的理性"标准"加以引导。这种理性"标准"既体现了某种真理及人类的共识，又体现了现代教育的规范、导向作用。教育生态应该是兼顾人的差异与标准，兼顾人性需求与社会需要，实现人的健康、和谐、可持续发展的系统。

二、教育生态学视野中的学前教育

在学前教育实践中，注意运用生态学的系统观点，分析儿童生态系统的各项因素，加以综合运用、合理组合，使儿童的发展系统保持在动态平衡中，促进教育生态的可持续发展。

（一）关注生态结构，认知学前儿童交往系统

儿童的能力、情感、认知、社会行为、道德规范、交往经验、人际关系与人格品质等个性、社会性品质都是在教育生态系统的社会性交往过程中不断形成和发展起来的。发展程度取决于儿童直接或间接交往的一切人及其相互之间的关系。这些因素组成了一个个系统，这些系统相互联系、相互影响，从而构成了影响儿童发展的一个完整的生态系统。

1. 亲子交往、同伴交往和师幼交往是直接影响儿童社会性发展的重要微观系统

儿童只有在与人交往和相互作用的过程中，才能逐步发展其心理能力和社会性。根据生态学的观点，个体的发展是其与所在环境及生态系统相互作用的结果。儿童的个性品质与社会性品质同样也是在社会性交往过程中形成和发展起来的。对学前儿童来说，与其直接接触的微观环境系统对其发展的影响尤为突出。家庭是儿童首临的生存环境与发展环境，家庭生活的所有方面都影响着幼儿及其今后一生的成长和发展。而随着幼儿的成长，他们就慢慢加入了幼儿园（教师和同伴）、邻里、社区等社会群体和机构环境，并与这些环境中的人、事、物发生直接的互动。家长、同伴和教师是其生活和发展的"重要他人"，由此所构成的亲子交往、同伴交往和师幼交往三个系统，对儿童社会交往系统的形成起着至关重要的作用。

> 重要他人（Significant Others）是心理学上的一个概念，是指在一个人心理和人格形成的过程中，起过巨大的影响甚至是决定性作用的人物。他可能是亲人，也可能是朋友，也可能是老师，抑或是陌生人；也可能是一个人，也可能是一类人；也可能是真实世界的人，也可能是抽象世界的偶像。这个（些）人在自己成长的过程中影响深远，或是榜样，或是指引，或是安慰，或是陪伴等，这些都是在人成长的不同阶段最重要的需要。
>
> 重要他人是有阶段性的。不同年龄阶段的儿童有不同的生理及心理的特征，不同阶段的儿童也应该展现出不同的认识取向，对于重要他人的定位也应该具有一定年龄的阶段性。
>
> 当然，重要他人也具有一定的不确定性，此一时彼一时；重要他人受主体性格特征的影响，此亦是彼亦是。但总的来说，重要他人在孩子一生的成长中还是有章可循，学前教师要善于抓住这个规律，选择恰当的时机教育儿童，会起到事半功倍的效果。

2. 亲子交往、同伴交往和师幼交往三个系统各有特点，不能相互取代

儿童社会性交往微观系统的这三个组成部分都是直接作用于儿童发展的，对儿童发展有着至关重要的影响，但是它们各自的特点及所起的作用是不尽相同的。亲子交往是儿童社会交往系统中出现最早的一种社交类型，是交往相对较频繁、较稳定、时间持续较长久、影响

较为深远的交往类型。儿童自入园后，师幼交往日益成为儿童人际交往的重要内容。随着儿童心理成熟度的逐渐提高和独立性的不断增强，同伴交往在儿童的社会性交往系统中的地位逐渐提高。同伴群体的交往目的能真正成为儿童个体的活动指向，其规范也能真正成为儿童个体的言行准则。在儿童发展的不同年龄阶段，亲子交往、同伴交往和师幼交往三个系统对儿童的影响力是不同的，在儿童整个社会交往系统中所处的地位也是有所区别的。它们是同一事物的不同方面，彼此之间是不能相互取代的，不能厚此薄彼，甚至顾此失彼。

3. 亲子交往、同伴交往和师幼交往三个系统互相联系、互相影响，构成一个整体

生态学强调，直接作用于个体的各种环境之间是相互作用、相互影响、相互制约的，其作用过程和关系又形成更大的环境系统。亲子之间的相互作用和情感联系将会影响到儿童对今后社会关系的期望和反应，师幼交往会成为儿童在学校环境中建立同伴交往的模式。良好的师幼依恋关系能够对安全性低的亲子关系起到补偿，而良好的亲子关系和师幼关系对幼儿与同伴的社会交往能力都有同样高的预测性和积极的影响。这种良好社会行为及其内部行为模式成为潜意识中指导幼儿社会行为，扩大社会交往范围的主导因素，进而有利于建立起一个同伴交往、亲子交往和师幼交往的良性循环。

（二）关注可持续发展，构建学前教育生态

教育系统是一个具有独立结构和功能的人工生态系统。学前教育教学实践中，教师应注意运用生态学的观点系统分析教育生态系统的各项因素，构建有利于自然展现儿童天性的学前教育生态，促进儿童的健康和谐发展。

1. 营造和谐共生的学前教育生态

幼儿和教师作为学前教育生态要素，他们之间首先是平等的社会成员关系。在学前教育生活中，教师是幼儿学习发展权利的主要维护者、内在潜能的开发者，同时也是高品位教育生态的营造者。幼儿则是被保护者，是身心均不成熟的、正在发展中的受教育者。师幼互动所呈现的表现形式最初是以传递固有知识技能、维护规则为主的互动，教师根据自己的计划做出反应并引导师幼互动的方向与速度，幼儿则以教师的反应作为自己的行为依据。在这个意义上，教师和幼儿又不可能是完全平等的。

当前师幼互动研究表明，新型师幼关系是教师与幼儿之间"我与你"的主体人际交往关系，体现为教师与幼儿之间的相互信任、彼此接纳，通过教育活动使彼此视界融合、精神相通、心灵交汇、教学相长。学前教育生活中，教师和儿童是"学习共同体"，教师以"平等中的首席"的身份来引领儿童。学前教育过程不仅满足儿童在成长过程中的个人情感需求，而且还意味着教师与儿童共同呼吸，与儿童一起成长，共同构建教师与儿童心与心彼此交流、情与情相互连接、思与思相互碰撞、智与智相互启迪的和谐教育生态系统。

2. 筑就多维互动的学前教育生态

多样性是教育生态的基本形态。教育作为师生和环境等教育因子共同参与的活动过程，是这些因素交互作用、合作进行的。任何成功的教育都离不开师生间及生生间有效、和谐的交流与沟通。学前教育过程是师幼交往互动、生生合作交流共同发展的过程。交流是在尊重儿童人格、师幼平等对话的基础上的。只有形成教师与儿童之间的良性互动，才能引起儿童思想上的共鸣，并最终达到转化思想认识的目的。

学前教育中师幼交流的过程应该是一种审美活动。要营造一种学前教育人文生态，提升学前教育生活的快乐指数。教师把自己真挚浓烈的情感寓于整个过程中，创造出特定的情境氛围，让每个儿童都有机会参与探索，每个儿童都能充分表达自己的思想和感受，多给儿童一些自我表现的机会，让儿童去体验、去感悟，通过交流与合作分享人与人之间的爱与关怀。教师在提升对幼儿行为领悟能力的同时与幼儿共同享受学习中的快乐，使儿童的个性得到充分的发挥，保持对生活的向往与期待。

3. 创设开放通达的学前教育生态

生态系统论认为，任何一个系统只有是开放的，与外界的环境进行互动，才能保证系统的活力和持续发展的态势。教育过程中生态主体通过外界环境进行生活营养吸收，实现课堂生命体的共同发展。

学前教育就应当是一种原生态的、无紧迫感和恐惧感的自然状态，激发生命活力、唤醒自由天性是学前教育的天然使命。教育如果仅仅注重科学世界和书本世界，远离儿童的生活世界，就失去了应有的生命意义和生活活力。在当前，学前教育要充分体现、践行"自然大课堂，生活大教育"的教育理念，在教育思想、教育方式、师幼关系等方面开放，使学前教育走出教室，走进社会大课堂，从课堂向课前、课后、课外开放，从生活中提取源泉。为孩子创造一片"野地"，让孩子像野花一样自然成长。

华东师大叶澜教授提出了"从生命的高度用动态的观点看待课堂教学，课堂应呈现生命态，是发展生成的，具有创生性"的要求。要使学前教育健康有序地发展就必须建立教育生态可持续发展的战略理念，提升儿童对人生意义的感悟和对未来的憧憬，满足儿童的道德生活、审美生活乃至整个精神生活的需要，这才是学前教育生命力的体现。

第四节 多元智力的学前教育理论

美国哈佛大学教育学教授霍华德·加德纳（Howard Gardner）综合神经学、生理学、心理学等科学概念提出了多元智力理论（Multiple Intelligence）。多元智力理论被世界上越来越多的心理学及教育学专家接受，成为许多国家教育革新的理论支撑。

一、多元智力理论的主要观点

加德纳的多元智力理论是针对传统智力一元化理论提出的。他认为判断一个人的智力，要看这个人解决问题的能力，以及自然合理环境下的创造力。各种智力并非像人们以往认为的那样是以语言能力和数学逻辑能力为核心、以整合方式存在的一种智力，而是彼此相互独立、以多元方式存在的。

（一）智力的本质

加德纳在1983年出版的《智力的结构》一书中提出了一个新的智力的定义，即"智力是在某种社会和文化环境的价值标准下，个体用以解决自己遇到的真正难题或生产及创造出有效产品所需要的能力。"在加德纳看来，智力应以能否解决现实生活中的实际问题或生产及创造出社会需要的产品的能力为核心和衡量水平高低的标准，即智力一方面是解决实际问题的能力，另一方面还是生产及创造出社会需要的产品的能力。

（二）智力的结构

加德纳认为人在实际生活中所表现出来的智力是多种多样的，目前有九种基本智力的存在。这九种智力代表每个人不同的潜能，这些潜能只有在适当的情境中才能充分地发挥出来。

1. 语言文字智力

语言文字智力是指有效地运用口头语言或书写文字的能力，包括把文法、音韵学、语义学、语言实用学结合在一起并运用自如的能力。律师、演说家、编辑、作家、记者等是特别需要语言文字智力的职业。

2. 数理逻辑智力

数理逻辑智力是指有效地运用数字和推理的能力，包括对逻辑的方式和关系、陈述和主张、功能及其他相关抽象概念的敏感性。数学家、税务、会计、统计学家、科学家、电脑软件研发人员等是特别需要数理逻辑智力的职业。

3. 视觉空间智力

视觉空间智力是指准确地感觉视觉空间，并把所感觉到的表现出来的能力，包括对色彩、线条、形状、形式、空间及它们之间关系的敏感性，也包括将视觉和空间的想法具体地在脑中呈现出来，以及在一个空间的矩阵中很快找出方向的能力。向导、猎人、室内设计师、建筑师、摄影师、画家等是特别需要视觉空间智力的职业。

4. 身体运动智力

身体运动智力是指善于运用整个身体来表达想法和感觉，以及运用双手灵巧的生产或改造事物，包括特殊的身体技巧，如平衡、协调、敏捷、力量、弹性和速度以及由触觉所引起的能力。演员、舞蹈家、运动员、雕塑家、机械师等是特别需要身体运动智力的职业。

5. 音乐韵律智力

音乐韵律智力是指察觉、辨别、改变和表达音乐的能力，包括对节奏、音调、旋律或音色的敏感性。作曲家、演奏（唱）家、音乐评论家、调琴师等是特别需要音乐韵律智力的职业。

6. 人际沟通智力

人际沟通智力是指察觉并区分他人的情绪、意向、动机及感觉的能力，包括对脸部表情、声音和动作的敏感性，辨别不同人际关系的暗示以及对这些暗示做出适当反应的能力。适合从事的职业有心理辅导、公关、推销及行政等需要组织、联系、协调、领导、聚会等工作。

7. 自我认知智力

自我认知智力是指有自知之明并据此做出适当行为的能力，包括对自己有一个准确的了解，意识到自己的长处和短处、内在情绪、意向、动机、脾气及愿望，有律己、自知及自尊的能力。

8. 自然观察智力

自然观察智力自然观察智力表现为善于区分或辨别自然界各种事物的形态，对自然现象的理解，对环境的关注。植物学家、天文学家、生态学家为适合的职业。

9. 存在智力

1999 年由加德纳提出（此智力尚在论证之中），存在智力表现为喜欢并思考关于生命、死亡与终极本质相关的问题。哲学家为最适合的职业。

（三）多元智力理论的特征

1. 注重智力的整体性

加德纳认为，这九种智力因素同等重要，学生的发展不可能是每一个方面都齐头并进地发展。每一个学生都可能呈现发展的优势方面，并形成发展领域不同的组合，在各个领域得到发展的同时，各领域在发展水平、速率上又存在一定的差异。不同的领域在学生整体的发展中相互支撑，协调发展。

2. 强调智力的差异性

尽管每个人都同时拥有相对独立的九种智力，但由于受各种不同环境和教育的影响与制约，智力在每个人身上以不同的方式、不同程度的组合方式呈现的智力都有独特的表现方式，而且每一种智力又有多种表现方式，所以很难找到一个适用于所有人的统一标准来评价一个人聪明与否。

3. 突出智力的实践性

加德纳把智力作为个体解决实践中问题的能力，是生产及创造出社会需要的有效产品的能力，是每个人在不同方面、不同程度地拥有一系列解决现实生活中实际问题特别是难题的能力，是发现新知识的能力。

4. 重视智力的开发性

人的多元智力发展水平的高低关键在于开发，而帮助每个人彻底地开发他的潜在能力，需要建立一种教育体系，能够以精确的方法来描述每个人智力的演变。

> 在智力发展中，有两个关键的变化过程：开启经验与关闭经验。"开启经验"这个观念最早由大卫·费尔德曼（David Feldman）提出。这里指的是一个人能力发展的"转折点"。通常情况下，这种经验发生在儿童时期，当然也可能发生在人一生中的任何时期。比如爱因斯坦4岁时，他的爸爸给他看一个指南针，成年后他说这个指南针使他产生探求宇宙奥秘的愿望。开启经验起到点燃智力火花的作用。相反，"关闭经验"起到扑灭的作用。如一个图画老师当堂嘲笑你的画，导致你失去了视觉空间智力的发展。又如家长对你大声吼叫，让你停止乱弹奏乐器，从此你再也不碰任何乐器，因此关闭了音乐韵律智力的发展。"关闭经验"通常与耻辱、内疚、恐惧、愤怒或其他消极因素有关。

二、多元智力理论视野中的学前教育

我国学前教育界所倡导的很多思想和观念与多元智力理论的精神不谋而合，如我国学前教育倡导"充分激发幼儿的潜能""促进幼儿富有个性的发展""学前教育的内容和方法应因人而异"等。在总结和提升这些思想的同时，能有意识地深入研究和借鉴多元智力的理论和相关的实践，对我国学前教育发展将具有重要的促进作用。

（一）树立新的儿童观、教育观和评价观

学前教育改革的根本问题不在于体制的问题或课程模式，而是改革的指导思想，学前教育观念的更新才是学前教育改革的本质问题所在。多元智力理论对于进一步澄清学前教育改革的指导思想，树立新的儿童观、教育观和评价观提供新的思路。

1. 树立积极乐观的儿童观

加德纳称幼儿期为"觉醒体验"期，每个幼儿的智力都是九种相对独立的智力错综复杂地以不同方式、不同程度的组合。每个幼儿都有自己的智力特点，并以高度个性化的方式组合和运用着各种能力，每一位幼儿都具有独特的、较完整的、待开发的智力组合。正如"每一朵花都有开放的理由"一样，他们的智力、风格、潜能像多彩光谱一样表现出广泛的多样性。因此，幼儿园里再也不应该有"笨孩子"的存在，而是有各自智力特点、学习类

型和发展方向的可造就的幼苗的聚集。教师看待幼儿时应该时刻清醒地认识到，我们的学前教育中不存在一个幼儿有多聪明的问题，而只存在一个幼儿在哪些方面聪明和怎样聪明的问题。

2. 树立科学多元的教育观

加德纳认为："智力基本上是一种生命的心理潜能。"而这种潜能能否被激活有赖于特定文化下的环境和教育。学前教师应准备有丰富材料的环境，充分调动幼儿的多种感官，启发运用幼儿的多种智力。在活动室内，教师可以提供大量开放式的材料，开设各种自选活动角，以激发幼儿的各种潜能，如在"自然角"中激发幼儿感官的敏锐和逻辑分析能力；在"图书角"中激发幼儿语言、戏剧能力和想象力；在"建构角"中激发幼儿的视觉空间、身体运动以及人际智力。在活动室外，教师不仅要带领幼儿到广阔的大自然中去观察、发现和探索，而且要引领他们在与人的交往活动中去学习、感悟和创造，促进幼儿各种智力的全面发展。

3. 树立灵活多样的评价观

应将儿童放在真实的活动情境中，通过灵活多样的方式对儿童的多种智力进行不同层次和多维度的评价。学前教师应在尊重幼儿兴趣和需要的基础上，从多方面观察、评价和分析幼儿的优点和弱点，并以此作为服务于幼儿的出发点，选择和设计适宜的教育内容和教育方法，使评价确实成为促进幼儿发展的有效手段。

(二) 创设情境让儿童展示各方面的智力

要让儿童的心理得到个性化和全面协调的发展，学前教师就应从每一位儿童的兴趣和需要出发，针对他们不同的智力特征和学习风格，采取相应的教育策略，设计个别化的教育方案。学前教师可以设计并组织按照不同智力领域划分的活动区教育活动，每一活动区又根据幼儿的发展水平分为几个层次，从而向幼儿展示多方面的智力领域，并帮助幼儿选择自己感兴趣的活动区域以及适合于自己发展水平的具体活动。幼儿是通过和环境相互作用的活动来表现和运用自己的智力特点的，而多数活动的进行都需要一种以上的智力，设计并组织各种活动区教育活动更容易被学前教师和幼儿操作。

除了活动区教育活动以外，还可以设计并组织有关多种基本概念和基本知识的教育活动。例如：教师要向幼儿介绍国庆节的概念和基本知识，在语言文字智力领域可以教幼儿学念关于国庆的儿歌；在音乐旋律智力领域，可以让儿童学唱有关歌唱祖国的歌曲；在自我认知智力领域，可以让幼儿说出自己的理想即长大以后如何为祖国做贡献；在人际沟通智力领域，可以组织幼儿以"小记者"的身份采访不同工作岗位上的代表人物等。从不同的角度、通过不同的活动帮助幼儿理解同一概念或同一知识，有助于充分调动幼儿的多方面潜能，提高教学活动的成效。

一个孩子带着一只瓢虫来到班上时，这只瓢虫成了孩子们一整天关注的焦点。孩子们提出了许多问题：它吃什么？它什么时候飞？它能活多久？

我们一起计划了下面的活动：订购了100只瓢虫。我们把它们放在硬纸板做的盒子中，四面有观察窗口。孩子们扮演昆虫学家，研究瓢虫。后来的两个星期，孩子们用放大镜、镜子等进行预测、假设、分类、测量、观察。我们的活动给了孩子们使用不同方法学习的机会，所有孩子至少在某个时段利用和展示他们最强的技能。

语言文字智力：这项活动提供了许多交流和研究的机会。每一个孩子要写日记，记录当天的观察和发现。图书中心有很多有关瓢虫的书，我们每天一起读或孩子们自己读。每个新发现都会激发集体讨论。比如：一个孩子发现瓢虫聚集在角落里睡觉，另一个孩子回忆起一本书上曾经说过瓢虫是社会性甚至会群聚冬眠。孩子们最喜欢的是一张大图,他们可以标出瓢虫的各个部位。当这次活动结束将瓢虫放生后,孩子们写了一本书叫"我们所知道的瓢虫"。

数理逻辑智力:我没有具体告诉孩子们我订了多少只瓢虫。在两周内,他们数、猜,并写下来。有些瓢虫死了,有些跑了,这使得计算变得复杂了。他们商讨交流,他们的方法使得计算更有效。比如:把盒子划分为几块使得问题变得小了些;和同伴一起,一个大声数,另一个记;等瓢虫睡觉时数。由于瓢虫的大小大体上与半个豌豆相同,我们在数学角用半个豌豆来代替。我们提出一些问题,如多少个瓢虫能装一汤勺?一瓶盖?一杯?孩子们预测、测试,并记录。甚至几个月后,孩子们仍然使用瓢虫一词测量(我们的桌子有162只瓢虫长)。

视觉空间智力:视像艺术是孩子们表达他们所学的主要工具,孩子们书中的颜色填图和画画是他们学习和科学思维的强有力表现。进入学习生活周期时,孩子们能够用图展示他们的知识。每个孩子艺术地展示他们的知识,如他们懂得不是所有的瓢虫都是红的,有些是黄的或混合的。这些信息反映在他们的作品中,没有两个是一样的,每个是一个种或变种。

身体运动智力:研究瓢虫这一活动给孩子们提供了很多用手工作以及角色扮演的机会。除此以外,许多孩子用硬纸、黏土、泡沫塑料等制作瓢虫。通过用不同的材料,每个孩子能不断地走动,用手工制作显示瓢虫各部位的联系。同样,玩乐高(玩具)、拼谜块可以达到同样的作用。孩子们被瓢虫白天的运动方式和晚上的睡觉方式所迷住了,他们也对蜕壳惊奇。孩子们伴随着音乐兴奋地弯腰、屈腿等,模仿蜕壳、生长。

音乐韵律智力:多数孩子会对音乐、滑稽歌曲或韵律做出积极响应。许多时候教一个概念、技能或习惯的最好办法是创作歌曲。在学瓢虫时,分享他们的观察,唱这样的歌:我们的瓢虫喝光了水,多快乐的一天。最有意义的是听他们创作的"微型说唱"——I am a ladybug and I'm here to say, I eat aphids every day!

人际沟通智力:每天,孩子们用放大镜观察,并和同伴交流他们看到了什么。这些丰富的知识来源经过讨论并记录了下来。作为一个大组(全班),孩子们想这些问题,并和同伴讨论他们的主意想法,然后和全班共享。"它的肚子有多大?""它能看见颜色吗?""它在着陆前能飞多久?"同时邀请有关单位和大学的昆虫学家们来提供回答。

自我认知智力:在这个快节奏的世界里,孩子们需要时间去想一想他们观察到什么、学到什么。每个教室要有一个安静的地方,我们有个阅读房间。孩子们选择他们喜欢的故事录音和书籍,或者独处一会儿。写日记给每个孩子提供了一个机会,能够表达个人感觉观点。这个机会中孩子们能发展自主、自信、独立和"我能行"的思想。

自然观察智力:瓢虫活动提供大量室外探究机会。在订的瓢虫来之前,我们在学校地面的树叶上和树下找到了一些瓢虫。我们将这些瓢虫与之后订购来的进行比较,发现他们是不同的种类。室外更多活动使我们可以预测哪里能找到瓢虫。瓢虫活动结束一周后,我们继续在学校找,看是否能发现我们的瓢虫。孩子们很激动地发现了很多仍然在学校的瓢虫。

王平. 多元智能与科学教育的整合——介绍我在美国参与的一个教学案例 [EB/OL]
http://www.handsbrain.com/article_6310.html, 2006-04-27/2013-08-30.

(三)注意发展儿童的优势智力

在多元智力理论看来,每一位幼儿都有相对而言的优势智力领域,并且这些优势智力只有在有目的、有计划、有组织的教育活动中，在对丰富的教育材料的接触和运用中，才能得到最大化、最优化的发展。学前教师应能够对儿童某一领域表现出来的关键能力进行评估，也可以根据儿童对某一特殊领域的兴趣来确定儿童的强项，或者测量儿童在学习中心时间进入该中心的频率以及时间长短来确定儿童的优势所在。同时，学前教师应该在充分认识、肯定和欣赏儿童优势智力领域的基础上鼓励和帮助儿童将自己优势智力的特点迁移到弱势智力的领域中去。

学前教师应挖掘、增加培养创造能力的内容并进行创造性地教与学。学前教师通过语言活动中故事情节的想象、科学活动中问题情境的设计、艺术活动中舞蹈动作的创编以及社会活动中的情境分析与讨论等，有意识地开展创造想象参与的活动，使儿童的创造意识不断萌发。尽可能多地创造机会让儿童在富有成就感的环境中广泛地参加创造出初步的作品、产品或其他成果的活动，参加用各种手段表达自己内心世界的活动。

加德纳的多元智力理论对于我们改变学前教育观念，平等地尊重和对待每一个儿童，促进每个儿童的全面能力发展、个性充分展示和初步实践能力的发展有着多方面的借鉴意义。

幼儿园是儿童生活、成长的地方，是儿童作为主体人情感和思想的交流场所，是师幼点燃灵感、激发创新的平台。在这个终生学习的社会里，我们要关注的是如何为儿童终生学习与成长打下基础——知识的基础、学习能力的基础、塑造健全人格的基础。今天的中国必须在面向素质教育、基于信息技术的条件下，对现有学前教育进行深刻的反思，并在更新教育理念、提升信息时代必需的人的基本素养的基础上，从根本上体现对人的生命存在及其发展的整体关怀。

教育理论应用技能训练

一、训练目标

（1）掌握各种学前教育理论的基本观点以及在学前教育领域的具体运用。
（2）树立遵循教育理论开展学前教育实践的意识。
（3）初步形成运用学前教育理论分析评价幼儿园工作的能力。

二、内容与要求

（1）在幼儿园见习或假期社会实践时体会人本主义理论、建构主义理论、生态学理论、多元智力理论在幼儿园生活中的应用，具体列举体现内容，并形成见习报告。

（2）一般来说，人们做某件事时需要两种以上的智力才能完成。请说出完成下列事情要运用哪几种智力。

讲课、开车、问路、弹琴、玩拼图。

（3）尝试发现每位儿童的优势智力。

（4）多元智力理论在当今仍是正在发展的理论，其内涵还在继续扩展。尝试说一说多元智力理论的第十种智力名称或说一个九种智力未涵盖的职业。

三、分析案例，回答问题

（1）星星在中班幼儿里个子最小，又比较瘦弱，保育员经常在给星星添饭时说一句：

"星星，多吃点，这样才会长高。"教师在进餐过程中也时常会对吃得慢的星星说："星星，快点吃，吃完才会长高。"而园里医生在幼儿常规体检时也怜爱地说了句："唉，幼儿园食物这么有营养，你却不见长，拿你怎么办呢？"我观察到星星一听到长高就大口地往嘴里塞食物，并回应老师："我很快就可以和其他小朋友一样高了。"有一次，星星突然表情认真地对我说了句："老师，我是我们班最矮的一个。"还有一次，星星拉着我的手说："老师，我很矮，我比小班的小朋友还要矮一点！"星星的乖巧与爱笑掩盖了她内心的失落，而保教老师们也没意识到这种关注所带给星星的负面影响。

请问面对类似这样的情况，您将如何做？

（2）"小朋友们睡觉了……"孩子每次入睡前我都要反复强调这几句话，可孩子们却迟迟不能安静下来，说话的说话，打闹的打闹，根本不在意我说些什么。这个时候，我只能提高声调来压住孩子们的吵闹声，效果却并不明显。这样的情况持续了好长时间，直到一天中午，孩子们依旧像往常一样在说笑打闹着，我故意提高声调，用较慢的语速边走边说："有谁愿意跟老师学小鸟飞呢？"话音刚落，在我的带动下，孩子们纷纷学起了小鸟飞，教室里霎时安静了下来。我趁机说道："小鸟小鸟没有窝，快快找个窝儿睡睡好。小鸟们，你们睡好了吗？""没有"一个细小的声音从角落里传了过来。我一看是班上最调皮的张永琰小朋友。此时，我没有立即指责他，而是轻轻走到他床前，俯下身来，用手摸着他的头，对他说："能亲亲鸟妈妈赶快睡觉吗？"听了我的话，小永琰偷偷露出了笑意，很乐意地亲了我一下，安静地睡起觉来。

请运用相关学前教育理论对此情景进行分析。

（3）大班科学活动中，王老师教幼儿生活中常见的测量方法，组织开展游戏"扔沙包比赛"。王老师带幼儿到户外，先让幼儿扔沙包，然后引导幼儿思考："怎样才能知道沙包扔了多远？你们可以用什么方法知道呢？"在王老师反复的提问和要求下，幼儿举出了可以用棍子、跨步、绳子、布条等许多方法来测量。王老师很满意这种结果，认为活动目标达到了。

请用学前教育相关理论对王老师的教学行为进行评析。

(4) 教师预设的目标是让幼儿通过操作活动知道什么样的东西会沉下去，什么样的东西会浮上来，并尝试通过将橡皮泥做成小船使橡皮泥浮在水面上。活动一开始，教师就呈现了几个装了水的大盆和各种操作材料，有纸、石头、铁块、橡皮泥、树叶、积木、小皮球等。在引导幼儿一一辨认后，教师对幼儿说："你们带着这些朋友去玩一玩吧。"幼儿一听兴奋不已，一拥而上争抢材料来。尽管教师努力维持秩序，仍不断有幼儿把水泼洒到同伴身上。还有幼儿跑过来说："老师，这个东西不好玩，我要换一个。"三四分钟后，教师让幼儿回到座位上，请大家说说哪些东西是沉下去的，哪些东西是浮上来的。幼儿的表述较为零乱，大部分幼儿不太答得上来。教师只得亲自拿这些材料一一演示给幼儿看，然后请幼儿表述自己看到的现象。紧接着，教师问："为什么树叶和纸会浮在上面，而橡皮泥和铁块会沉到下面呢？"在提问了几名幼儿无果后，教师作了小结："比较重又比较小的东西容易沉下去，比较轻又比较大的东西容易浮上来。"最后一个环节，教师请幼儿用橡皮泥做一艘小船，让它能浮在水面上。结果大部分幼儿都不是自己探索成功的，而是在教师手把手的帮助下完成的。

请运用相关学前教育理论对此情景进行分析。

(5) 在一次大班的音乐欣赏活动"做木偶"中，教师播放乐曲让儿童欣赏不同乐曲风格的两段旋律。

听完第一遍音乐后，教师问："你们听到音乐里有什么呀？"

乐乐举手说："我听到里面有叮叮的声音，好像是小兔。"

教师用手势示意乐乐坐下，又问："你们听出音乐里讲了一个什么故事吗？"

天天说："我好像看到有许多的小羊在草地上吃草。"

洋洋说："我看到许多的小星星在天空中眨眼睛。"

"不对，我觉得音乐里有很多的小鸟在唱歌。"

幼儿七嘴八舌地说着。教师皱了皱眉头说："请你们再仔细听一遍音乐，听听音乐中到底讲了什么故事。"

这一次，教师边让幼儿欣赏音乐，边开始有表情地讲述："木偶师傅开始工作啦！他锯木头、刨木头、刷油漆，漂亮的木偶做好了！瞧，小木偶活了，他独自跳起了欢快的舞蹈。木偶师傅可开心了！他走上去和小木偶一起跳舞！"

讲完后，教师提问："你听到这首音乐里的木偶师傅和小木偶在干什么呀？"

晨晨举手了，把教师讲的故事复述了一遍，教师笑着说："对了，晨晨听得真仔细。我们一起来学一学小木偶跳舞的动作吧。"

请运用相关学前教育理论对此进行分析。

（6）早上，大型玩具区户外活动。有些儿童在玩具上爬上滑下，玩得不亦乐乎。有些儿童在旁边互相追赶，还有些儿童在荡秋千。老师看见云云正在对多多说些什么，多多坐在高度最低的那个秋千上，显得很悠闲。老师走过去轻轻地问："你们在干什么呢？"云云一边扭来扭去，一边说："我想玩这个秋千，她不给我玩。"这时，老师对云云说："那你有没有告诉她，你等了很久了，很想玩呢？"云云摇摇头，老师继续对云云说："那你去告诉她你的想法吧。"云云便去对多多说："姐姐，我等了很久，能给我玩一下吗？"就这样，没有争执，多多当了一回姐姐，云云也开心地玩上了自己想玩的秋千。

请运用相关学前教育理论对此进行分析。

（7）阿铭年龄虽小，却是班上的"捣蛋鬼"。这不，大家都在画可爱的樟树，阿铭却把画面弄得乱糟糟的。旁边的小朋友告诉老师："老师，他在画鬼，乱七八糟！"老师看了一眼，确实很乱，不过阿铭很投入，还一边画一边自言自语。老师没有责备他，反而走过去轻轻地问："阿铭，你肯定在画一个有趣的故事，能告诉我你画的是什么吗？"阿铭脱口而出："迷宫。"老师继续问他："哦！你这个迷宫好复杂哦，颜色挺漂亮的，怎么走啊？"阿铭摇摇头："不知道。"老师说："我教你写吧！"按照他的意思，老师在左上角和右下角分别写了"起点"和"终点"，然后对小朋友说："阿铭不是乱画画，他画的是迷宫。阿铭会教你们玩的。"阿铭神气极了，认真地把作品装在作业袋中。

您认为案例中教师的做法对吗？为什么？

（8）越来越多的学前教师意识到，任何领域的教学活动都可同时渗透着多方面的教育元素，从而促进儿童的多元发展。请分析下列活动可包含儿童多元智力哪些方面的发展。

美术活动"画树林"、音乐活动"动起来"、语言活动"今天我值日"。

（9）在一个秋高气爽的日子，孩子们背起书包，进行今天的"农家乐"活动。在玩得意犹未尽时，孩子们发现了一个很有挑战性的地方——垄沟，怎么过去呢？大家跃跃欲试。顽皮的苇苇来了个助跑，跳了过去，他兴奋地喊着："加油，快跳过来。"在他的鼓动下，萧萧鼓足勇气往前跳，只可惜没成功。于是，青青提议：想别的办法过垄沟。有的搬来稻草铺在沟里；有的从路边找来废木搭成独木桥；有的向农民伯伯借来了竹梯架在沟上作为通道……当孩子们用不同的方法获得了成功时，大家欢呼、雀跃，共同分享这成功的喜悦。

请运用相关学前教育理论对此进行分析。

（10）有人说，教室就是孩子犯错的地方。请谈谈您对这个观点的看法。

（11）冰心老人说："让孩子像野花一样自然地生长。"请谈谈您对这个观点的看法。

（12）木桶理论告诉人们，每个人的短板会影响到最后的工作成效。而多元智力理论的观点是要找到优势智力，即要找到自己的长板。

这两个理论是否有矛盾的地方？如何将二者更好地协调？请您谈谈自己的看法。

（13）学前教育应释放儿童的活泼天性，同时也应培养其规则意识。在教育过程中，如何找到天性与约束的平衡点，请您谈谈自己的看法。

学前教师与学前儿童

要全面提高学前教育质量、使每位儿童获得发展,提高学前教师的社会地位、提升学前教师的专业素质是关键。

第一节 学前教师

一、学前教师概述

"教师"一词具有双重含义,既是指一种社会职业角色,又是指这一角色的承担者。1993年10月颁布的《中华人民共和国教师法》和1995年3月颁布的《中华人民共和国教育法》指出,学前教师是在幼儿园履行教育职责、对幼儿身心施行特定影响的专业教育工作者,担负着培养社会主义事业的建设者和接班人、传播精神文明、提高全民族素质的历史使命。

2011年12月国家颁布《幼儿园教师专业标准(试行)》(以下简称《专业标准》),是国家对合格幼儿园教师专业素质的基本要求,是幼儿园教师开展保教活动的基本规范,是引领幼儿园教师专业发展的基本准则,是幼儿园教师培养、准入、培训、考核等工作的主要依据。《专业标准》提出了"幼儿为本、师德为先、能力为重、终身学习"四个重要基本理念。

(一)我国学前教师观的内涵

(1)学前教师是我国教师队伍中一股朝气蓬勃的力量,是儿童发展的促进者,应该受到全社会的关心和尊重。

(2)学前教师从事的是幼儿早期启蒙的工作,是一项需要全身心投入且必须具有广博学识的工作,他们从事的是保育和教育工作,也是科学和艺术工作。

(3)学前教师从事的是一项需要童心、爱心和责任心的工作,他们的工作关系到幼儿的未来、社会的未来。

(4)学前教师是研究者、开创者,应关注儿童、了解儿童、理解儿童、研究儿童,并以创新的精神与儿童互动、对话。

(5)学前教师是一份专门的职业,需要掌握不断更新的专业知识、技能和方法,没有科学的武装就不会有科学的成效。

（二）我国学前教师应享有的权利

（1）进行保育教育活动，开展保育教育改革和实验的权利。
（2）从事科学研究、学术交流，参加专业的学术团体，在学术活动中充分发表意见的权利。
（3）指导幼儿的学习和发展，评定幼儿成长发展的权利。
（4）按时获取工资报酬，享受国家规定的福利待遇的权利。
（5）参与幼儿园民主管理的权利。
（6）参加进修或者其他方式培训的权利。

（三）我国学前教师应遵守的义务

（1）遵守宪法、法律和职业道德，为人师表。
（2）贯彻国家教育方针，遵守规章制度，执行幼儿园保教计划，履行聘约，完成工作任务。
（3）按国家规定的保教目标，组织、带领幼儿开展有目的、有计划的教育活动。
（4）关心、爱护全体幼儿，尊重幼儿人格，促进幼儿的全面发展。
（5）制止有害于幼儿的行为或其他侵犯幼儿合法权益的行为，批评和抵制有害于幼儿健康成长的现象。
（6）不断提高思想政治觉悟和教育教学业务水平。

瑞吉欧课程模式中的教师观

对瑞吉欧教育来说，教师的角色既不是母亲，也不是一般意义上的同伴，而是"以专业的眼光赋予学习者和学习以价值的人"。

一、教师是一个倾听者、观察者、理解者和欣赏者

"倾听"在瑞吉欧教师的工作中处于非常重要的位置。教师不仅要牢固树立"幼儿是自己生长过程中强大的、积极主动的、有能力的主角"的观念，而且必须要在行为上让儿童相信教师们确实是这样认识的。教师通过"倾听"行为向学生传达对他们的关注、重视、尊重和欣赏。"倾听意味着赋予对方以价值，对他们及他们所说的话持欢迎态度"。

二、教师是儿童学习的支持者和引导者

在瑞吉欧，教师支持儿童的学习并不是将知识呈现给儿童或回答他们的问题，而是当孩子出现问题时，帮助他们自己发现答案。更为重要的是，帮助他们向自己提出问题，提出好的问题。教师作用的核心在于"创造发现的机会和可能"。

三、教师是儿童的合作伙伴、"对话人"

在瑞吉欧，师生是平等的合作伙伴，师生之间的关系是对话关系。教师和儿童的心智在共同感兴趣的问题上汇合；他们同等地参与到所探索的事物、所使用的材料和方法、所设想的可能性以及活动本身的进程之中。这样的互动包含着智慧的激发与碰撞、经验的交流、情感的共享，每个人都能感受到来自对方的支持。

二、学前教师的专业素养

台湾一位幼教专家曾经说过："生命是宝贵的，而学前教师却是从事启发生命工作的。"

成为一名合格的学前教师，承担起这份责任，不仅要具有良好的职业道德、稳定的心理素质，而且要具有扎实的专业知识、精湛的职业技能。

（一）职业道德素养

道德是教师魅力的核心，是教师对学生、事业及自己的态度在其言行中的反映。道德并不是一项单纯的性格或特质，而是多方面的综合呈现，它是通过长期的教育实践而形成和发展的各种品质总和。学前教师应具备的道德素质，主要表现在以下几个方面。

1. 爱岗敬业

忠于人民的学前教育事业，是学前教师爱岗敬业的本质要求。对学前教育事业的热爱，主要来自教师对教育事业在社会发展中地位与作用的认同。只有把学前教育同民族的振兴和现代化建设的成败联系起来，才能对教育事业有深刻的认识。认识得越深，爱得越深，且爱得越深，则干劲就越大。学前教师还要有无私奉献的精神，教师劳动的成果主要体现在幼儿的成功中，而教师自身则是默默无闻的，没有奉献精神是干不好学前教育工作的。只有当一个人享受自己的工作时，他才能够充分发挥自己的潜能，体验到工作的乐趣和自我的价值。能够享受自己的工作，从工作中获得乐趣，这才是爱岗敬业的最高境界。

2. 为人师表

为人师表是教师形成威信的必要条件，是教师做好教育工作的重要保证。一个学前教师表现怎样的思想品德、行为举止，对于可塑性强、模仿性强的幼儿起着直接的影响和熏陶作用。幼儿每天大部分时间生活在幼儿园这个环境中，与教师朝夕相处，他们的游戏、学习、生活都由教师指导、管理和培养。幼儿总是习惯于模仿教师的言行，并把自己的言行同教师的言行相比较、鉴别，由此判断自己的言行。可以说，在幼儿人格萌芽、形成和逐步发展的整个过程中，教师人格始终是一种"无言之教"。它作为一种自觉的非权力性、非强制性的教育影响力，制约着幼儿道德信念体系的形成和道德行为模式的建立。

3. 严谨治学

严谨治学要求教师树立优良学风，刻苦钻研业务，不断学习新知识，探索学前教育教学规律，改进教育教学方法，提高教育、教学和科研水平。一般来说，学前教师掌握的知识可以胜任学前教学工作，但是随着时代的进步、科技的发展、新知识的不断涌现，教育事业要求教师树立终身学习的观念，做永远的好学者。

4. 团结协作

正确处理教育活动中的各种关系，这是教育过程本身的需要，也是教师个体发展不可缺少的条件。教师要树立团队观念，以此来调节个人与集体、个人与他人之间的关系。教师之间互相尊重，团结协作，密切配合。要严于律己，宽以待人；要维护其他教师的威信，尊重他人的劳动；要虚心学习，取人之长，补己之短。

（二）心理品质素养

教师的心理素质指在教育活动中内隐的间接对幼儿产生影响的心理品质。学前教师是幼儿身心发展中的"重要他人"，幼儿处在心理成长和人格养成的关键时期，他们在心理生理上都还不成熟，自我调适、自我控制水平较低，自我意识也处在萌芽状态。学前教师良好的心理素质始终在幼儿情感发展和心理健康方面发挥着至关重要的作用。

美国全国教育联合会在《各级学校的健康问题报告》中指出："由于情绪不稳定的教师对于儿童有决定性的影响，不应该让他们留在学校里面。一个有不能自制的脾气、严重的忧郁、极度的偏见、凶恶、不能容人、讽刺刻毒或习惯性谩骂的教师，对于儿童心理健康的威胁，犹如肺结核或其他危险传染病对儿童身体健康的威胁一样严重。"

http://www.yejs.com.cn/jygy/article/id/40631.htm

国内外一些有关"好学前教师"的心理特征的研究中，令幼儿喜欢的学前教师具备以下几方面的心理品质。

1. 热爱幼儿

热爱幼儿是对学前教师道德品质和心理品质的双重要求。如果教师在职业道德的支配下与幼儿交往，那仅仅是服务领域的职业要求，而不是真正的教育。当前我国相当部分学前教师的职业承诺主要是规范承诺，而不是情感承诺，也就是说，她们只是服从社会规范而不是真正喜欢幼教事业才从事这一职业的。热爱幼儿是学前教师应当具备的一种职业心理素质，而不应仅仅表现为某些外在的动作和行为，它应根植于教师的教育观，代表着教师良好的职业心理素质。虽然幼儿园的管理制度可以对学前教师能否做出热爱幼儿的教学行为起到良好的鼓励和监督作用，但关键还是要依赖教师的内在品质。热爱幼儿体现在以下四个方面：

（1）关心了解幼儿。只有在全面了解幼儿的基础上，才能做到更好地关心幼儿。学前教师应了解幼儿在家的表现及家庭对幼儿的影响，了解幼儿的内心世界，了解幼儿的性格特征和兴趣爱好，然后有针对性地在生活、思想等方面给予关心。

（2）尊重信任幼儿。尊重幼儿就要尊重幼儿的人格和个性。教师对幼儿的教育，应以正面教育为主，不能采取讽刺挖苦的做法来伤害幼儿的自尊心，造成师生情感对立，导致教育失败。尊重幼儿，就要信任幼儿。教师应充分相信幼儿的心灵是为接受一切美好的东西敞开的，教师要善于捕捉，并使之发扬光大，而不应漠然视之。

（3）公平对待幼儿。教师对幼儿应一视同仁、平等对待，不能掺杂任何偏见。教师应努力做到，使每个幼儿都感到自己付出的努力能得到公正评价，使他们轻松愉快地融合在集体之中。应该知道"好""差"是相对的，每个幼儿都好比一粒种子，都有发芽、开花、结果的可能性，只是有的发育得早，有的发育得晚，有的枝上挂果，有的根上结实，有的可能作为栋梁之材，有的可以做药用之材，而有的只是以自己的芳香和姿色美化着人们的生活，各有各的特点，各有各的用途。对于幼儿，需要的是从不同角度，以不同的方法去开发。

（4）严格要求幼儿。教师光有一颗热爱幼儿的心还不够，还要在思想上、学业上严格要求他们。教育上的严格与态度上的严厉是不能等同的，在幼儿面前整天阴沉着脸，动辄训斥，让幼儿畏惧自己，绝不是严格要求，严格要求应该是合理的、善意的、可理解的和现实的。

2. 温和耐心

耐心一般被界定为学前教师在具有包容的宽阔心胸、爱护幼儿的热情、敬业的责任感的基础上，对待幼儿的一种不急不躁、温和友善的心理特质和行为表现。目前学前教师并不是普遍具有耐心这一重要的心理品质，有些学前教师会对聪明乖巧的幼儿或家庭背景好的幼儿更有耐心；有些教师则是出于幼儿园规章制度的要求而被迫表现出有耐心。学前教师是否有耐心往往受其自身生活状态、专业准备状况及其社会地位与待遇等因素的影响。

学前教师要学会理解幼儿独特的话语，能够心平气和地同幼儿进行平等的交流，倾听幼儿的声音，把握幼儿的需要；还要尊重幼儿玩的天性，在幼儿沉醉在自己的游戏世界中时，学前教师要耐心细致地进行观察，从中把握幼儿发展的诸多契机，借此组织有效的教学支持。此外，对于幼儿所犯的错误，学前教师应该将之视为教育的契机而不是"麻烦"，通过平等地与幼儿交流来把握幼儿问题行为背后隐藏的需要，同时帮助幼儿理解教师的要求，思考自身行为后果，学会选择和做出正确的行为。

3. 沉着自制

学前教师应慎重地对待自己的言行，善于支配和控制自我，是学前教师有效影响幼儿的重要心理因素。学前幼儿年幼无知、自控力差，常会出现各种行为问题，如任性、不遵守规则、不听从规劝、违背教师提出的要求、同伴之间不能友好相处、攻击性行为较多等，学前教师要善于调整、控制自己的情绪，处事冷静，以平和的态度对待幼儿。学前教师在任何时候都不能把自己的不良情绪带入幼儿园，教师的喜怒无常对学前幼儿是极为有害的，容易使一些幼儿去窥测教师情绪的"晴雨表"，形成两面派行为方式，从而影响幼儿个性的健康发展。

> 优秀的学前教师应善于控制自己的情感，恰当地运用表情、姿态、语言去感染幼儿，以保证教育过程的有效性。
>
> 最具有代表性的是教师将惧怕情绪传递给幼儿并使幼儿形成同样的惧怕心理。年轻的教师正带领幼儿在花园里观察春天的花朵，这时一只飞虫掉在了教师的肩膀上，一个眼尖的幼儿马上对教师说："老师，你的衣服上有只飞虫！"教师马上尖叫起来，迅速抖落虫子，并一脚把它踩死，同时吓得花容失色。幼儿对有生命的东西有一种天生的喜爱，他们可能会和蚯蚓"玩游戏"，可能会把蜗牛带回活动室饲养。而教师的上述反应会让幼儿产生两种心理冲突，一是感觉飞虫是很可怕的东西，从而失去对大自然的观察兴趣，失去对有生命的东西的喜爱，甚至可能会演变成对昆虫过敏性的心理障碍；二是感觉教师言行不一致，因为昨天教师还在教他们画可爱的飞虫，说飞虫如何美丽可爱。作为教师应该克服自己的惧怕情绪，沉着应对，不要把自己的不良情绪传递给幼儿。
>
> http://www.yejs.com.cn/jygy/article/id/40631.htm

4. 乐观向上

学前教育这一职业要求学前教师在为人处事方面积极活跃，情绪乐观，兴趣广泛，敢于尝试，愿意与人交往，在与幼儿交往的过程中，能始终以积极乐观的情绪给幼儿以良好的影响。

教师个人的情感、意志、个性特征以及与幼儿交往的方式、教育幼儿的方法，都会对幼儿性格的形成产生潜移默化的影响。充实、丰富的生活内容，快乐的情绪体验，给幼儿温馨的爱抚和安全感会使幼儿变得活泼开朗，积极向上；相反，单调的生活刺激、刻板的教育模式、冷漠的环境氛围会使幼儿个性难以健康发展。教师应成为幼儿快乐的天使，以充满活力的形象、快乐的个性、大方的仪容去赢得幼儿的尊重与喜爱，从而塑造幼儿活泼开朗的性格。

（三）知识素养

学前教育是启蒙教育，学前教师有不同于其他教育阶段教师的专业特征和专业服务对象。学前儿童有着强烈的好奇心，随着现代信息技术发展和各种儿童读物的普及，他们的知识已远远超过其年龄界限。他们喜欢思考，有自己的见解并有提不完的问题，渴望能得到成人的解答。教师是他们心目中最有威信、最有学问的人,自然成为他们经常提问的对象。教师有广泛的兴趣爱好、渊博的知识,才能深入浅出地回答幼儿们提出的各种问题,在满足他们求知欲的同时点燃智慧的火花。

学前教师的知识素养结构一般包括以下三个方面的基本内容。

1. 扎实广博的普通文化知识

强调学前教师对普通文化知识的掌握,因为普通文化知识本身具有陶冶人文精神、养成人文素质的内在价值。学前教师应具有哲学、社会科学、自然科学等方面的知识,不仅要渊博,而且要内化为个体的人文素质,从而成为一个具有崇高的精神境界、健全的人格特质的人类灵魂的工程师。另一方面,教师的职责之一是传授知识,学前教师不是单科教师,而是要对幼儿实行全面的教育。未来教育提倡培养通才,学前教师应具有科学、社会、语言、艺术、健康等领域方面的知识,并将各类知识融会贯通,做到中外结合、文理兼容,树立博学的形象和较高的教育威信。

2. 宽厚精深的学科专业知识

学前教师要通晓自己所任教的学科,这是对学前教师文化素质的基本要求,包括三个层次:所教学科的基础知识、所教学科的主体知识和所教学科的前沿知识。学前教师要了解学科知识的发展动态,不断充实和调整自己的专业知识结构,拓宽专业知识的广度,加深专业知识的深度,才能游刃有余地驾驭教学,才能深入浅出地给幼儿讲清、讲精、讲活,更好地适应新形势对学前教学工作的新要求。

3. 全新丰富的教育理论知识

掌握教育科学理论,懂得教育规律,这是学前教师提高向幼儿传授知识、施加影响的自觉性,达到良好的教育效果所必需的。学前教师的专业知识包括学前卫生学、学前心理学、学前教育学、学前教育活动设计、儿童家庭教育等与儿童身心发展及教育有关的专业基础知识。同时,还应该掌握学前教育的理论知识、基本规律和实践方法,才能有效地进行学前教育工作。要善于理论联系实际,把教育理论广泛应用于教育实践,解决教育教学过程中的各种实际问题,使教育科学理论真正发挥作用。

学前教师还必须具备一定的艺术知识与技能,如唱歌、跳舞、弹琴、绘画、手工制作及创编故事、讲故事等。这些艺术方面的知识技能既能充实幼儿的教育内容,又能成为幼儿教育的重要手段,它们可以使幼儿在轻松、活泼、愉快的气氛中形象直观地接受教育。

(四)职业技能素养

学前教师的职业技能素养是指教师从事学前教育工作所需的实际能力及其掌握的程度,主要包括以下基本内容:

1. 观察能力

幼儿情绪易外露,其内心活动、身体状况常通过表情、动作和简短语言表现出来。幼儿的一个小动作、一刹那的行为,都可反映其真实的内心活动。当值日生分苹果,将小苹果留给自己,大苹果让给小朋友时,常充满希望地看着老师。因此学前教师要具有了解幼儿个性和活动情况的细致而全面的观察力,从幼儿的眼神、表情、动作、姿态等方面看出他们的心理活动与情感体验。蒙台梭利(Montessori)强调,一个不会观察的教师是绝对不称职的,每位教师都要将自己的眼睛训练得如同鹰眼般敏锐,能观察到儿童最细微的动作。

学前教师观察能力的高低表现为能否敏感地捕捉到幼儿发出的动作、表情或语言等方面的信息，并且快速地做出正确的判断和反应。通过观察幼儿的发展状况和差异，了解幼儿现有水平和不同幼儿在发展水平、速度、技能、能力上的差异，进一步探明幼儿的内部需要和最近发展区，为教师设计和指导教育活动、及时地应答幼儿的需要等提供依据。教师的观察能力是洞察幼儿的内心世界、进行因材施教的先决条件。

2. 语言表达能力

教师的语言表达能力强弱直接决定着教育活动的效果，影响幼儿心智活动的效率。教师良好的语言表达能力能诱发幼儿的求知欲，激起幼儿的学习兴趣，吸引幼儿的注意，调动幼儿良好的情绪、状态，陶冶幼儿的情操，同时也直接影响幼儿的语言发展。

教师的言语表达应做到：第一，生动形象。言语要具有趣味性，引人入胜，并符合形象思维的规律和形式，用幼儿熟悉的形象加深他们对知识的理解。第二，准确精炼。能确切地使用概念，科学地做出判断，合乎逻辑地推理，表述简洁清楚，干净利落。第三，通俗明白。说话要明白，深入浅出，善于把复杂的东西讲简单，把抽象的东西讲具体。第四，严谨含蓄。言语要具有逻辑性，结构严谨，思路清晰，善于帮助幼儿思考，富有启发性。此外，还要注意辅之以非语言表达手段，如手势、表情、姿态等，以增强言语的表达效果。

3. 沟通能力

沟通需要一种相互性，相互理解、彼此接纳对方的观点、行为，形成在双向交流中彼此互相协调的默契。教师的沟通能力主要包括教师与幼儿、教师与家长的沟通能力和促进幼儿之间相互沟通的能力。

（1）教师与幼儿的沟通。教师与幼儿主要的沟通方式有非言语的和言语的两种。不论哪种方式都要求教师有积极主动、平等的态度，提供一个安全、温暖、可信赖、无拘无束的交流环境，尽可能地从幼儿角度来考虑问题。

（2）教师与家长的沟通。家长作为教师的合作者加入教育者一方，共同对幼儿施教，有利于提高学前教育的质量。教师应当具备与家长交流的技巧，主要包括聆听的技巧，以适合家长的态度、语言、表达方式以及考虑家长的观点、心情的谈话技巧，以及向不同类型的家长传达信息（口头的或书面的），特别是描述儿童行为、提出建议或意见的技巧，帮助教师求得家长的相互尊重、相互理解、相互支持。

（3）促进幼儿之间的沟通。幼儿之间的沟通受到他们社会性发展、语言发展等方面的制约，需要教师有意识地进行帮助。学前教师要认真研究幼儿沟通的特点，如幼儿喜欢什么话语？交谈常在什么地方、什么场合发生？什么样的形式最有利于幼儿产生或发展交谈等。在此基础上，利用小群体活动或游戏的方式给幼儿提供交流的机会，从而促进幼儿之间的交谈需要，发展他们自我表达和理解他人的能力、听和说的能力。

4. 组织管理能力

学前教师的组织管理能力具体表现为能否科学地安排儿童日常各项活动，充分调动儿童活动的主动性、创造性，最大限度地促进儿童的发展。它包括了解幼儿的能力、一日生活的组织与保育能力、教育活动的计划与实施能力、游戏的支持与引导能力、交往与协调能力、环境的创设与运用能力、对幼儿的激励与评价能力等。

5. 信息技术应用能力

教师要能够运用以计算机及网络为核心的信息技术来促进教学，熟练制作和应用教学课件，达到信息技术和各科课程的整合，优化教学结构，培养幼儿获取信息、终身学习、创新和实践等能力,提高教学质量。

6. 教育监控能力

教育监控能力是指教师为了达到预定的教育目标,在教育的全过程中将自己所进行的教育活动和行为本身作为意识的对象,不断地对其进行积极、主动、自觉的计划、监察、反馈、评价、反思和调节的能力。

(1) 计划与准备能力是指教师为教育活动做准备工作的过程中体现出的教育监控能力,即教师在进行具体的教育活动之前,分析所要面临和解决的教育任务及教育情境中的相关因素,如教材、幼儿的兴趣和需要、幼儿现有的发展水平和潜能等,结合自己的教育教学能力、风格、特点和经验,确立适宜的教育目标,制订教育计划,明确所要进行的活动内容,选择教育的策略,构想设计出解决各种问题的方法,并预测教育过程中可能出现的问题及可能达到的教育效果等。

(2) 反馈与评价能力表现为教师在教育过程中随时监控班级的状况,密切关注幼儿的反应和参与活动的程度,不断获取教育活动各要素变化情况的反馈信息,并根据幼儿的反馈或是教师的自我反馈,客观地认识和评价自己的教育过程、教育方法、教育策略、教育效果、教育行为以及幼儿发展和进步的状况。

(3) 控制与调节能力是指在教育过程中,教师根据反馈信息和新情况有意识地、自觉地发现和分析教育过程中存在的问题及其原因,并据此及时调节教育活动的各个方面和环节,对自己下一步要进行的教育活动和教育行为进行调整与修正的监控能力。

(4) 反思与校正能力是指在一次或一阶段的教育活动完成之后,教师对自己已完成的教育活动的全过程进行深入的总结和反思,并进行相应校正的能力。教育监控能力较高的教师,在教育活动完成之后,通常会回顾和评价自己的教育活动过程,反省教育活动是否适合儿童的实际水平,是否能够有效地促进儿童的发展;仔细分析自己在教育过程中哪些方面是成功的,哪些方面还有待改进;反思自身教育行为的特点与不足等,并进行相应的调整和校正。

7. 教育机智

教育机智是指教师对幼儿活动的敏感性及能根据新的、意外的情况快速做出反应,果断采取恰当教育教学措施的一种独特的能力。它是观察的敏锐性、思维的灵活性及意志的果断性的独特结合。处于学前教育阶段的儿童,一方面正处在身心快速发展的时期,常常会出现一些新的情况。另一方面,教育情境又是错综复杂、瞬息万变的,会随时随地发生一些意外的事情。这就要求教师具有教育机智,迅速做出反应,果断采取措施,及时妥善处理。

这段时间,玩陀螺成为最受孩子们欢迎的游戏。活动时间到了,他们三五成群地或围坐、或跪趴在地板上,神情专注地观察着谁的陀螺转动得快,谁的陀螺转的时间长,而对于集合的铃声无动于衷。我喊了老半天,他们才磨磨蹭蹭、依依不舍地回到自己的座位上。坐到座位上,他们还在不停地交头接耳。看得出来,他们还意犹未尽、余兴未了呢。接下来,如果按照既定计划给孩子们上语言活动,孩子们会有兴趣吗?我应该怎么办呢?

虽然我对教学活动进行了精心的准备,但孩子们的兴趣似乎并不会跟着我的预设而来,他们关注的是自己感兴趣的内容。因此,还不如遵从孩子们的情绪状态,因势利导就陀螺生成一个活动,让他们玩个痛快并且玩出些花样来。于是,在接下来的活动时间里,我组织孩子们进行了陀螺PK赛,让陀螺飞速地转动起来,看谁能转得最久。孩子们的兴趣立刻被调动了起来,大家都开始积极尝试让陀螺飞速转动的方法。强强大声地欢呼:"快看,快看!我的陀螺转得最快!"一旁的成成也自豪地表示:"我的陀螺转得时间最长,看,还没停下来呢!"……孩子们你一言我一语,气氛非常热烈。顺应孩子们的兴趣点,我接着抛出问题:"为什么有的陀螺转的时间长,而有的陀螺转的时间短呢?你是用什么方法让陀螺转动得时间久呢?"

通过这两个问题,我进一步引导孩子们思考和探索。最终,在这样不断地尝试、思考、探索中,孩子们不仅找出了能让陀螺转动得持久的方法,还粗略地懂得了摩擦力的作用。

冯伟群. 幼儿教师临场应变技巧60例. 北京:中国轻工业出版社,2015.

总之,学前教师的素质是搞好保教工作、培养幼儿成才的重要保证。学前教师在长期的学前教育实践中才能逐步培养和形成良好的综合素质。

三、学前教师的专业成长

学前教师的专业成长是指其在工作中通过个人的努力和集体的培养,其教学品质、教学技能和教育素养逐渐从不成熟到相对成熟的过程,其内在专业结构不断更新、演进和丰富的过程。那么如何有效地促进学前教师的专业发展呢?

(一)在学习中充实

学前教师的专业化成长离不开先进的教育理念指导,而先进的教育理念是在不断阅读理论书籍、倾听理论讲座以及与其他学前教师相互交流的过程中逐渐形成的。学前教师只有在实践中自觉地运用各种教育理论,参与多种形式的教研活动,不断分析教育实践中出现的问题,同其他学前教师们相互交流、评价、反思,关注和分享其他学前教师们先进的教育经验,才能在教育实践过程中,通过自我反思检验自身已有的理论,调整不适宜的教育行为,构建、扩展自身的教育经验,从而促进自身专业水平的不断提高。斯腾豪斯(Lawrence Stenhouse)提出学前教师的理论成长有三条途径:通过系统的学习、通过研究其他学前教师的经验和检验已有的理论。

1. 整合教育理念、加强理论交流,提高教师理论水平

真正掌握理论知识的过程是自身主动建构的过程,是从自身原有的理论基础上,吸收外界不同的信息来源,然后不断地实践检验、研究发现,形成自己的教育理念。因此,只有以自身积极思考、辨别为前提,然后领悟、迁移、融合、整理、运用,内化成自己的理论结构,才能真正使自己的理论得以提高。在日常的工作中,每位学前教师的理论水平差异很大,组织教师间的互动切磋很有必要。在浓厚的交流气氛中,吸收别人的经验,取人之长,补己之短,经过加工提炼,再到实践中去验证,交流、实践……在这循环往复的过程中,教师们不断超越自己原有的理论经验,使自身的理论水平逐渐加高。

2. 分析教育案例、加强观摩评价,提升自身教育技能

借鉴外界信息,是教师们提高自身教育技能的方法之一。通过观摩优秀的教案或案例,走进优秀教师的教育境界,对其教育思想进行探索研究。这主要包括活动设计目标、选择的内容是否适合;每个环节所采用的教育手段是否促进了幼儿发展;投放的材料是否充足、适宜;教育过程中还有哪些不足。针对活动中出现的各种现象,从多个角度进行思考、深入分析,将商讨的教育经验进行有效的梳理,并结合自己的工作实践,进行借鉴、反思、加工与创新。

3. 关注教育对象、调整自身行为，促进教师专业化成长

教师要根据幼儿成长所必须具备的经验，关注幼儿的兴趣点，从幼儿生活中捕捉有价值的教育契机，设计适合幼儿的有效教育。《幼儿园教育指导纲要（试行）》（以下简称《纲要》）中强调："教师要关注幼儿在活动中的表现和反应，敏感地察觉他们的需要。""幼儿的行为表现和发展具有重要的评价意义，教师应视之为重要的评价信息和改进工作的依据。"教师应对自己的教育对象进行特别关注，观察幼儿活动中的反应，了解他们的内心世界，调整教育策略，这也是提高教师洞察力的关键。

> 美国幼儿教育协会（NAEYC）对幼儿教师专业化提出过七条标准：
> （1）对儿童发展有着深刻的理解和体悟，将心理学、教育学知识运用于实践。
> （2）善于观察和评量儿童的行为表现，以此作为计划课程和个性化教学的依据。
> （3）善于为儿童营造和保护幼儿健康安全的氛围。
> （4）会计划并实施儿童发展的课程，全面提高儿童的社会性、情感、智力和身体各方面的发展。
> （5）与儿童建立起积极的互动关系，支持儿童的学习和发展。
> （6）与幼儿家庭建立积极有效的关系。
> （7）尊重和理解儿童在家庭、社会、文化背景等方面的差异，支持儿童个性的发展和学习。
>
> http://blog.sina.com.cn/s/blog_56b99c6f0102wpkk.html

（二）在实践中提高

瑞吉欧的创始人马拉古齐（Loris Malaguzzi）曾说："学前教师专业素养的形成与发展，必须在与幼儿一起工作的实践过程中同时进行，除了在职培训，我们没有其他选择，所有智慧在使用过程中更加坚固，而教师的角色、知识、专业和能力在直接的应用中更强化。"教师具有的教育理论只有在引起自身经验、情感的共鸣融入自身的教育实践之中，才能真正发挥作用。因此，具有个性、情境性、开放性的实践活动，对学前教师的专业发展有着非常重要的作用。

根据美国社会学家赖利夫妇（J. W. Riley & M. W. Riley）的"社会范畴论"，每一个体在社会中不是孤立的，都从属于一定社会中一定的群体，拥有相似社会范畴的人由于生活环境、心理因素相近而具有很多共性，从而看似分散的大众实际上形成了各种不同的团体。学前教师的专业成长必须在一种开放的、对话的教师团体中实现。在一个由不同性情、经验、才能和观点构成的教师团队中，教师可以通过相互质疑，脑力激荡等形式充分调动思维，碰撞出新的火花，创造出新的思想。瑞吉欧教学提倡教师的团队学习，认为"教师必须放弃孤立、沉默的工作模式"。教师团队进行交流讨论、相互观摩活动、讨论各种教育问题，通过分享，使教师产生共鸣和感悟，从而对个人的成长带来促进与帮助。

（三）在反思中超越

教学反思是指教师在先进的教育理论指导下，借助行动研究，不断对自己的教育实践进行反思，积极探索与解决教育实践中的问题，努力提升教育实践的科学性、合理性，并使自己逐渐成长为专家型教师的过程。有关研究表明，促使新手教师转变为专家教师的因素，不是他们的知识和方法，而是他们对幼儿、自己及自己的教育目的、意图和教学任务所持有的信念，是她们在教育实践中表现出来的教育机制和批判反思能力。教师专业发展的一种新的取向和理念便是强调教师的自我反思、自我更新。

教学反思用平实的话，记录教后感受，认真思考教学得失，明确教学目标是否达成、教学情境是否和谐、儿童积极性是否被调动、教学过程是否得到优化、教学方法是否灵活、教学手段优越性是否体现、教学策略是否得当、教学效果是否良好。这些记录是思考及创造的源泉，是教科研的丰富材料及实践基础。多一点教学反思的细胞，就多一些教科研的智慧。常用的形式有教育叙事、教学日记、教师博客。

1. 反思成功之举

反思成功之举包括引起教学共振效应的做法、临时应变得当的措施、教育思想的渗透与应用、教学方法的改革与创新，供以后教学时参考使用，并可在此基础上不断地改进、完善、推陈出新。

2. 反思败笔之处

反思败笔之处是指对疏漏失误进行回顾、梳理，并对其做深刻的探究和剖析，使之成为以后再教时应吸取的教训。

3. 反思教学灵感

反思教学灵感是指课堂上一些偶发事件产生的瞬间灵感。它常常是不由自主、不期而至，课后若不及时反思，便会因时过境迁而烟消云散，应当及时做好整理收集。

4. 反思儿童见解

反思儿童见解是指记录儿童独到的见解、对教科书的疑惑、对自己的质疑。这些都闪现儿童创新的火花，帮助教师拓宽教学思路，可以作为今后成功教学的材料养分。

5. 反思再教建议

反思再教建议是指对知识点上的新发现、教学方式的新突破、教法上的新改进、组织教学的新思路进行必要的归类与取舍，把自己的教学水平提高到一个新的境界和高度。

美国心理学家波斯纳（Posner）提出：教师成长＝经验＋反思。叶澜教授说过："一个教师写一辈子教案不一定成为名师，如果一个教师坚持写三年教学反思可能成为名师。"可见，教学反思是每位教师必备的素质，更是青年教师走向成熟的捷径和基本标志。进行有效的教学反思是促进教师专业化成长的重要途径，是不断丰富和完善教师自我思维和再学习的一种有益活动。

第二节　学前儿童

学前儿童的发展是学前教育的出发点，学前教育的根本任务是为幼儿一生的发展打好基础。因此，要促进儿童正常发展，教师必须了解儿童身心发展的规律，树立正确的儿童观和教育观。

一、儿童观概述

儿童观是指人们对待儿童的观点的总和，对儿童的本质和生长发展过程的总的看法，涉及儿童的特征、权利与地位，儿童期的意义以及教育和儿童发展之间的关系等问题。儿童是受教育者，是教育过程中的要素，是教育目标指向结果的反映者，因此，对儿童的看法、态度的不同，会导致对构成教育过程要素认识的差异，会导致不同的教育目标、教育策略、教育行为。可以说，儿童观同教育观、教师观是密切相关的，并在一定程度上对教育观、教师观产生影响。

二、科学的儿童观的内涵

科学的儿童观是科学开展学前教育工作的前提，应以儿童身心发展的基本规律为出发点，以社会发展的需要和社会对未来一代的期待为引导。《专业标准》在"对幼儿的态度与行为"和"幼儿发展知识"两个领域对学前教师如何正确看待与对待幼儿问题提出了九条基本要求，为评价学前教师是否具备科学的儿童观提供了具体的评价依据。

科学的儿童观包含以下几个主要观点：

（一）儿童是稚嫩的个体

学前儿童独立性差，饮食起居都需要成人的妥善安排和照料，并且他们免疫能力较低，防病能力较差，成人稍不注意就会使他们患病，而且患病后全身反应比较强烈。幼儿的语言能力尚未发展完全，常受限于语言能力而无法清楚表达自己的意思。同时，学前儿童爱探索，对任何事物都感到新奇，但又缺乏安全意识。这些都需要成人对他们精心照料和细心呵护。

（二）儿童是独立的个体

学前儿童虽然年龄小，但他们和学前教师一样都是社会的公民，具有独立的社会地位，依法享受各项社会权利，应该得到全社会的关爱和保护。1989年，联合国《儿童权利公约》指出儿童享有以下基本权利：

（1）生存权——儿童享有其固有的生命权、健康权和获得基本生活保障的权利。

（2）发展权——儿童享有充分发展其全部体能和智能的权利，未成年人有权接受正规和非正规的教育，有权享有促进身体、心理、精神、道德等全面发展的生活条件。

（3）受保护权——儿童享有不受歧视、虐待和忽视的权利。

（4）参与权——儿童有权参与家庭和社会生活、就影响他们生活的事项发表意见的权利。

在幼儿园里，有个简单的模仿游戏很受孩子们的欢迎，即教师说："请你跟我这样做……"幼儿说："我就跟你这样做……"可有一天，黄老师正带着孩子们玩这个游戏，琳琳突然站起来说："老师，我不想像你那样做！"黄老师一听愣住了，马上停下来问为什么，琳琳摇摇头说："就是不想！我想和老师做不一样的动作。"听完后，黄老师想，如果拒绝琳琳，她一定不想继续玩下去了。于是，她说："那好，琳琳就和老师做不一样的动作吧。"

游戏又开始了，琳琳做的每一个动作都和老师的不一样，老师拍手，她就做舞蹈动作；老师做小山羊，她就学小花猫……慢慢地，好多小朋友低声说着："老师，我也不想跟你做一样的。"看到孩子们对游戏规则变化比较感兴趣，黄老师说："好，我们把儿歌改成请你跟我这样做，我不跟你这样做，每个小朋友的动作都要跟老师的不一样。"游戏重新开始，孩子们特别认真，他们创编了许多平时没有的动作。黄老师看到了这样的变化比单纯的模仿更吸引孩子的注意力，带动每一个孩子都参与游戏，而且使孩子的反应能力、想象力和创造力都得到了发展。游戏结束后，孩子们仍然十分兴奋，都说："老师，这样真好玩！"

https://www.liuxue86.com/a/3393511.html

（三）儿童是主动发展的个体

儿童的发展，除了受遗传、环境、教育等客观因素影响外，还取决于自身的能动性。这种能动性体现在儿童的独立性、自主性和创造性等方面。学前儿童不是简单装载知识、技能的容器，任何影响必须经过儿童主体的主动体验、吸收、转化才能生效。儿童的发展自始至终都是一种主体的自我调节活动。作为积极的学习者，他们本能地喜欢探索，在各种丰富的活动与环境中不断互动，主动建构自己的精神世界。学前儿童有自己的想法，并把想法体现在自己的生活和学习中，儿童有权利选择自己的学习形式和想法表现方式。在学习活动中，学前儿童的主体地位表现为其作为自己学习活动的管理者、实施者和决策者。

> **幼儿独特的学习方式：**
> （1）幼儿通过动手操作来学习，感官和身体动作常伴随其学习的过程。
> （2）游戏是幼儿的主要学习方式。
> （3）幼儿的学习是一个自我发现的过程，这一过程常出现重复的操作和模仿活动。
> （4）幼儿需要丰富而适度的学习环境，高强度的技能训练不适合幼儿。
> （5）幼儿在学习时经常需要与人互动、交流。
>
> http://www.xzbu.com/9/view-3670710.htm

（四）儿童是完整发展的个体

儿童身心发展具有整体性，儿童发展除了健全的身体外，还有丰富的精神世界，必须高度重视其在身体、认知、品德、情感、个性等方面的全面发展。幼儿在身心各方面的发展都会相互影响，幼儿的发展是整体联系的而非孤立的。健康的幼儿在参与各项活动时，都会表现得较为活跃，学习动机更强，与别人交往时也会表现出愉快的情绪；心情愉快的幼儿，学习动机较强，这不但可以提高智能，还可以促进良好的社会行为；社会行为表现良好的幼儿，往往会得到成年人和小朋友的赞许和鼓励，这不但可以加强幼儿对人对事的信心，也可以鼓励他们朝着良好的方向发展。

教育家约翰·杜威（John Dewey）说过，"我们所需要的是儿童以整个的身体和整个的心灵来到学校，并以更圆满发展的心灵和甚至更健全的身体离开学校"。幼儿园要为幼儿提供健康的、丰富的生活和活动环境，以满足幼儿多方面发展的需要。

（五）儿童是有差异性的个体

由于遗传素质不同、环境与教育的不同以及主观努力和实践的不同，使得同一年龄阶段的儿童身心发展上存在着差异。这种差异主要表现在：不同儿童同一方面的发展，其速度和水平各不相同；不同儿童不同方面发展的相互关系各不相同；不同儿童个体心理特征方面有差异。这些不同的个体特点表现了儿童未来不同的发展趋势。学前教师应该注意儿童的个别差异，做到"因材施教""长善救失"，使儿童的个性得到充分的发展，成为有专长、富于个性的人才。

> 自由活动时间到了，孩子们一个个说笑着来到户外活动场地，去玩自己喜欢的游戏。这时，在木马区发生了吵闹。穆老师赶紧过去了解情况。原来是昭昭想要骑木马，可是当时子瑶已经骑在木马上了，昭昭等不及，就上去硬把子瑶拉下来，害得子瑶摔了一跤，哭了起来。这匹木马是幼儿园最近新添置的游戏设备，孩子们都觉得新鲜好玩，每天来玩木马的幼儿是最多的，这里也是最容易产生矛盾的地方。前段时间，小雪和眉眉也都因为骑木马的游

戏而与小朋友闹了矛盾，从而产生了过激行为。

穆老师却对这三个犯了同样错误的幼儿给予了不同的对待和处理：

对待昭昭，穆老师采用了各种具体的教育纠正措施，教会他正确的行为方式，告诉他应该如何友善地、和气地与小朋友们相处，并且采用各种正负强化的手段，不断巩固和强化他的正面行为，矫正他的错误行为。

对待小雪，穆老师采取的是游戏治疗法。鼓励、引导小雪平时多和小朋友们一起做游戏，在这些富有教育意义的游戏当中，慢慢克服她的心理焦虑，教育她学会如何与同伴和睦相处。

对待眉眉，穆老师则采取了直接示范的方法，以具体直观的行动来告诉她正确的处理和解决问题的方法，逐步培养、提高她的交往能力。

穆老师对昭昭、小雪和眉眉的错误行为进行了不同方式的处理和解决。因为三个孩子的行为虽然都是一样的，可是导致他们这么做的原因大不相同：昭昭的错误行为是属于社会制约型的，也就是说他的不良行为是习得的，是受到了环境的不良影响；小雪的行为是属于情感制约型的，她是属于内心焦虑的孩子，因此才会发生这样的错误行为；眉眉的行为是属于社交制约型的，平时的眉眉性格有些内向腼腆，很少与老师和小朋友交谈，她不知道当自己与他人产生矛盾争执的时候，正确的做法应该是什么。

专业化的学前教师，应该针对幼儿错误行为产生的原因进行对症的教育和矫正。穆老师能够透过幼儿所发生的行为，看到导致幼儿行为的原因是什么，从而进行有针对性的教育。这也是学前教师专业化发展的一个表现。

教育部考试中心教材研究所．综合素质．长春：东北师范大学出版社，2013．

学前教师只有树立科学的儿童观，才能形成科学的教育观，并在科学的教育观支配下，自觉践行"幼儿为本""以幼儿为中心"的保教理念，提高学前教育的科学性、适切性。

拓展阅读

其实有一百
（意大利）马拉古齐

孩子
是由一百组成的。
孩子有
　　　　一百种语言，
　　　　一百只手，
　　　　一百个念头，
　　　　一百种思考问题的方式，
还有一百种
　　　　聆听的方式，
　　　　惊讶和爱慕的方式。
　　　　一百种欢乐，
　　　　去歌唱去理解。
　　　　一百个世界，

>   去探究去发现。
>   一百个世界，
>   去发明去梦想。
> 孩子有
>   一百种语言，
>   但被偷走了九十九种。
>   学校和文明，
>   将孩子身心分离。
> 他们告诉孩子，
>   不需用手操作，
>   不需用脑行事，
>   只要听，不必说，
>   理解世界不必伴随快乐。
>   爱和惊喜，
>   只在复活节和圣诞节才有。
> 他们催促孩子，
>   去发现已经存在的世界，
> 在孩子一百个世界中，
>   他们偷去了九十九个。
> 他们告诉孩子：
>   工作与游戏、
>   现实与幻想、
>   科学与想象、
>   天空与大地、
>   理智与梦想
>   都是水火不相容的。
> 总之，他们告诉孩子，
>   一百并不存在。
> 但是孩子却说：
>   不，其实真的有一百！

第三节 师幼互动

幼儿园教育主要是在学前教师与幼儿间展开的，师幼互动作为幼儿园教育的基本表现形态，存在于幼儿的一日生活之中，表现在幼儿园教育的各个领域。教师与幼儿的相互关系如何，直接关系着幼儿园教育的质量。

一、教师与幼儿的相互关系

师幼关系是指在教育过程中师幼双方通过交往和相互影响而形成的双边、互动的关系系统，它不仅是师幼互动的结果，还包括师幼关系形成的过程、机制和影响因素等。具体而言，师幼关系包含三层含义。

（一）师幼关系是一种平等的社会成员的关系

从本质上看，幼儿和教师都是社会的基本成员，都有人格和尊严、物质和精神的需要，都有生存、学习、游戏、自我发展和自我实现的权利。其相互关系是平等的社会成员关系，这种平等关系是幼儿园所有人际关系中首要且基本的关系，是幼儿和教师相互关系的基础。

（二）师幼关系是一种非对称性的相互关系

幼儿和教师的关系是"师生关系"。幼儿地位和权利的保障责任具体化为教师的义务和职责，教师成为幼儿生存、发展、学习等权利最主要的维护者，幼儿则是被保护者；教师作为成熟的社会成员，是代表国家意志的教育者，幼儿是身心均不成熟的、正在发展中的社会成员，是受教育者。在这个意义上，教师和幼儿又不可能是完全平等的。

（三）师幼关系是教师与幼儿互为主体的人际交往关系

互主体性体现为教师与幼儿之间在教育生活中相互作用、彼此接纳，在平等互信的基础上，通过教育活动使彼此的精神相通、心灵沟通。师幼双方都全身心地、满怀激情地参与其中，因而它是真诚的、开放的。在这样一种交往情境中，教师与幼儿不是主客体式的关系，而是互为主体的主体间共存的关系。

在幼儿园的教育活动中，教师始终要尊重幼儿，以民主、平等、充满爱心的态度，对每个幼儿认真地进行教育和指导。不管什么活动，无论其形式多么新颖、内容多么丰富、教师的教法多么艺术，只要没有以教师与幼儿之间正确、良好的关系为基础，就不能算是好的活动。

二、努力建构积极、有效的师幼互动

建构积极、有效的师幼互动，应注意以下几个方面：

（一）教师转变角色意识是建构师幼互动的前提

目前在师幼互动各个环节中存在的诸多问题，与教师把自己更多的定位为管理者和控制者有极大的关系。正是因为这样的角色定位，学前教师对幼儿的行为问题或违规行为十分敏感，并为此而发起了以纪律约束和维护规则为目的和内容的互动。学前教师必须按照《纲要》的要求，对自身角色定位进行调整。在师幼互动中，教师绝不是简单的管理者、指挥者和裁决者，更不是机械的灌输者或传授者，而是良好的师幼互动环境的创设者、交往机会的提供者、幼儿发展的支持者和促进者。只有这样才能更多地关注幼儿的实际情况和主体发展，关注幼儿的情感需要。

一次户外活动时，我组织孩子们从一个游戏过渡到另一个游戏。我采用游戏的语言与方式让孩子们领会我的要求进行集合："每个小朋友的眼睛都是两盏小车灯，请小朋友将小车灯打开，看看谁的灯光能照到张老师的眼睛里。看看谁的小刹车最灵，在张老师的身边停稳。"还沉浸在第一个游戏中兴奋得又跑又跳的孩子们听到我的话，迅速地集合到我身边，并纷纷向我喊道："我的小刹车最灵。""我是最先停下的。"只有汉汉好像根本没听到我的话，也没有看到同伴的活动，他还是一个劲儿地在操场上奔跑。当他跑到我身边，发现我正满怀期望地看着他时，竟然冲我一笑，然后认真地对我说："我的刹车失灵了。"说完他好像很理所当然地又从我身边跑开了。我真想伸手直接把他拉过来，但看到他兴致勃勃地投入活动的情形，我转变了思绪：孩子全身心地投入游戏，我怎能因为他没有呼应我的游戏而责备他呢？可又不能让他无休止地跑下去，因为这两天他感冒了，咳嗽得很厉害。于是，当汉汉再次跑到我身边时，我对着他喊道："汉汉，刹车失灵太可怕了，会出车祸的，快到张老师的修理厂修理吧！"汉汉听到我的话，嘴里发出"吱"的一声停到了我的身边，兴奋地告诉我："修好了，我的刹车修好了。看着汉汉一脸的快乐，我真为刚才自己伸手前那一瞬间的思考感到庆幸。如果刚才我真的将他拉过来教育他要听老师的要求，他可能会"乖乖"地站在我身边，但接下来我们两个人以至大家都不会像现在一样轻松、愉快地围在一起，继续下一个游戏。我也将看不到汉汉那种发自内心的快乐和再次全身心投入活动的兴致。我想，作为一名幼儿老师，最难做到也最应该做到的是：在教育的实际场景中时刻以幼儿的快乐与发展为出发点，应情境而变，应幼儿而动，让点点滴滴的师幼互动都闪现出尊重与理解的光芒。

http://ping.ci123.com/firms/topics/97344/38300

（二）重视教师和幼儿之间积极、充分的情感交流是建构师幼互动的必要条件

越来越多的研究表明，师幼间的情感交流以及由此产生的心理氛围是促进师幼积极互动的必要条件。在积极的情感氛围中，无论是教师还是幼儿更容易产生被支持感，互动的动机更强，效果也更好。"亲其师而信其道"正是对这一事实的体现。特别是对幼儿而言，由于其行为的自制和有意性较差，受情绪影响更为明显，在师幼互动中强调情感支持和交流的作用尤为重要。教师是幼儿的知心朋友，是可以倾诉任何内心体验的人。教师倾听每一位儿童的心声，尊重他们的童心、童趣，包容他们"美丽的错误"，有利于儿童情感的培养，建立平等的、朋友一般的师幼关系。

（三）教师深入、有效的参与是建构师幼互动的关键所在

在实践中，不少师幼互动的效果不佳是与师幼双方的参与程度和参与有效性有直接的关系。不少教师在与幼儿互动时，尽管有参与、有交往，但很多是流于表面，没有实质性地对幼儿产生作用。另一些教师则是参与的方式方法不适宜，使整个师幼互动表现出消极性质，影响了互动的最终效果。这在以指导和寻求指导为内容的师幼互动中体现得尤为突出。只有真正和孩子们玩在一起，真正体验到发自内心的快乐，而且教师与幼儿积极、愉快的情绪相互影响，才能产生有效、积极的互动。

瑞吉欧有句名言——接过孩子抛来的球，意思是要关注孩子的语言和行为，从语言行为中捕捉他们思维的脉络。只有学会倾听孩子的声音，对孩子的回答和提问做出积极回应，才能真正走进孩子的心灵。

接过孩子抛来的球，其实就是倾听他们的话语，倾听他们的心声，倾听他们对世界的理解和对未来的梦想。如果我们对孩子不理不睬，他们就会感到失落，从而挫伤其感知世界的兴趣，失去获取知识能力的过程。有这样一个故事，一位幼儿园小朋友画了一张画，画中的小草长着一双美丽的大眼睛，老师看了后指责孩子脑子不灵清。孩子回家后对爸爸说了这件事，爸爸就问他，你给小草画眼睛干什么呢？孩子回答说，小草也要看漂亮的星星和月亮呀！孩子的回答是多么富有灵性和诗意啊，可由于老师不善于接过孩子抛来的球，"脑子不灵清"的评价就在孩子纯洁的心灵烙下难以消除的印痕。

孩子对周围事物充满了好奇，表现出主动探究和认识周围世界的强烈动机和欲望，往往会对一件小事感兴趣，并产生奇妙的联想和乐趣。我们要善于解读孩子的所思、所想、所为，

尊重他们的生活体验和情感体验，尊重他们独特的生命感受。因为每个孩子都是从兴趣中开始感受世界的，这种兴趣就像一道火花，既可以成为燎原之火，也可能因为老师或家长的冷淡、即刻而熄灭。我们只有知道孩子的"一百种语言"，才能欣赏孩子，关爱孩子。

孩子的潜能是气体，你给他多大空间，他就有多大的体积；孩子的个性是晶体，各具有自身美丽的晶型。接过孩子抛来的球，孩子的世界就会更精彩；接过孩子抛来的球，孩子的心灵就会更敏锐；接过孩子抛来的球，孩子的生活会更有创意。

http://paper.people.com.cn/jksb/html/2007-01/11/content_12244567.htm

任何完美的教育理念、活动设计都要借助人与人之间的互动行为往来才能实现其价值。要建构积极、有效的师幼互动，必须对情感氛围、关注参与给予足够的重视，同时也要注意师幼互动中其他方面的协同作用，以真正形成具有发展性、主体性和情感性的师幼互动。

学前教师教育技能训练

一、训练目标

（1）掌握学前教师应具备的基本技能，理解科学儿童观在学前教育工作中的意义。

（2）明确学前教师观、儿童观的基本内涵，能够运用现代儿童观的观点来看待和分析教育过程中产生的问题与现象，初步形成自己的教育观念。

（3）初步形成运用现代教育观、教师观、儿童观分析幼儿园工作的能力。

二、内容与要求

（1）以小组为单位讨论问题"您认为哪种技能对于未来的工作最重要"，并说明理由。

（2）试回答您最喜欢的儿童和最不喜欢的儿童特征是什么？

（3）观看电影《地球上的星星》，以小组为单位进行讨论，这部电影对未来的学习与生活有什么启示？

（4）观看电影《看上去很美》，根据学前教师应有的教育观、基本理念、现代的儿童观等相关知识，写一篇观后感。

（5）教师口头言语表达技能训练。用口头言语向小班幼儿讲解幼儿园一日生活常规要求。要求普通话语音标准、语词适当、语法规范；语气中体现对幼儿的欢迎和热爱；语速快慢适中，可以通过举例、讲故事、做示范或小游戏的方式帮助幼儿理解。

（6）体态语言表达技能训练。要求能使用和蔼可亲的面部表情；能使用身体姿态为幼儿做出示范；能使用示意明确的手势提示幼儿；能利用眼神对幼儿的各类行为表示赞许、期待、鼓励、阻止、反对、批评等态度。

（7）常规教学媒体运用技能训练。明确领会幼儿园常规教学媒体的出示和使用要领。按个人兴趣，为自行确定的幼儿园教育活动主题设计活动方案，并在实施方案的过程中感受、学习和训练教学媒体的投放技能。

（8）教学反思技能训练。微格拍摄教学尝试活动，回放观看自己的动作、表情和语气语调，分析是否有需要改进的地方。

三、分析案例，回答问题

(1) 教师和幼儿说话时，如能叫出他们的名字，幼儿会感到自己受重视，倍感亲切，从而对教师的话做出积极的回应。有的教师觉得叫幼儿的乳名，会让幼儿对教师产生亲切感，建立初步的感情。而有的教师认为，不要以乳名呼唤他们，应以他们在园中登记的名字为准，幼儿也需要习惯自己的姓名。

请问您对此事怎么看？

(2) 网上爆出了学前教师虐童事件，幼儿园的老师普遍遭到了信任危机。家长纷纷给孩子身上装上了小型摄像机，老师们感到压力越来越大，许多老师都不敢和孩子亲近，担心会遭到误会。

您怎么看待这件事，您会怎么应对？

(3) 一次幼教研讨会上，一位老师调侃自己的职业：起得比鸡还早，下班比狗还晚，挣钱比民工都少，看上去比谁都好，五年后比谁都老！孩子睡觉、吃饭、大小便的时候我们是保姆；上课的时候我们是老师，像演员一样的老师，为了活动需要扮成各种形象（兔子、老虎、大灰狼）；有的时候还要"冒充作家"，为了上面的检查编写材料；准备操作材料的时候我们是美工，有时候甚至还是裁缝；搞活动的时候我们是导演、摄像；环境布置的时候我们是木工、美工；我们是人类职业的"变色龙"。一些老师纷纷赞同，也有一些老师觉得这份职业可以体验多种角色，很有意思，很有幸福感。

您如何看待这些观点？

（4）王老师从外地学习回来，将在外地观摩到的一节艺术活动《折纸的变化》进行教学展示，与园内的教师分享与交流。她自认为这是一个完整、优秀的教学设计，在外地看到的观摩活动效果也不错，但是照葫芦画瓢在本园开展的同样活动效果却大相径庭。

您对这件事如何看待？请从教学反思角度进行分析。

（5）一天，康老师给幼儿上科学课，主题是"寻找有生命的物体"。康老师安排幼儿去户外大自然寻找有生命的物体，并书写记录。走出课堂的幼儿们显得很兴奋，不一会儿，一位幼儿跑过来说："老师，我捉到一只蚂蚱。"其他幼儿也围过来看，突然，小轩说："这是只公的。"围观的幼儿哄堂大笑。康老师问道："你怎么知道的？""我观察的，公蚂蚱有劲，跳得高。"他自信地说。这是孩子最直接的推理，确实难能可贵！康老师及时表扬道："你真是一个小生物学家，科学就是提出问题、研究问题和解决问题，希望你能认真研究一番。"孩子认真地点头。就在这时，小丽跑过来告状："明明把蚂蚱踩死了。"康老师很快意识到这是一个绝好的教育机会。他走过去，几名幼儿正在气呼呼地责备明明。康老师说："一个蚂蚱也是一个有生命的物体。我们应该爱护每一个有生命的物体。我相信，明明一定是无意踩死的。这样吧，老师提一个建议：不如挖一个坑，把它安葬了吧！"于是，在幼儿园的草地上，举行了一个特殊的安葬仪式。可以说在这潜移默化中，幼儿对生命的理解和珍惜，会比多少遍说教来得更为深刻有效！

试从教师职业理念的角度，评析康老师的教育行为。

（6）幼儿园只有一架秋千，幼儿都很喜欢玩。大二班在户外活动时，胆小的诺诺走到正在荡秋千的小莉面前，请小莉把秋千给他玩，小莉没理会他，诺诺就跑过来向老师求助："老师，小莉不让我荡秋千。"

对此，不同的老师可能采取下面不同的回应方式：

教师 A 牵着诺诺的手走到小莉面前，说："你们的事情我知道了，我现在想看小莉是不是个懂得谦让的孩子，小莉你已经玩了一会儿了，现在能不能让诺诺玩一会儿呢？"小莉听了后，把秋千让给了诺诺。

教师 B 问诺诺："你对小莉怎么说的呢？诺诺说："我说我想玩一会儿。"教师 B 想到诺诺平时说话总是低声下气的,就说:"是不是你声音太小了,她没有听清楚呢?现在试试大声对她说,我真的想荡秋千,我已经等了很久了!如果这样说她还没让你玩,你就回来,我们再想别的办法。"

请分析上述两位教师回应方式的利弊,并说明理由。

(7) 在课堂上,教师给幼儿讲我国各个民族的节日。讲到傣族的泼水节时,突然一个孩子说:"现在不是应该节约用水吗?"

教师应该怎么处理?

(8) 在一个小班体育活动中,张老师请幼儿们当"小猫",自己做猫妈妈带小猫们一起出去做游戏。淘气的军军突然发出了一声猫叫:"喵!"于是其他幼儿也跟着"喵喵"地叫起来,一时间教室里猫叫声越来越大,完全盖住了张老师的声音。张老师一时不知道该怎么办。

如果您是教师,您会怎么应对?为什么?

(9) 冯老师正在给大班的幼儿们讲故事,窗外突然传来一阵"轰隆隆""咚咚咚"的声音。冯老师努力提高声音,可是幼儿们还是骚动起来。有的幼儿捂住耳朵说:"吵死了!"有的幼儿开始东张西望,还有几个大胆的幼儿涌到窗口去看个究竟。原来楼下的水管爆裂,施工队正在紧急抢修。听着窗外轰鸣的声音,看着幼儿们兴奋的表情,冯老师感到无计可施。

如果您是教师,您会怎么应对?为什么?

（10）大班幼儿正在进行图画书《克里克塔》的阅读活动，当黄老师讲到老奶奶的儿子在遥远的地方研究爬行动物时，幼儿们对爬行动物发生了兴趣。"哪些是爬行动物呢？"黄老师提问。有的幼儿说蜥蜴是爬行动物，有的幼儿说乌龟是爬行动物，黄老师微笑着频频点头。忽然玲玲站起来说："马是爬行动物！"黄老师还没回答，东东就站起来说："马不是爬行动物，蚂蚁才是爬行动物！"黄老师用惊奇的语气问："哦，蚂蚁是爬行动物吗？"东东理直气壮地说："马是站在地上的，蚂蚁不是在地上爬的吗？"强强听了说："蛇也是爬行动物，它也在地上爬的！"幼儿们七嘴八舌地吵起来。

黄老师伸手制止了幼儿们的争吵，微笑着说："我发现了，我们班的小朋友，有的已经知道哪些是爬行动物了，还有的小朋友不太知道什么是爬行动物。那么回去请大家好好研究一下，到底什么是爬行动物，它们都有怎样的特点。现在，我们还是来看看，老奶奶的儿子到底研究的是哪个爬行动物。"听黄老师这么一说，幼儿们的注意力都回到图画书上来，一个个伸长脖子想知道故事的下文。

请分析黄老师在回应问题时的做法。

（11）张老师正在组织幼儿们开展音乐活动"鞋子也会嗒嗒响"，幼儿们学得非常投入，歌曲欢快的旋律和极具韵律的节奏让幼儿们的情绪越来越高涨。渐渐地，幼儿们在跟着音乐跺脚时声音越来越响，而且为了让自己的跺脚声超过他人，幼儿们就不再顾及音乐的节奏，而是嬉笑着使劲跺脚，脚步声盖过了音乐，教室里闹哄哄的……

如果您是教师，您会怎么应对？为什么？

（12）洋洋今天又迟到了。九点半，洋洋妈妈急匆匆地带着洋洋走进教室。此时，我们正准备开始第二个教学活动。洋洋妈妈一边抱怨，一边说："赶紧赶紧，要上课了……"中午，洋洋妈妈又来找我说："老师，我们洋洋做事情总是慢吞吞的，一大早起来，穿衣服、洗漱、吃饭，都很慢啊，尤其是吃个早饭，磨蹭了快一个小时。她都上大班了，这可怎么办呀？你帮我想想办法。"

您如何与洋洋进行沟通？能够采取哪些解决方式？

（13）秋游回来的路上，幼儿们高兴地在大巴车上交流着各自的见闻。忽然，车子一阵猛烈的颠簸，幼儿们的惊慌声响成一片。

如果遇到案例中的场景，您会怎么办？有几种应对方式？

（14）在一次观摩课上，教师提出了一个问题："玻璃杯中有一个乒乓球，有多少办法能将乒乓球取出来呢？"一只只小手纷纷举起："用水灌出来""用筷子夹出来""用手抓出来""用杯子倒出来"……幼儿的回答，看来都在教师的预料之中。教师正准备总结时，突然子墨站出来，大声地说："我把杯子摔破，乒乓球自己不就出来了吗？"他一边说一边比划着……

面对这种情况，您应该怎么办？

（15）在带领大班幼儿开展绘本阅读《小猪变形记》活动时，教师设想的教学安排是一边讲述故事一边和孩子们猜测。可翻开第一页，刚讲到小猪很无聊，出门碰到长颈鹿时，敏敏就站起来说："它去学长颈鹿的样子了！它跑到高跷上去了！"教师一怔来不及接话，敏敏继续得意地说："这本书我看过的！"

面对这种情况，您应该怎么办？

（16）在科学活动"落下来"中，在引导幼儿发现地球具有吸引力这一现象后，教师请幼儿们通过寻找生活中更多的实例来验证，比如苹果熟了落到地上；雨水从天上落下来；皮球被抛起来后最终还是会落下来……正说得起劲，涵涵突然喊起来："风筝不是飞在天上吗？它怎么没有落下来？"旁边的小宇听闻也喊起来："对呀，小鸟在天上飞，也没有落下来呀！"其他幼儿都愣住了，教师也一时语塞，不知如何应对。

面对这种情况，您应该怎么办？

（17）晨间活动的时候，有一个幼儿（5岁半）突然提出一个问题："为什么蚕蛾这么久了还不出来呢？"经她一说，其余的幼儿也纷纷议论起来。原来教室的自然角养了蚕，幼儿们目睹了蚕虫吐丝结茧的过程，教师曾说过大约过两个星期，蚕蛾会咬破蚕茧走出来。他们在日历上把预定的日期画上了记号，但预定的日期已经过了一个星期，仍看不到蚕茧有什么变化。其中一个幼儿问教师："梁老师，你是不是说错了？"

如果您是那位梁老师，当幼儿对您说的话提出疑问时，您会怎样去处理？

（18）"美丽的菊花"是一节中班综合活动。王老师精心设计制作了一套多媒体课件。她把能收集到的有关花的图片、视频等资料一一放入课件中。为了增强感染力，她特意为课件选配了解说词和欢快的乐曲。课件界面风格亮丽明快，自定义的动画效果丰富多样。但是，在实际教学活动中，尽管她能得心应手地操作课件，却还是没有达到预先设想的活动效果。因为幼儿们总是把注意力集中在鲜艳形象的大银幕上，对王老师的语言引导却听而不闻。王老师有些困惑了。

如果您是教师，会怎么调整应对？

（19）在美术活动中，教师提供材料（各种形状的树叶、胶水、颜料等）供幼儿自主选择。王老师依据对班内幼儿发展的整体性和个别差异性的了解，指导幼儿选择适合自己能力水平的材料。班内的峰峰实足年龄小，小肌肉分化不细致，王老师建议他选择相对较容易的树叶拓印；女孩萌萌、睿睿的手工制作能力一向很强，王老师便建议她们进行有些难度的树叶创造贴画。

请根据相关教育理论对王老师的做法进行分析评价。

第四章

幼儿园环境

幼儿园是入园幼儿主要的生活和活动的地方，幼儿园环境的好坏直接影响幼儿的健康成长。哈佛大学心理学家怀特（White）说过："在促进幼儿早期教育方面，最有效的做法是创造良好的环境。"《纲要》明确指出："幼儿园应为幼儿提供健康、丰富的生活和活动环境，满足他们多方面发展的需要，使他们在快乐的童年生活中获得有益于身心发展的经验。"

第一节 幼儿园环境概述

一、幼儿园环境的概念和分类

人们的活动总是在一定的环境中进行，环境是支持与影响人的活动的外部条件。

（一）幼儿园环境的概念

幼儿园环境是支持与影响学前教师与幼儿在园活动的一切外部条件的总和。

幼儿园环境有广义与狭义之分，广义的幼儿园环境包括幼儿园内、外环境；狭义的幼儿园环境则专指幼儿园的内部环境。

（二）幼儿园环境的分类

幼儿园环境按其性质可分为心理环境和物质环境。

1. 心理环境

幼儿园的心理环境是指幼儿园内对学前儿童发展产生影响的各种心理因素的总和，主要包括教师的教育观念与行为、幼儿园人际关系、幼儿园文化氛围等。幼儿园的心理环境构成了影响学前教师与幼儿在园活动的心理气氛，它制约教师与幼儿参与幼儿园活动的主动性和积极性，影响教师与幼儿对幼儿园的认同与归属感。可以说，一所幼儿园能否成为真正的儿童乐园，主要取决于幼儿园的心理环境。

2. 物质环境

幼儿园的物质环境是指对幼儿园教育产生影响的一切天然环境与人工环境中物的要素的总和，主要包括园舍建筑、场所布置、园内装饰、设备条件、物理空间的设计与利用及各种材料的选择与搭配等。研究表明，物质环境直接影响幼儿的行为表现，幼儿园场地和活动室的面积大小、空间结构、玩具材料的丰富与否等，对教师与幼儿、幼儿与幼儿之间的交流与互动的方式与质量有很大的影响。

二、幼儿园环境的创设原则

通过创设适宜的环境对幼儿实施教育影响,是学前教育的基本特点。幼儿园环境创设的根本目的是要为幼儿提供良好的生活环境与学习环境,引发幼儿符合教育目的与要求的行为,为幼儿身心健康、全面和谐发展创造良好的条件。为达到这一目的,幼儿园环境的创设必须遵循以下基本原则。

(一) 安全和卫生原则

安全和卫生是幼儿园永恒的话题。幼儿园内对幼儿身体安全构成威胁的环境因素是多方面的。幼儿园的周边环境设施、室内外活动场地、大型玩具、室外其他玩教具等是幼儿经常使用的物品,这些物品的安全与否直接影响着幼儿的身心健康。从房舍到场地,从器材到玩具,从桌椅到室内电路,许多因素如不加以注意,均有可能造成对幼儿身体的伤害。幼儿园在购置、设计这些设施时首先要考虑到它的安全性,其次才是它的实用性,再次才是与环境的协调性和美观性。安全和卫生原则是幼儿园环境设计的主要原则,幼儿园全体教职员要时时、处处地把安全和卫生放在首位。

1. 室内设备的安全要求

(1) 家具、用具皆应坚固、无角、易清洗和消毒,保证安全和卫生。

(2) 所有设备、装饰物、玩具材料都应采用无毒、不吸尘的材料,儿童床上用品宜用全棉制品。小床应具透气性,为此床板应有缝隙或孔眼,以便及时散发儿童睡眠时排出的汗气。塑料盒子床并不可取。

(3) 软包装。托班的活动室应有木地板,如没有地板可铺上地毯,供儿童跑、跳、钻、爬。必要时在家具、器具和墙角、柱子上包上软性材料。

(4) 室内电源插座和电开关都应在 1.7 米以上,取暖设备应加外罩,暖水桶应有隔热层。

(5) 幼儿喜欢把玩具放入口中,玩具不宜过小。粗糙、锋利、易燃、易爆之物不宜给儿童当玩具。

2. 室外设备的安全要求

(1) 大型运动器具应放置在四面都能通行的地方,器具之间要有缓冲地带,供中大班用的大型运动器具不宜放置在草坪内,儿童运动量大,草坪易受破坏。

(2) 供行走的室内外路面均应既平坦又防滑,在蹬、跳、滑的地方铺上垫子或做成弹性地。

(3) 幼儿园的墙角、台阶不应太锋利,在大面积的活动场地中间不应有过多的硬态隔离物(如水泥花坛等),幼儿经常经过的路边不宜种植长刺植物。

(4) 园舍应考虑具有防火、防盗、隔音(或消音)、防寒保暖、防暑降温、通风防潮、防儿童走失等功能。

(5) 室外的喷水池应有护栏,水深不超过 60 厘米,落水管宜采用圆形,下水道、阴沟洞、窨井盖等都不能留下钢筋头、铁皮边等安全隐患。

(二) 目标导向原则

有位幼教专家说:"要使空间为教育服务,非常重要的一点就是要有关于要达到目的的具体想法。"预先计划好目标,将会帮助教师决定如何安排环境。如果教师的目的要促进幼儿解决问题能力的发展，那么教师在布置环境时，要提供给幼儿进行身体和心理活动的兴趣中心和幼儿确定问题和解决问题的机会。

1. 室内学习环境的设计目标

（1）培养幼儿的选择能力。
（2）增进幼儿的自我规划能力。
（3）帮助幼儿发展自我指导的学习习惯。
（4）促进幼儿的社会交往能力。
（5）养成幼儿自动自发的学习精神。
（6）增进幼儿的自信心及自我概念。
（7）养成幼儿尊重他人权利及遵守公共秩序的品德。
（8）启发幼儿内在的学习潜能。

2. 室外活动和游戏场地的设计目标

（1）设备要能满足各年龄班幼儿的需要，并能促进大肌肉的发展。
（2）能促进幼儿社交机会的增加，室外游戏场地的设计和设备的选择要能鼓励幼儿共同操作、合作分享。
（3）鼓励幼儿用社交技能来解决问题。
（4）促进幼儿对空间、对称概念等知识的了解。
（5）通过观测天气变化、种植和收成、饲养动物、观察距离和速度之间的关系等活动，扩展幼儿对自然现象和物理知识的了解。

幼儿园的环境是特殊的教育环境。为了充分发挥环境的教育功能，在创设幼儿园环境时，必须明确环境创设所要达到的教育目标，以教育目标为依据创设幼儿园环境。要把促进幼儿全面发展的教育目标，落实到月计划、周计划、日计划以及每个具体的活动中，体现在所创设的环境中。

> 美国著名教育家布罗菲（Brophy）、古德（Good）和内德勒（Nedler）为幼儿园的环境设计提出了11个目标，具体如下：
> （1）能关注幼儿的健康和安全。
> （2）能经常保持与成人的联系。
> （3）有积极的情绪氛围，促进幼儿自信心的发展。
> （4）能满足幼儿的需要。
> （5）教师对幼儿的行为有适当的反应。
> （6）对幼儿的限制减少到最低程度，以鼓励幼儿的探索行为。
> （7）能帮助幼儿确认和预测事情的结果。
> （8）能为幼儿提供各种不同的且具有意义的文化经验。
> （9）安排丰富的游戏材料和设备，促进幼儿动作技能的发展。
> （10）应与幼儿的发展水平相符合。
> （11）应由负责计划和制订教育目标的管理者规划和设计环境。
> 朱家雄，朱爱华．幼儿园环境与幼儿行为和发展的研究．北京：世界图书出版社，1996．

（三）童趣性原则

童趣性是指幼儿园环境要具有儿童的趣味。这里有两层意思，第一层意思是"趣"，指幼儿园的教育环境应具有趣味性，应采用多种形式、多种材料布置环境，使幼儿园环境色彩鲜艳明快、环境中的形象生动活泼，激发幼儿投入其中的兴趣和积极性。第二层意思是"童"，环境设计应以服务儿童为宗旨，各类活动空间的设计和游戏设施的布置要符合儿童群体的心理特点、身体特征、活动尺度，特别注意儿童在活动场地中走动、奔跑、攀登及爬行时的目光视线和身体尺度，充分考虑儿童活动多样性的需求。

童趣是幼儿园的核心灵魂，不重视它，就无法吸引幼儿去关注幼儿园的一切，教育的目标就难以实现。幼儿园环境创设要了解幼儿的心理、生理和审美特征，要尊重幼儿的年龄特点所特有的欣赏需求，创造轻松、自然、功能齐全的室外活动场所，并赋予一定的美育内涵，让幼儿在游乐中增长知识，陶冶情操，将童趣氛围更好地体现出来。

（四）参与性原则

参与性是指幼儿园环境创设的过程要成为幼儿与教师共同合作、共同参与的过程。幼儿园是学前教师与幼儿共同生活的地方，幼儿对于幼儿园生活的感受与认同，反映幼儿园教育的质量。幼儿与教师一样，也是幼儿园生活的主人，他们有权参与和自己生活密切相关的环境的创设，发表自己的意见和看法。幼儿园环境首先是幼儿的环境，只有幼儿自己参与创设的环境，幼儿才会真正去关心、去注意。幼儿参与环境创设的过程，也可以使幼儿获得各种有益的经验。例如，怎样清楚地表达自己的观点与意见，怎样倾听与欣赏他人的观点和意见，怎样把自己的想法变成现实，怎样制作自己想要制作的东西，怎样摆放物品与材料更为合理美观等。幼儿参与环境创设的过程可以使幼儿的各方面能力得到发展。

（五）科学渗透性原则

幼儿园的教育内容是全面的、启蒙性的，可以相对划分为健康、语言、社会、科学、艺术五个领域。各领域的内容自成体系又相互渗透，从不同的角度促进幼儿情感、态度、能力、知识、技能等多方面的发展。为完成这一教育目标，在设计环境时要考虑环境教育作用的相互渗透。活动区可使幼儿学习科学的运动方式，养成爱好运动的好习惯；饲养角的活动可让幼儿逐渐掌握喂养的技巧，从而培养幼儿的责任感；种植区的活动可培养幼儿的合作精神和参与意识，培养幼儿对劳动的兴趣及一定的劳动技能；在日光区、绿荫区、沙池、水池的游戏，可以从不同的方面渗透科学的思想和观念，使幼儿既能学到科学知识，又能掌握从事科学活动的本领。

第二节　幼儿园心理环境的创设

平等、和谐、愉悦的心理环境，是激励幼儿与周围的人、事、物相互作用的保证。心理环境既是进行学前教育的前提条件，也是一种有效的教育方式。

一、幼儿园心理环境的特点

相比幼儿园自然环境的美化和物质材料的提供，幼儿园的心理环境有其特有的特点。

（一）教育性

幼儿园环境作为教育的大背景，具有预设性，环境创设不仅是美化的需要，更是教育者实现教育意图的重要中介。幼儿园的心理环境是根据幼儿园教育目标及学前儿童的发展特点有目的、有计划、有组织地精心创设的。教育者把教育意图隐含在环境中，通过环境去引发幼儿符合教育目的与要求的行为。幼儿园的心理环境必须要对幼儿的发展，特别是对幼儿的情绪、情感、社会性以及个性品质的发展起到应有的作用。

（二）隐蔽性

此特点与学前儿童的心理特点有关，即儿童的心理极其敏感和脆弱，对于教育的理解与成人极为不同，对于成功和失败的承担能力相对较弱。教师对学前儿童的教育更多地体现在生活的过程之中，教师的一言一行在不知不觉间影响着儿童的思想和行动，在真正意义上阐释着教师的教育。

（三）可控性

幼儿园园内环境的构成处于教育者的控制之下，具体表现在两个方面：一方面社会上的精神文化产品、各种儿童用品，在进入幼儿园时必须经过精心的筛选甄别，以有利于学前儿童的发展；另一方面，教师根据教育的要求及学前儿童的特点，有效地调控环境中的各种要素，维护环境的动态平衡，使之始终保持在最适合儿童发展的状态。

研究表明，生活在良好心理环境中的幼儿，容易形成积极的个性特征和良好的交往技能。同时这种氛围决定着人的"自我"能否被开掘、发展和完善，决定着人的先天潜能能否最大限度地得到实现。安全、积极、健康的心理环境是幼儿创造性、道德、自尊心、社会行为等方面发展的关键变量。

二、幼儿园心理环境创设的要求

（一）创设优美、整洁的幼儿园物理环境

优美的外在环境能够让人心情愉悦，心旷神怡。当一个人心情愉快的时候，更容易做出利他的行为，而幼儿在情绪良好时也更乐于做出更多友好的举动。从这个意义上讲，为使幼儿健康地成长，顺利地完成社会化进程，家庭和学校应该给幼儿提供一个优美、清洁的环境，让他们感受到舒适和愉悦，从而增加亲社会性。

创设优美、整洁的幼儿园物理环境包括两方面要求：首先应该符合安全、舒适、卫生、实用等特点；其次，在环境的布置上应做到绿化、美化、净化、儿童化和教育化。例如：保证幼儿园建筑的安全、可靠；园内儿童接触设施的卫生和整洁；园内设备和材料的丰富多彩，能满足不同学前儿童的不同需要和多种需要；活动室应宽敞明亮，布置上要体现立体化、平衡化和动态化；各种知识之间、知识与技能之间、教师空间与学前儿童空间要相对均衡；环境布置的内容要随教学内容、季节特点的变化而变化等。

（二）创设幼儿园教师之间和谐的工作氛围

良好和谐的交往氛围是幼儿园心理环境创设的灵魂，幼儿园中教师之间的人际关系会直接影响到幼儿园的心理环境。

幼儿园应当创设一种尊重、信任、关心、积极向上的工作氛围，对全园教职工会产生强烈的感染力，形成同志之间团结、友爱、理解、体谅、互助、和谐的氛围。而幼儿生活在这样的氛围中，也有利于亲社会价值观的获取和亲社会行为的习得。这是创设幼儿园良好的心理环境必不可少的基础。

(三)建立安全、温暖、互相信任的师幼关系

师幼关系良好时,幼儿都乐意接受教师所施加的影响,甚至带有一种盲目性;而师幼关系恶化时,即使教师所施加的影响是正确的,幼儿也可能会拒绝接受。师幼关系的好坏对教师的教育成效与幼儿的心理成长至关重要。

良好的师幼关系是平等的、民主的。教师关心幼儿,幼儿热爱教师,这种友好积极的人际氛围,不仅提供给幼儿自由的发展空间,而且使之获得宝贵的人际交往体验,真正地感受到来自没有亲缘关系的他人的关爱,从而形成对社会的信任,建立积极的社会价值取向,为以后进一步适应社会奠定良好的基础。良好的师幼关系也会促进师幼之间的互动,为幼儿学习亲社会行为创造更多的机会。同时教师应为幼儿创设有效的情境,创设平等、友好和互助的课堂氛围,运用一些教学手段和强化策略,诱导幼儿在合作解决问题中体验到成功和快乐,并学会分享这种快乐。

(四)建立学前儿童之间良好的同伴关系

良好的同伴关系有助于学前儿童正确认识自己,理解、关心、帮助他人,学会如何坚持自己正确的主张,以及在平等的基础上协调各种关系,尤其对培养儿童分享、公正、好感等社会性行为方面有着特殊的意义。

在幼儿园里,教师的教育方式是影响儿童建立良好同伴关系的重要因素。教师积极组织开展集体活动,创造自然的学前儿童之间相处的机会,同时采取民主的、科学的教育方法,培养儿童如何尊重别人和进行协商、友好互助的精神。在日常学习和生活中,教师可以有意识地创设一些亲社会场景,让幼儿身临其境,在真实的生活环境中体验助人和被助、爱人和被爱、合作与分享的快乐。

第三节 幼儿园物质环境的创设

幼儿园物质环境是一个幼儿园办园理念、教育理念的固态表现,为更好地完成其教育功能,就必须科学划分、合理利用幼儿园的空间。当前人们对环境教育功能的认识逐渐提高,环境创设的自觉意识不断增强,物质环境效用的发挥程度越来越高。

一、室外环境的创设

幼儿园环境教育功能的实现有赖于幼儿在这一环境中的活动,有赖于环境中蕴含的各种积极、有效的刺激,也有赖于环境的可操作性。室外环境对于幼儿的成长与发展有着如此巨大的潜在作用,人们开始越来越在时间与资金上给予室外环境的创设以更多的空间与更大的关注。

(一)室外环境创设的意义

室外环境是幼儿室外活动的场所,没有室外活动场地的幼儿园是不合规范的。《幼儿园工作规程》规定:在幼儿园,幼儿每日室外活动的时间不得少于2小时,寄宿制幼儿园不得少于3小时,高寒地区、高温地区可酌情减少。

幼儿在室外活动,可以经常接受空气的温度、湿度、气流的刺激和阳光的照射,呼吸新鲜的空气,能增强对外界环境的适应能力,加强肌体的新陈代谢,促进生长发育。幼儿在室

外奔跑追逐、攀登钻爬跳跃，使身体基本活动能力得到锻炼，可以提高身体活动的协调性、灵敏性、柔韧性等。幼儿在室外可以亲近大自然，认识周围的自然环境。新建的幼儿园在建筑设计时，就应该留出足够的室外活动场地。

（二）室外环境的构成

我国幼儿园室外环境一般可以划分为三大区域：集体活动区、器械设备区、种植养殖区。

集体活动区主要供幼儿集体做操、上体育课，进行各种体育游戏，要求场地宽阔平整。器械设备区要能放置各种大、中型体育活动器械与设备，如滑梯、秋千、平衡木、爬网、跷板、攀登架等，以供幼儿练习与发展基本动作，锻炼身体活动能力。种植养殖区一般供幼儿种植蔬菜、花草，喂养一些小动物。

（三）室外环境的创设注意的问题

室外活动环境，是一个小空间、大自然，可以给幼儿提供丰富的、立体的、多层次的、多角度的大教科书，可以满足不同幼儿多种发展的需求。所以整体环境应变化中有统一，能够达到自然和谐为最高境界，做到曲直搭配、高低错落、难易结合。在可利用的空间中，设置成品、半成品及原始材料，为不同年龄段和不同发展层次、发展要求的幼儿提供可选择的余地。

1. 地面

室外环境是幼儿进行奔跑、跳跃、攀登等较剧烈运动的场所，因此，室外环境的创设首先要注意地面的安全适用。一般来说，地面以坚实平坦的土地、沙地、草地为宜。这种地面可以减少跑跳活动对脑部造成的震荡，同时比较安全。在北方地区，雨水较少，且土壤含沙量高，渗水性强，因此幼儿园室外活动场地以坚实平坦的土地为宜，既经济实用又安全；南方地区雨水多，土壤黏性大，渗水性差，因此需要对自然的地面进行改造，如铺塑胶场地，但费用较高。一般来说，水泥地面过于坚硬，不适合作为室外活动场地的地面。

2. 器械设备

体育器械除促进幼儿肌肉机能的发展外，还可锻炼幼儿强健的体魄和矫健、灵活、遇事机敏的身手。因此，在选购器械设备时，必须注意设备的安全、坚固耐用和可变组合。同时也应以刺激幼儿进行探索、发掘和体验作为大前提。有些年轻父母对幼儿溺爱和过分保护，以致很少让他们接触一些天然的物料，如沙、水、落叶、石子、泥土等，甚至推、拉和上下梯级等活动机会也不多。选用器材时，需兼顾幼儿的多种感官训练和肌肉机能发展。

3. 游戏场地

幼儿园的游戏场地，应当在促进动作和运动能力发展的同时促进幼儿智力的发展，尤其是想象力、创造性的发展。首先，场地中的设备和器械应由多种材料，如木头、塑胶、绳、铁等制成，能给以幼儿多种感知觉体验。其次，室外设备应具有多功能性，可供攀、蹬、钻、爬、跑、跳、平衡、投掷等，促进全身性动作的发展。组合性运动器具、球类、平衡板等都是极好的设备。再次，游戏场地中除了有固定组合的设备器械外，还应当有幼儿能根据自己的想法来玩的各种小型设备和材料。游戏场地各部分和各种材料可启发幼儿的想象力，幼儿可以进行各种假想的游戏，有助于幼儿在任意组合中尽情想象，并在想象中进行变化着游戏，培养儿童的创新意识。

4. 绿化

室外环境要进行适当的绿化，一方面可以美化环境，改善幼儿园的小气候；另一方面为室外活动场地提供遮阴，使幼儿在雨天也能到室外活动。园内的花草树木还是幼儿认识大自然的直观教具。

幼儿园的绿化包括铺设草坪，设置由较为高大的常绿树形成的绿墙和由较矮的常绿灌木丛形成的绿篱，既起到了绿化、美化的作用，又可挡风、隔音及分隔空间，还可在空地的正中或道路的两侧设置花坛。由于目前幼儿园室外场地面积有限，还可利用走廊、窗台、室外墙边、墙壁放置一些盆花、花箱、花槽或种植一些攀缘植物或垂吊植物，进行垂直绿化，为幼儿园增添绿色和生机。

Francis Wardle 最佳室外游戏环境标准

一、地面

游戏场地应该有不同的游戏地面以提高安全防范，促进不同类型游戏的正常开展。

1. 平坦的草地或泥土地——迅速移动身体的活动，如跑、追逐以及跟着带头人的游戏，都需要有一块开阔的空间以及一个相对较软的地面以防摔倒挫伤。大块开阔的草地是最理想的地面，开阔的泥土地也可以开展这些身体游戏，但较容易发生伤害。如果没有草地，可以用体操毯铺在一些区域供孩子们跑、跳、滚、爬。

2. 硬地面——混凝土或沥青地面最适合自行车、四轮车以及脚踏车在上面行驶。硬地面也可以作为通向不同游戏区的通道、艺术活动和球类活动的地面。

3. 跌落区——在所有设施下面及四周1.5~2米铺一层柔软的地面（由沙子、砾石、木屑、橡胶垫、轮胎以及连续灌注的橡胶构成）。

二、游戏区及设施

游戏场地应该包括各种设施和游戏区以促进各种游戏行为：

1. 身体游戏

攀爬器材，如绳索、轮胎网、梯子、台阶、爬杆以及水平轮胎、秋千。

平衡能力游戏区，如平衡木、立在地上的短杆子或汽车轮胎。

抓握器材，如秋千链、扶栏、梯子、横栏、用在沙地游戏的工具。

爬行区域，如隧洞或公路涵管。

推拉器材，如秋千、三轮车、四轮车、大卡车以及有轮的沙地玩具。

挖掘区域，如沙箱。

跳跃器材，如四周铺着沙子的平衡木、下面铺着软物的低平台或台阶。

2. 社会性游戏

要求或鼓励两个以上儿童参与的器材，如三轮车、四轮车、球类运动、跳绳、大木板条箱、沙箱、旋转秋千以及传统秋千。

鼓励幼儿聚在一起进行交谈的、空阔的平板和隔离区。

3. 建构性游戏

沙箱和玩沙器材，如铲子和耙子。

木工工作台、木块、工具以及紧固器，如螺杆、螺母及钉子。

散件，如轮胎、缆绳轴、木制或塑料板条箱、大块木块或塑料积木，以及不同长度的木制板。

艺术活动材料，包括颜料、黏土、手工艺以及涂人行横道用的大彩色粉笔。

花园布局、种植工具以及种子。

4. 戏剧性游戏

可以当作房子、城堡、船只、飞机、学校以及医生办公室的建筑物和封闭物。

可从教室里带来的戏剧性游戏道具以及最好能存放在外面的材料（木工工具等）。

5. 规则游戏

球、跳绳以及其他游戏设施。

进行规则性游戏的硬地面。

画出边界和外形的粉笔。

三、安全

在设计和修建室外游戏场地的时候，安全问题需要放在首位考虑，以下列出的游戏场地安全指南摘自 CPSC（美国 CPSC，1991）和 ASTM（1905）的文件，适用于 18 个月至 12 岁儿童设计的游戏场地。

所有设施下铺设有吸力的地面。

避免使用会挤压手指的部件。

避免有大小在 3.5~9 厘米的开口，以免幼儿的头部被卡住。

所有 S 形钩子必须予以封闭。

避免重金属、木制或硬塑料秋千。

任何秋千器材中的秋千数不能超过两台。

所有滑梯的各边都必须有 4 厘米宽，且有一个出口平行于地面。

不能有露出来的螺丝、钉子、螺杆、金属块或突出的管子，特别是在滑梯的入口不能有这些外露物体。

所有混凝土基脚必须低于地面。

除进口与出口之外，所有比地面高出 20 厘米以上的地面都必须有扶栏。

避免设施之间使用电缆、铁丝和绳子，或用电缆、铁丝和绳子支撑树木，如果使用了绳索，两端都必须系紧，以免缠住儿童的脖子造成窒息。

避免在炎热的天气使用金属滑梯。

儿童光顾的交通区域要设有足够大的安全区。

秋千不要和其他设施或平台连在一起。

游戏场地只能为其设计对象大小相当的儿童使用。儿童年龄太小在玩耍中容易发生严重事故，而儿童年龄太大，又可能会不恰当地使用设备，容易导致受伤。

［美］约翰逊. 游戏与幼儿早期发展. 上海：华东师范大学出版社，2006.（有改动）

二、室内环境的创设

在幼儿园内，幼儿一日活动的大部分时间都是在室内度过的，室内环境规划尤其重要。幼儿园的室内环境，一方面应具有观赏性，生动有趣、富有美感的环境可引起幼儿的视觉作用，引发幼儿的喜爱、兴趣；另一方面，幼儿园的室内环境不能只局限于幼儿的视觉感受，还应让幼儿充分地与环境相互作用。

（一）室内环境的意义

幼儿园的室内环境，是一个有规划且多样性的学习环境，幼儿能够在这里依照自己的兴趣、能力与发展阶段，有效地且有系统地完成学习活动，或达到某一学习目标。好的室内环境，有利于幼儿按照自己的能力和兴趣，自主地选择区域、玩具和伙伴，主动进行游戏活动、探索活动和交往活动；也有利于教师更好地观察幼儿，更好地组织班级活动，促进师幼良好的互动。

（二）室内环境的结构

环境的结构是环境各部分之间形成的相互关系与联系，对空间有计划的安排与利用。室内环境一般包括活动室、睡眠室、盥洗室以及楼道、走廊等。

（三）室内环境创设注意的问题

就设计幼儿园的室内学习环境而言，安排空间和选择材料是最为重要的。创设良好的室内环境，是幼儿园教师的重要任务。

1. 活动室设计与空间利用注重适宜性

足够的空间是幼儿在室内开展各种活动的必要条件。研究表明，过于拥挤的环境有可能增加幼儿的攻击性行为，减少幼儿的社会性交往活动，使观望、不主动参与活动的幼儿人数增加。为了使活动区能被清楚地识别，它们之间应有明确的分隔物，可以利用各种玩具柜、书架、地毯等现有设备作为区域屏障或分界线。划定每一角落的范围可以协助幼儿遵守规则。作为分隔物的橱架的高度和间隔，应尽量以不阻碍成年人的视线为原则。这样可以使教师视野广阔，无论站在活动室内的哪一个角度，都可以看见在每个活动区幼儿的活动情况，以便有需要时能够及时给予辅助。

活动室内的"交通路线"力求畅通无阻，避免儿童在如厕、变换区域、取水时产生拥挤、碰撞等情况。室内每一设备的安排或玩具的摆放，应尽量以方便幼儿取用和走动为原则。每组桌椅的距离不可太近，桌椅橱架之间须预留约0.6米宽的通道，以便幼儿走动或取用玩具。桌椅也不要"之"字形摆放，这样会使幼儿难于走动和容易碰撞。

2. 设备材料注重样式和功能的多样性

在一所园所或一个班级的设备中，应尽量兼有木制品、金属制品、竹制品、棉制品、草制品、泥制品、塑料制品、玻璃制品、陶瓷制品。它们可以有不同的大小、长短、轻重、形状、颜色、数量、质地以及易碎的和不易碎的、传热的和不传热的、变形的和不变形的、粗糙的和光滑的、透明的和不透明的、沉的和浮的等。室内玩具材料要能够发展儿童各领域智力，适合不同兴趣和能力倾向的儿童的需要，供全班每个儿童自主选择和探索。设备多维度的特点可以让儿童在长期与环境的相互作用中了解而获得相关的经验。

蒙台梭利儿童之家的室内设计

工作室是"儿童之家"中幼儿最主要的活动场所，而五大教学区又是工作室最重要的教学设备。因此，教师在布置教学区时，必须依各区所需的设施、空间及与其他教学区的相关性寻找最适宜的位置，并注意以下各区的布置要领。

一、日常生活区

（1）因常常需要用水，宜选择接近水源的地方。

（2）可选择较接近门口处，以吸引幼儿进入教室工作。

（3）较潮湿，应选择在通风处及有阳光的地方。
（4）在桌上操作的工作较多，故桌子的设置应较其他区多。
（5）需设置点心桌和清扫用具。

有些蒙氏幼儿园把日常生活区开成厨房区，将日常生活训练中的抓、挤、拿抹布、洗涤东西、倒水等真实的生活动作训练放在这个区域，很符合蒙台梭利的教育理念。

二、感官区

（1）感官教具大多在地毯上操作，因此桌子分配较少。
（2）感官教学和数学逻辑思考有部分关联，因此感官区应尽量安排接近数学区。
（3）不宜设置在教室出入口区，以免搭建好的作品被碰倒。
（4）需布置各种几何图形表和颜色。
（5）宜避免和安静区（例如语言区）相邻。

三、数学区

（1）应尽量安排在接近感官区的位置。
（2）数学教具大多庞杂，需在地毯上操作的工作较多。
（3）可放置身高计、体重计、温度计、时钟、生日卡等与数字有关的布置。
（4）数学教具的零件较多，宜善加管理。可将矮柜摆出半开放的空间，避免与其他教具相混。

四、语言区

（1）语言区的工作需要思考，宜安排在较僻静的角落。
（2）宜选择光线充足、柔和的地方，以利于阅读和书写；最好接近窗台，以增加安逸感。
（3）提供软靠垫、盆栽的布置，营造宁静的气氛，并可作为幼儿暂时的私人天地。

五、文化区

（1）临近水源、电源、光源，以利于各种实验操作的进行。
（2）需有足够的操作桌面，以方便模型的制作。
（3）为了让教学活动延伸至室外，最好有一扇门通向室外，衔接室外的动物饲养区，构成一个完整的文化区。

http://www.06abc.com/topic/20090908/2663.html

3. 墙面环境注重可操作性

墙面环境的可操作性从两个方面理解：一方面，墙面环境应适合幼儿的发展水平，从幼儿的知识经验及理解水平出发设计相关环境，使环境可引发幼儿以往的知识经验与当前环境的联系，并引发幼儿其他领域的相关知识经验与当前环境所涉及的知识经验之间的联系，即引发幼儿内在的相互作用；另一方面，墙面环境应是开放的，不是固定不变的，幼儿可以随着学习活动的变化、知识经验的增长对墙面环境进行充实、组合。

墙面环境的布置有三方面的内容：一是与活动主题相结合，是主题教育的背景材料，也是主题活动过程和结果的展示。二是区域活动的标志功能。三是在主题背景、区域以外的墙面或玻璃窗户上，贴上一些饰物。上述内容均具有三个功能，即教育功能、发展功能和审美功能。

需要着重指出的是，环境的设置应考虑幼儿活动的实际需要与效果。不只是让教学、生活用品陈设有序，而且要考虑幼儿的接受程度、需要以及使用是否方便，必须以能方便地观察幼儿的内在需求和身心发展为依据。另外，保持环境中的秩序固然重要，但环境是具生命的、动态的，绝不要僵化对秩序的要求，使环境成为静态的陈列室。如果环境的设备、布置皆已妥善、完美陈列，幼儿却没有自由选择工作和反复练习的机会，则所有设计一切为零。

当前幼儿园环境创设的一个发展趋向，就是在幼儿的生活中创设一种室内—室外环境，为幼儿提供一种介于室内经验与室外经验的过渡性经验，这对于幼儿的发展将有着非常重要的意义。把室内环境与室外环境融合在一起的例子有很多，比如一处可以藏身的门廊，当天气变冷时还可改为活动室；一处设计漂亮的院子；一块特殊有趣的储藏区等。这种室内—室外环境，在幼儿不断扩大的生活范围内为幼儿提供了另一个成长与发展的方面，具有非常重要的心理学意义。

第四节　幼儿园环境创设的评估

一、幼儿园心理环境的标准

幼儿园心理环境的创设是比较复杂的，评价一个幼儿园是否具有良好的心理环境具体可参照以下几方面的标准：

（1）教师能满足学前儿童的各种合理需要。
（2）教师能体谅和容忍学前儿童的所作所为。
（3）教师能民主、平等地对待学前儿童。
（4）教师能对学前儿童表现出种种支持的行为。
（5）教师能以平等的地位参与学前儿童的活动。
（6）教师能为学前儿童提供发挥其创造力的机会。
（7）幼儿园的各项活动能适合学前儿童的年龄特征和个体差异。
（8）幼儿能对游戏和教学活动进行优化整合。
（9）教师能利用集体活动的机会帮助学前儿童建立友好的伙伴关系。
（10）教师能将正确的教育观念转化为实实在在的教育行为。
　　朱家雄，朱爱华．幼儿园环境与幼儿行为和发展的研究．北京：世界图书出版社，1996.

二、幼儿园室外环境的评估

对幼儿园室外环境进行评估的具体内容应包括以下方面：

（1）大门的门前通道是否为变向道？
（2）每位幼儿是否平均拥有2平方米的室外活动空间？
（3）室外庭院是否栽植花草树木，并避免假山、喷水等非自然的建筑物？
（4）园所附近是否有公园或儿童能够观察、探索的自然环境？
（5）室外活动区的规则是否便于监督？
（6）活动器材是否结实耐用而且比较安全？
（7）活动器材的安装与维修是否正确？
（8）活动器材的规格大小是否适合幼儿的年龄特点？

（9）地面是否为软性质材料？

（10）日照区和阴影区是否均衡？

（11）是否有半开放、加顶的室外活动区，以利于雨天的室外教学活动？

（12）是否有多种体能设备，供不同身心发展的幼儿使用？

（13）是否有爬杆、平衡木、梯子等设备，帮助幼儿发展协调能力？

（14）是否能提供工作——娱乐性质的活动（如艺术、园艺以及科学小活动）？

（15）是否为沙水游戏、车轮游戏、角色游戏、结构游戏提供各种便利的工具？

（16）室外环境的设计是否能同时容纳大量的幼儿？

（17）游戏区域是否相互之间干扰？

（18）室外环境是否给人以美观愉悦的感受？

（19）是否有一个室外储存室，使儿童能自动放回可移动的运动器材？

（20）活动场地的排水是否良好？

http：//www.doc88.com/p-9746725208763.html（有调整）

三、幼儿园室内环境的评估

对幼儿园室内环境进行评估的具体内容应包括以下方面：

（1）桌椅、鞋柜、教具柜等儿童日常用品是否符合幼儿的身材、尺寸？并且具有易清洗、擦拭的特性。

（2）窗户的高度是否能让幼儿看到室外？

（3）空调、采光的设备是否完善而不致影响幼儿身心发展？

（4）盥洗室中的洗手台、马桶是否符合幼儿的身材？数量是否足够使用？

（5）全园是否有较大的空间，足够容纳进行集体活动？

（6）教室的地板是否适合幼儿坐卧？

（7）是否具备五大教学区？各区是否提供了适量、适龄的教具和玩具？其活动分隔线是否明确、顺畅？

（8）各区教具是否井然有序而且不拥挤地用托盘或篮子陈列在教具柜上？

（9）各区所陈列的教具，幼儿是否可以随手取拿并知道如何归位？

（10）是否有自制的符合本土化的文化教具、语言教具？

（11）教室内是否有一个能让儿童安静独处的地方？是否购置了靠枕或软垫？

（12）是否设有符合幼儿使用的清扫用具（包括防水网兜），并具备明确清楚的放置位置？

（13）教室的墙壁上是否挂有幼儿伸手可及、平视可见的名画和实物、实景的照片？

（14）教室内是否有温度计？是否经常保持20~26℃？

（15）是否有安静、整洁的学习区及区隔使用？

（16）幼儿的盥洗用具、毛巾挂钩、置物柜是否贴有名字？

（17）是否具有中华民族色彩的东西，帮助幼儿了解自己的生活环境？并有其他不同种族的东西，能培养幼儿的世界观。

（18）是否备有益智玩具（积木、拼图等）供幼儿在等待家长时使用，并须有篮子和盘子盛装。

（19）是否设有幼儿美术作品的陈列处？

（20）教室内是否有植物、精装的桌巾、饰物、图书等室内装饰？让幼儿感觉到家的温馨。

http：//www.youanle.com/html/698152033.html（有调整）

我们进行幼儿园环境创设时一定要充分参考以上各项标准，并在实践中努力实现之，或者对现有的环境进行评估和改进，以期为学前儿童创设一个良好、健康的成长环境。

环境创设技能训练

一、训练目标

（1）明确环境在幼儿成长中的意义及作用，掌握幼儿园物质环境、心理环境的创设原则及要求。

（2）树立通过环境创设强化对幼儿进行渗透教育的意识。

（3）初步形成对幼儿园环境进行评估的能力。

二、内容与要求

（1）近距离观察幼儿园，分析其物质环境方面存在的优点及问题。

（2）见习或假期社会实践时到幼儿园，对幼儿园的心理环境进行初步评价。

（3）以某一主题为线索设计幼儿园班级环境创设方案，并说明理由。

（4）对同学间的幼儿园环境设计方案进行分析评价。

三、分析案例，回答问题

（1）蒙台梭利曾说过："在教育上，环境所扮演的角色相当重要，因为孩子从环境中吸取所有的东西，并将其融入自己的生命之中。"

请您谈谈对这句话的看法。

（2）有的幼儿园在创设物质环境过程中，购买大量高价的成品玩具，教师花费大量心血精心布置五彩缤纷的墙饰，甚至还买来一些名画进行装饰，环境的布置非常明显地体现幼儿园教师的特长和喜好。面对这些高档的材料，教师时刻提醒幼儿注意爱护，甚至很多时候不让幼儿操作这些材料，只是有人来参观时，才拿出来让幼儿操作。这种高档的环境一旦布置好之后，整个学期甚至整个学年基本不会变动。此外，有的幼儿园各教室的环境布置得非常雷同，当人置身其中时，如果不看班级标志牌，根本无法判断是小班、中班、还是大班。

请您从幼儿园环境创设的角度对案例进行分析。

（3）有的幼儿园在创设环境过程中，教室、走廊、楼梯甚至地面，到处都是花花绿绿的布置。有的观点认为，不留空白反而会降低美感；有人认为这样的环境会影响孩子的专注力，干扰孩子学习。

您对此有什么见解？好的环境创设应该具有哪些特征？

（4）军军是个有思想、有个性的小朋友，教师刚与他接触时觉得难沟通，几乎无从下手。但是经过几天的观察，教师发现他其实很聪明，一遇到新鲜事就会发问。原来他的好奇心这么强，而且他与小朋友相处挺好的。可是，他就是不愿意上课。上第一节课时，他的兴趣不大，只坐了几分钟。上第二节课时，教师课前与小朋友做了三个游戏，这吸引了他的注意力，也过来加入到队伍中。这时教师表扬了他，还给他贴上了五角星，他非常高兴。教师又告诉他："你以后好好上课，我每节课都给你贴小星星。"那天放学以后，教师叫他做值日生，他的兴趣马上高涨起来。后来，教师与他成了好朋友。下课时，他会与教师玩耍、聊天，现在也愿意上课了，有时还提出好多问题。小朋友和教师都夸他进步大，也越来越喜欢他了。

请您从心理环境创设的角度对案例进行分析。

（5）在一次美术教学时，教师发现陈亮的桌上没有画纸。我问贾帅，为什么漏发纸了。贾帅却大声说："老师，陈亮每次都不会画，别让他浪费纸了。"这时，我感到全班小朋友的目光都集中在陈亮身上。孩子们七嘴八舌地议论着："就是，每次都瞎涂瞎画，弄得那么脏。"此时，教师制止孩子们，并说："陈亮不会画，我们可以帮助他，不能笑他。"然后把纸补发给了陈亮。他看了教师一眼，眼里充满了委屈。教师突然觉得，刚才孩子们的话怎么那么熟悉？教师想起来了，在上次美术活动中曾冲着陈亮发过脾气："你怎么回事呀，脏死了，快别给我浪费纸了……"原来如此，是教师不经意的言行成了孩子们的榜样。

请您从心理环境的角度对案例进行分析。

（6）王女士的女儿小丽已经到了入园年龄，而给孩子选择什么样的幼儿园，家长们意见不一。王女士想让小丽进入一所双语幼儿园，因为她看中了这所幼儿园的硬软件设施，而且考虑到学习外语的重要性，想从小就给女儿接受系统的外语教学。小丽的父亲主要考虑接送是否方便，因为平时工作忙，如果幼儿园太远，接送女儿很不方便。小丽的奶奶则觉得选择幼儿园关键看伙食，"孙女还小，营养最重要。"

您认为在幼儿园的选择上，应考虑哪些因素？这些因素应如何排序？

（7）当前，越来越多的幼儿园要求教师要蹲下身子跟孩子说话。您觉得这么做是为什么？是否需要？

（8）中班在进行歌曲表演《走路》。教师让幼儿按意愿选择歌词中的角色，随音乐进行模仿表演。表演两遍后，就有幼儿提出不想扮演歌词中的角色，"老师，我不想演歌里唱的小动物了！"我就耐心地询问他们："好呀！那你想演什么呀？""我想演小鱼！""我想演大狮子！""那它们都是怎么走路呀？"教师和幼儿通过对话，讨论这些动物是怎么走路的，然后给幼儿一个小难题："你们说的都很好，可是老师没准备这些动物的头饰，怎么和大家一起表演呢?"幼儿交流讨论后说可以自己画。这样在自由宽松的氛围中,教师鼓励他们边画边交流,为他们在众人面前表演做准备,动脑又动手,既激活了思路,又触发了创新活动,让幼儿愉快地创编出歌词。

请您运用相关学前教育理论对案例进行分析。

(9) 幼儿园要开学了,教师们正在讨论教室该如何布置。康老师说:"应该布置成学习活动区的场景,按区隔的方式将教室分成几个活动角,让儿童自己去选择,有利于他们的个体学习。"石老师说:"应该按照集体活动的场景进行布置,这样方便教师组织教学和管理,同时儿童的视野更加开阔,交往能力也可得到锻炼。"

在一个教室中,既要为学前儿童的集体活动安排空间,又要使学前儿童可以根据自己的兴趣对游戏进行选择,您认为该如何布置?

(10) 教师应根据大、中、小班幼儿的实际情况,制定适宜的目标,并积极地引导幼儿参与到主题确定、内容设计、资料收集、材料准备及制作装饰等活动中,使每个年龄段的幼儿都能参与到环境创设中来。如同样是引导幼儿为秋天的"树妈妈"添树叶,小班幼儿可以是用手掌印画,中班幼儿可以是捡落叶粘贴,大班幼儿可以是自己制作——用牛皮纸卷成树干、树枝,用挂历纸或包装纸自己制作落叶。幼儿参与设置的环境,成为创设环境的主人,幼儿参与设置的环境尽管粗糙,但每一个小饰物都融入了他们的情感与智慧,更易于他们接受。

请您运用相关学前教育理论对案例进行分析。

（11）在幼儿园墙饰布置方面，教师精心地为幼儿设计、制作、布置。幼儿进入充满艺术气息的教室都很兴奋，仿佛进入了一个童话世界。教师问幼儿，喜欢吗？他们拍着手说喜欢。教师心中很满足，觉得自己的辛苦值得。但是好景不长，没过几天幼儿就不再关心教师的"杰作"了，墙饰形同虚设。有一回，教师让幼儿们自己设计，他们兴奋的神情她从来都没见过。看着幼儿们自己设计的墙面，教师终于明白了，以前自己是在辛辛苦苦地剥夺着孩子创造学习的权利呀。

请您运用相关学前教育理论对案例进行分析。

（12）为制作活动材料忙了半天，教师才急急地回到教室。刚跨进门，就听见幼儿们热情的声音："方老师回来了，方老师回来了！"疲惫的教师还没来得及回应，瞳瞳满脸笑容地说："方老师，你的杯子里有水！"见教师好像不明白，他又连说了几遍。可教师还是没听明白。雯雯在笑，清清在笑，多多也在笑。教师半信半疑地走到办公桌前，端起杯子，真的有半杯水！显然幼儿倒水的动作有些笨拙，杯身、杯盖，甚至桌上都是水滴。那一刻，真觉得有股甜甜的滋味在心里涌动，可教师还是故意问了问："这是怎么回事呀？"满屋子的幼儿一起笑着说："是鼎鼎倒的！"一张张小脸上都是快乐、动人的笑容。人群中，鼎鼎笑得很开心。教师小心地端起杯子，如同品尝着沁人的甘露："嗯！真好喝呀！"教师当着幼儿们的面一口气喝完了杯里的水，那份甜甜的滋味流到我们每个人的心里。教师承认，这是她喝过的最甜的半杯水。

请您运用相关学前教育理论对案例进行分析。

拓展阅读

美国幼儿园的教室布置

一、美国幼儿园教室布置的指导思想

美国幼儿园教育对教室布置极为重视，这同美国的儿童观和教育观是分不开的。

（1）幼儿必须利用各种感官，通过与环境的直接作用进行学习。

（2）学前教师必须鼓励幼儿积极地与环境中的物体、材料和人进行相互作用。

（3）学前教师必须为幼儿提供适合年龄发展和个体发展的课程。

由此,美国幼儿园将教室的布置视为一种策略,认为教室的布置要为幼儿提供良好的学习环境,为幼儿的发展提供有利条件。

二、美国幼儿园的教室布置

(一) 教室的布置

美国幼儿园的教室一般可以分成不同的学习领域:积木角、家庭角、桌面玩具角、艺术角、沙和水(科学角)、图书角。

这些领域也可用来进行集体活动,如音乐和运动活动、讲故事和班级会议等。

最近,有的幼儿园还增加了计算机和烹调角。

(二) 教室布置的策略

(1) 各个领域用不同的家具分隔开来。这样便于幼儿清楚地选择活动区。与此同时,教师可纵观全局,心中有数。

(2) 热闹的地方和安静的地方被分隔开。

(3) 交通要道被标示出来,用来减少注意力的分散。

(4) 材料是摆在矮的架子上的,这样幼儿能够轻易地拿到它们。架子上有标签、干净、不杂乱,这样材料就很容易被看见、被选择、被取放。

(5) 同样的材料放在一起,这样可以教幼儿分类,并把东西按序摆放。

(6) 每一个领域的材料都很多,以满足不同幼儿的不同需要。

(7) 提供不同的材料发展不同的感官,提供不同的经验。

三、美国幼儿园教室布置的作用

美国幼儿园教室的布置对儿童发展的作用体现在以下两个方面。

(1) 各个具体的活动区可以促使幼儿学习特定的知识、发展特定的技能、培养社会性与个性。

①积木角:

把积木放在卡车里,然后把它们打倒,让幼儿了解大小、质量和数的概念。(数学和科学)

讨论在哪儿放下一个大积木,让幼儿表达思想并学会和同伴合作。(语言和社会性技巧)

试着将一个大积木放在另一个大积木的上面,让幼儿学会控制和协调肌肉。(身体协调性)

②家庭角:

学会穿衣服,让幼儿使用他们的小肌肉技巧。(自我帮助,手眼协调)

假装成人,让幼儿了解角色在社会中的活动。(生活技巧)

把盘子和杯子分开,让幼儿分类活动。(数学)

③桌面玩具角:

盒子里有一些几何体的模子,把一些不同的几何体放进盒子里。(手眼协调,空间思维)

完成一个迷宫,让幼儿完成一个任务。(学习习惯,自尊)

把相同的图形放在一起,让幼儿配对和分类。(数学)

④艺术角:

玩橡皮泥,让幼儿了解材料的变化。(科学)

为了完成一个任务,把纸、剪刀和胶水放在一起,让幼儿计划和实现一个任务。(学习习惯、独立)

画一个人，让幼儿使用象征。(手眼协调，抽象)

⑤沙和水：

让船沉下去，让幼儿认识到原因和结果。(科学和逻辑思维)

和其他儿童一起活动，让幼儿和其他儿童相处。(社会技巧)

灌水（不是洒水）让幼儿使用他们的小手肌肉。(身体协调)

⑥图书角：

从头到尾地翻书，让幼儿从左到右读书。(学习习惯)

听故事，让幼儿热爱书和发展阅读的兴趣。(阅读技巧)

谈论在书中发生的事情，让幼儿记住细节并表达思想。(语言发展)

(2) 所有的活动区都能培养幼儿的信任感，发展幼儿的独立性，培养他们的注意力，发展他们的技能、技巧。

①培养幼儿的信任感：布置合理的教室使儿童对教室产生信任感。

a. 各活动区的玩具架摆放整齐，分类清楚，使幼儿很容易就能找到所需的物品，不会为找不到所需的物品感到不安。

b. 幼儿的美术作品贴在艺术角，与他们水平视线的高度一致，这会使幼儿感到他们的作品受到重视。

c. 教室的图书角温馨舒适，使他们能坐下来阅读或休息。

d. 各活动区的材料足够，以减少幼儿之间的争吵。

e. 幼儿三三两两地在一个活动区活动，可以帮助他们学会如何相处，彼此信任。

②发展幼儿的独立性：培养幼儿做出选择的能力，发现他们自己的兴趣，发展个性。

a. 布置合理、划分清楚的活动区能帮助幼儿做出选择，即决定在哪个区域活动。

b. 玩具架上摆放的物体具有一定的吸引力，能够引发幼儿的兴趣。

c. 高度合适，使他们能独自取放玩具，独立使用，不需要依赖成人的帮助。

d. 当活动结束后，幼儿需要独立收拾自己玩过的玩具，他们会为自己能够独立收拾而感到自豪。

③培养幼儿的注意力：培养幼儿专心使用各种物品和进行各种活动。

a. 划分清楚的活动区不会使幼儿的注意力被其他区域的活动所分散，能使幼儿相对集中地专注于手头的活动。

b. 家具的使用（用来分隔各个活动区）能阻止幼儿东张西望，而集中于自己的活动。

c. 安静的区域和吵闹的区域被分隔得较远，这使安静的区域不受吵闹的区域影响。

d. 足够的、有趣的玩具材料能吸引幼儿的注意，不致被其他活动所干扰。

④发展幼儿的技能、技巧：发展幼儿的数学技能、阅读和写作技能、社会技巧。

a. 通过使用不同的材料，幼儿可以学到分类和搭配。例如，摆出两个同种物品会使幼儿学会把类似的物品搭配起来。

b. 图书角的活动能培养幼儿安静读书的能力。

c. 家庭角和桌面玩具角的活动能帮助幼儿发展手眼协调的能力，发展他们的阅读技巧。

d. 每个活动区幼儿交往活动能促进幼儿的社会交往能力，发展他们的社会技巧。

https://wenda.so.com/q/1384507418068750

第五章

学前儿童活动

随着幼儿园教育改革的深入，人们逐步认识到，学前教育应淡化知识教学，注重幼儿情绪、情感、态度、习惯的体验与养成。区域活动、小组活动、主题活动迅速发展，成为我国幼儿园主要的活动形式。

第一节 区域活动

区域活动以其独特的"自由、自主、宽松、愉快"的活动形式深受幼儿的欢迎，为幼儿提供充分的自主活动的表现机会，最适合让幼儿进行个性化的学习，从中凸显其优势智力。

一、区域活动概述

（一）区域活动的概念

区域活动也叫区角活动，是指在一定的教育思想指导下，由教师为幼儿提供合适的活动场地、材料、玩具和学具等，让幼儿自由选择活动内容，通过操作、发现、讨论等活动来获得知识、发展能力的一种活动形式。

（二）区域活动的特点

1. 自由性

区域活动让幼儿依靠自身的能力，通过对各种材料的摆弄、操作去感知、思考，寻找问题的答案。幼儿可根据自己的兴趣、意愿、能力自行选择活动，自由结伴、自由选择、自由活动，促进儿童在不同的水平上获得相应的发展。

2. 自主性

区域活动中，幼儿自主决定游戏的材料、方式、内容及玩伴，按自己的方式和意愿进行。区域活动是自我学习、自我探索、自我发现、自我完善的活动，可以充分发挥幼儿的主体作用，让幼儿成为自己真正的主人。

3. 个性化

教师通过设置各类活动区域，安排各种活动内容，满足不同发展水平幼儿的需要。教师并根据幼儿的实际水平进行针对性的指导与帮助，使幼儿在不同的水平上获得不同的经验，让每个幼儿在原有水平上实现自己富有特色的发展。

4. 指导的间接性

区域活动中教师退至幼儿的后面，幼儿成为活动的主体。教师的任务是观察幼儿的活动情况，分析指导的内容和决定指导的方法，以游戏伙伴的身份做隐性的指导，培养幼儿的积极性、主动性和创造性。

（三）区域活动的意义

区域活动充分体现了幼儿身心发展的特点，可满足幼儿活动和游戏的需要，更好地促进幼儿自然、自由、快乐、健康地成长，实现"玩中学、做中学"。

1. 区域活动的开展为幼儿的交往提供了良好的心理环境

区域活动的设置是自由的、开放的，幼儿可以根据自己的喜好选择相应的区域进行活动，丰富的环境为幼儿提供了探索、求知的空间，使幼儿的欲望得到满足。

2. 区域活动为幼儿提供了协商、合作的机会

现在的幼儿多是以自我为中心的，在幼儿园的集体教育中，教师虽然比较注重对幼儿这方面的培养，但针对性不强，而区域活动的特殊性恰恰弥补了集体教育的不足。

3. 区域活动为幼儿的发展提供了广泛的空间

区域是幼儿们自己的天地，幼儿们在属于自己的空间里感受、发现和创新，自由自在地交往。幼儿的双手和头脑始终处于积极的状态，在自己的小天地里探索、操作，获得了更宽广的发展天地。

二、区域活动环境的创设

区域活动的教育价值主要是附设在区域内的操作材料、情境及相应的活动中。区域活动开展的前提是有一个特定的"有准备的环境"。《纲要》明确指出："幼儿的空间、设施、活动材料和常规要求等应有利于引发、支持幼儿的游戏和各种探索活动，有利于引发、支持幼儿与周围环境之间积极的相互作用。"

（一）活动区域的设置

在现阶段幼儿园室内环境设计中，有多种多样的区域，大致有以下三种类型：

1. 常规区域

目前，幼儿园常规区域一般包括建构区、美工区、表演区、角色游戏区、阅读区、益智区、语言区、科学区、感官操作区、沙水区、运动区等。

2. 特色区域

特色区域主要是体现与其他幼儿园不同的、比较独特的区域。这种特色可以是地域特色，也可以是园本、班本特色的体现。

3. 主题区域

主题环境的建构越来越引起教师们的重视，主题环境可以体现在墙饰上，也可以体现在区域环境上。将某一主题活动内容物化在区域材料当中，引导幼儿在区域活动中实现主题目标。

（二）活动区域的布局要求

活动区域根据教室空间（面积、格局、形状）、儿童人数（男女比例）、编班方式（年龄段、混龄、同龄）、幼儿园总体安排及课程设置等总体考虑，必须使地面、墙面、桌面得以充分利用，环境布置、材料设备等蕴涵的教育因素能充分发挥作用，让儿童在充分的活动中获得多方面发展。

1. 活动区域的界限性

在划分界限时，除了考虑美观、漂亮之外，更要从教育的角度出发。可通过地面不同的颜色、图案或质地来划分不同的区域，也可划分立体界限，运用架子、柜子或其他物体隔离划分出不同的区域，形成封闭或开放的空间。还可以用写有相关活动区的文字、图片或装饰物帮助幼儿认识区别各个区域。各个区域之间还要留出足够的、便于幼儿进出的通道，保证活动的顺利开展。

2. 活动区域的相容性

在布置活动区时要考虑各个区域的性质，尽量把性质相类似的活动区放在相邻的位置。如把以安静的阅读活动为主的图书区和以动脑为主的数学区放在一起，把操作活动为主的积木区和娃娃家放在一起等。同时还要考虑，需要用水的活动区应当靠近盥洗间或取水处，自然区和图书区等需要明亮光线的区域应靠近窗户等。

3. 活动区域的转换性

在考虑划分各个区域的同时，也要考虑幼儿可能出现将一个活动区内的活动延伸转换至其他活动区的需要。例如，在表演区的角色游戏活动可能会延伸至积木区；在自然区的活动可能会延伸至美工区。应该预见幼儿可能出现的延伸活动，在活动区的设置上满足幼儿的这一需求。同时密切观察幼儿在各个活动区的活动，细心了解幼儿的兴趣和需要，并及时调整活动区的种类和数量。

三、区域活动材料的投放

区域材料作为幼儿活动的操作对象，是幼儿建构、学习、发展的媒介，材料的投放影响着幼儿活动的开展。教师在投放区域材料的时候，要根据幼儿的年龄特点、幼儿的实际发展水平、近期的教育目标进行投放。

（一）材料要有趣味性、新颖性

有趣的材料能够引起幼儿主动参与操作及激发幼儿探索的欲望，从而提高目标的达成度。科学区中有趣的凸凹镜、奇妙的磁铁、会变的三原色、沙漏、转盘、拼图等，生活区中的夹弹子、动物喂食、小猫钓鱼等，计算区中的图形、数字宝宝、七巧板、多变的几何体等对幼儿充满了诱惑，幼儿参与的兴趣就很浓。材料的提供不能一成不变，而要根据教育目标和幼儿的发展需求，分期分批地投放与依计划不断地更新材料，不断地吸引幼儿主动参与的兴趣与逐步深化的探究。在完成某个教育目标时所设计、提供的材料力求做到角度不同、充分多样，以满足幼儿反复操作的需要，使其积极性一直被保持在最佳状态。

美工区的幼儿在进行竹根的装饰彩绘，老师观察到大部分的幼儿只是根据竹根的自然形状将其简单地装饰成一个娃娃或大树。在活动过程中，老师又适时地增添了棉花、橡皮泥、小细管等，这时这种"新材料"瞬间给了幼儿新的信息，给他们的制作带来了新的刺激、新的目标。很多幼儿又纷纷拿起竹根继续装饰，进行新的探索。有的幼儿利用棉花把竹根装饰成长长的一条"龙"，有的幼儿利用橡皮泥做辅助将竹根装饰成一台"机器人"……富于变化的材料为幼儿的探索及创造性的学习带来了更大的空间与挑战。

http://blog.sina.com.cn/s/blog_4a8043560102vdpq.html

(二) 材料要有目标性、主题性

区域活动的材料要考虑幼儿的年龄特点、发展水平及最近发展区，使材料蕴涵或物化着教育目标与内容。当幼儿操作这些材料时能揭示有关的现象和事物间的关系，而这些现象和关系，正是教师期望幼儿获得的，也是这个年龄阶段的幼儿能够获得的。例如，小班生活区提供纽扣、穿木珠、串线板等材料，目的是锻炼幼儿手指、手腕和手眼的协调能力；而中班教师在美工区投放的三原色，是希望幼儿通过颜色游戏感受与发现三原色的变化，通过自己的积极思维去建构颜色变化的规律。

教师有针对性地选择、投放与主题相关的操作材料，并且充分挖掘材料在不同区域内的多种教育作用，一个目标可以通过若干材料的共同作用来实现，一种材料也能为达到多项目标服务。例如，积木区中，幼儿进行的不仅仅是"建构"活动，也可以进行艺术、语言、数学、社会等多领域的学习活动，关键是教师要有研究、发掘各活动区教育潜能的思想意识，时刻注意活动材料的多领域经验的指向性、材料的低结构性，注重隐性环境的暗示作用。

> 幼儿园开展"欢欢喜喜迎新年"活动，围绕"让幼儿感受新年的节日气氛，体验过年的忙碌、热闹，参与新年的准备活动"这一活动目标，在社会性活动区域——超市里，为幼儿提供大量红色包装纸、纸卡和各种礼盒等，让幼儿通过在超市里的加工、分类、采购和互赠等活动，从而达到落实活动目标、促进其社会性发展的目的。不同的材料蕴含不同的目标，包含特定的信息，引发幼儿特定的操作、探索，并以材料来间接地暗示、调整、调节幼儿的建构活动。在此过程中，教师的指导策略也就渗透其中。
>
> http://news.163.com/16/0408/15/BK521NU800014Q4P_mobile.html

(三) 材料要有层次性、系统性

区域活动是幼儿个性化学习的最佳途径之一，教师根据幼儿的能力提供操作难易程度不同的活动材料。某些材料从加工程度来说，可为同一个活动区提供原材料、半成品和成品，由浅入深，从易到难分解出操作层次，并构成系统性，以满足幼儿学习的不同需要。一位老师在图书区为不同层次的幼儿提供不同材料，并提出不同的要求：为能力较弱的幼儿提供音像设备，让他们仔细认真地听故事，激发幼儿阅读的兴趣；为能力中等的幼儿提供图书，锻炼幼儿看图阅读的能力及习惯；为能力强的幼儿提供故事的部分情节，让幼儿依据情节自己想象故事的发展并进行表达与表现。幼儿根据自己的能力自主选择，这样使区域活动不仅适应了不同水平幼儿的学习，更重要的是它能使幼儿体会到学习的成功与快乐，更多地体验到自信。

> 在美工活动区中，刚开始让孩子练习编辫子，能力较强的孩子编了几次就掌握了，觉得活动太简单。于是老师让幼儿在编好的辫子上做文章，有的幼儿就用编好的辫子练习粘贴杯垫，有的孩子把辫子做成门帘，还有的孩子尝试盘贴成花朵的形状或其他好看的图案，这就加强了操作的难度。尝试中孩子们互相模仿学习、互相讨论，这样一直调动着孩子们学习的主动性。从这个例子可以看出，幼儿通过自己发现、探索、讨论、总结，掌握了一些基本的方法，学会了学习。如果老师只限制他们固定用一种方法，则幼儿的情绪和活动的效果就会截然不同。
>
> http://www.seewww.cn/jiaoyuzixun/edu391868.html

(四) 材料要有操作性、探究性

所投放的材料必须引导幼儿对客观事物进行动手操作和动脑思考，保证动脑思考和动手操作交织进行。当前很多教师往往将探索等同于一般意义上的动手操作，造成了幼儿在区域活动中简单机械的重复训练，没有对幼儿的心智提出积极的挑战，使区域活动不能最大限度地支持幼儿与材料之间的相互作用，不能引发幼儿的探究活动。例如，有的教师给幼儿投放一个用硬卡纸做成的时钟，让幼儿根据要求拨出不同的时间，这就仅仅是一个机械的动手操作活动，不具有探索性；而给幼儿提供钟面、时针、分针、数字等材料，让幼儿自己拼装出时钟，这就是充分具有探索性的活动。因为在组装时钟时，幼儿要不断地思考如何拼装各个部件、数字怎么安排、时针与分针如何协调、如何让各个部件活动起来等问题，幼儿在动手操作的过程中，即可不断地进行积极的探究。

教师不要一味地将区域活动学习化，应加强活动区的游戏性，特别是当前幼儿园盛行的任务定向的区域活动，应适当减少。要避免重视建构区、美工区、益智区等学习性强的活动区指导，而忽视角色区、表演区、沙池区、图书区等游戏性强的活动区指导。加大区域活动的游戏性，可以把一些适合活动区的教育目标当作游戏目标提出来。例如，可以采用为活动区命名的方法，来渲染游戏气氛，创造童话般的境界，即把"美工区"变为"艺术坊"等，孩子们来到这里就扮起了假想的角色，或"做工"，或"作画"，把自己制造出来的"产品"拿到"商店"去"卖"，用绘制的作品办"画展"。这样，游戏的主题和内容仍与教育目标保持一致，与教育活动环环相扣，但活动的性质从学习变成了游戏，幼儿的身份从小朋友到扮演了一定的角色，活动目的从学本领变成了纯粹的玩，一成不变的活动区变成一个个变化的游戏场所，幼儿活动的兴趣就会明显提高。

吴鸽英．幼儿园区域活动存在的问题及应对策略［J］．学周刊，2014（12）．

四、区域活动的流程

（一）开始部分

教师可以介绍新的材料及玩法，让幼儿知道该怎么玩；也可以介绍被冷落的材料，以激发幼儿进一步的兴趣；还可以谈谈活动中的注意点，如选择区域时人数的控制问题、材料的取放问题等。时间不宜太长，应控制在5分钟以内。

（二）中间部分

教师组织幼儿进入各区活动，让幼儿拥有真正的自主，让他们自主地决定、主动地探索学习，这是区域活动的核心部分。教师是环境创设者、条件提供者、观察指导者。教师主要是通过改变环境或投放不同的材料来影响幼儿学习的。教师要注意不断地在各个区域间来回观察和参与游戏，要留意观察每个幼儿的操作情况和交往能力，针对出现的问题，选择恰当的时机参与到幼儿的活动中，与幼儿一起探索、操作、发现、讨论、解决问题，真正体现幼儿的主导地位。教师通过观察和分析，看看幼儿对材料是否感兴趣，是否会玩；哪些材料适合怎样能力的幼儿；思考可以提供哪些不同层次的材料；幼儿游戏时是否需要帮助，并思考以何种形式帮助。

（三）结束部分

教师评价活动的情况，一般情况下是：小班幼儿以教师评价为主，中大班的可以教师评价,也可以幼儿自我评价和同伴评价。无论采用何种评价方式,都不能只注重结果,更要注重过程的评价。目的在于引导幼儿自发、自愿地进行交流、讨论、积极表达情感,共享快乐、共解难题、提升经验,同时激发再次活动的愿望。评价的结果往往影响到幼儿今后的活动情况,评价对幼儿的发展也有一定的导向作用。教师的评价应该是全面的,根据幼儿的活动情况,抓住幼儿的闪光点加以鼓励,针对幼儿出现的问题提出不足,鼓励幼儿大胆地发表自己的意见,根据自己的意见加以总结。

活动的结束可以设置一定的信号,如一段优美的音乐,让幼儿听到音乐时要收拾玩具并放到原来的地方。

活动区的活动结束了,教师照例组织幼儿小结。"谁来说一说,你刚才在哪个活动区玩的,玩了什么?"老师的话音刚落,孩子们就争先恐后地举起了小手。

"我在娃娃家当妈妈,给娃娃做了饭,还带娃娃去医院看了病。"毛毛说。

"好的。"老师笑着回应着。

"我和小乐在积木区搭了一个动物园。"豆豆说。

老师点点头,表示赞赏。

"我在音乐区表演……"雨施说。

"你玩得真好,老师很高兴。"

这时,老师看到几个始终没有吭声的孩子,其中一个是平时内向、胆小的菲儿。于是老师摸着她的头说:"菲儿,你也说一说,好吗?"菲儿没有说话,反而低下了头。"菲儿在补图书,她没补好。"亮亮在一边搭茬。此时,老师看到菲儿无助地望着她,忙安慰她:"别着急,明天再去试试。"菲儿听了,点点头。在轻松愉悦的谈话中,老师帮助孩子们总结了自己的游戏活动,使每一个孩子都有了展示自己、得到老师和同伴认可的机会。

从分享环节的交流评价中,我们能发现,幼儿无须动脑,只要像报流水账一样说说自己的活动,就能得到老师的肯定,作为老师,只是用"点头""好"来评价幼儿的活动,只是用"别着急""再试试"来安慰遇到困难而又束手无策的孩子。试问,在这样的肯定、安慰中,幼儿真的得到发展了吗?他们得到了什么发展?也许只是宽松愉悦氛围下的大胆表述,得到鼓励、支持后的喜悦感受,而分享环节评价的教育功能仅限于此吗?

其实这次评价活动蕴含着许多能有效促进幼儿发展的教育契机,而教师当时却没有意识到、把握住。如对娃娃家情感的引发,对幼儿合作建构的肯定与引导,对不同个性幼儿的关照,对幼儿语言表达的引领,对出现问题(图书破损)的关注……进而使全体幼儿在分享交流中对自己的行为有更深刻的理解,同时能相互学习,获得更进一步的发展。

区域活动的评价,强调教师根据幼儿的不同特点、让幼儿用自己擅长的方式为他们提供表达展示的机会,不仅分享成功的经验,也交流失败的教训,还可以集思广益,共同解决活动中遇到的困难,或给他们一些具体建议,或提出一个更具挑战性的问题,给幼儿留下更多思考、更为广阔的探索空间,并从中体验到交流的快乐,形成乐于与同伴分享、合作、交往的积极情感。这不但有助于幼儿经验的迁移、亲社会行为的发展及自我意识的提高,还能使幼儿更加自尊、自信,并富于创造,这样使分享环节的评价真正有实效。

http://www.lspjy.com/thread-639277-1-1.html

五、区域活动的指导模式

根据区域活动的性质特点，把区域活动的指导模式分为以听说表现为主、以动手操作为主、以探索发现为主的三种类型：

（一）以听说表现为主的区域活动指导模式

该模式一般适用于阅读、音乐、美术等区域活动，具体环节包括以下几方面。

1. 创设情境，激发兴趣

该环节是引起幼儿的内在动机，使幼儿积极地投入多种形式的活动。教师的任务是为幼儿创设特定的环境，包括安静、舒适的活动空间，丰富有趣的活动材料（如图书、画报、幻灯、录音故事、音乐等），以此激发幼儿参加活动的兴趣和愿望。

2. 引导感知，观察援助

该环节是让幼儿自由地选择区域内容、自主活动，教师的任务是引导幼儿感知理解听、说、表达的有关内容，指导幼儿学会初浅的知识和技能。

3. 展现交流，分享成果

该环节是通过作品展示、互动交流，分享成功的快乐，增强幼儿的自信心和成功感。可采用故事表演、美术作品的介绍等方法来实现。

（二）以动手操作为主的区域活动指导模式

该模式适用于建构、手工制作等区域活动，具体环节包括以下几方面。

1. 创设情境，激发兴趣

该环节的目的同前一模式。但教师的任务是为幼儿提供能满足需要的材料，并设置有关的问题情境，供幼儿观察感知之用。该模式主要是让幼儿自己去观察感知、发现操作的步骤和方法，进而自己进行操作探索。

2. 观察引导，鼓励探索

该环节是引导幼儿观察发现相关物体的制作方法和步骤，当幼儿操作时发生困难，应及时给予启发或援助，帮助鼓励幼儿获得成功。

3. 展示作品，交流分享

该环节教师让幼儿介绍自己探索操作时碰到的困难、作品制作方法的演示等，培养幼儿的自信心、坚持性及探索精神。

（三）以探索发现为主的区域活动指导模式

该模式适用于科学区、益智区等区域活动，具体环节包括以下几方面。

1. 感知讨论，激发兴趣

该环节的目的是让幼儿在感知或讨论的过程中，主动地获得知识。教师的任务是让幼儿明确感知目的和任务，提高他们参与的积极性，同时要提出一些引起幼儿思考的问题，组织幼儿开展讨论，激发幼儿内在的学习动机，引起幼儿思考的兴趣。

2. 引导探索，尝试发现

该环节是教师鼓励幼儿自由探索，对于幼儿的探索尝试不要多加干涉。因为受能力和知识经验水平的限制，幼儿的尝试、发现需要一个过程，所以教师要善于等待，要注意幼儿的个别差异，对有困难的幼儿给予帮助和鼓励。

3. 验证交流，迁移应用

该环节是让幼儿将探索尝试的结果进行当众验证演示，也可以启发幼儿把探索发现获得的知识经验迁移应用到新的探索活动中去。通过这样的活动既使幼儿自信心和成功感得到增强，又使幼儿的探索尝试、迁移应用的能力得到进一步的提高。

幼儿园区域活动是幼儿园"生活、学习、做人"教育活动的一个操作平台，也是幼儿最快乐的活动之一。幼儿园必须创造一个幼儿主动探索发展的环境，进一步调动幼儿的主动性和积极性，更好地发挥区域活动的实效性，为幼儿的终身发展奠定基础。

区域活动指导技能训练

一、训练目标

（1）掌握区域活动的基本内涵，了解区域活动对幼儿发展的意义和作用，明确各年龄段幼儿区域活动的特点。

（2）明确理解环境创设、材料投放的基本方法，基本掌握幼儿区域活动中的区域设置、主题设计、指导介入、总结评价等要点。

（3）学会设计活动区域，能根据主题内容设计区域环境，初步形成活动区游戏材料投放、指导评价的基本技能。

二、内容与要求

（1）观看幼儿区域活动实录，并记录要点。

（2）见习或假期社会实践时到幼儿园观摩区域活动，认知区域活动流程，体会活动中的各个环节、教师如何指导幼儿、如何让幼儿在活动中获得学习和生活经验等，获得幼儿园区域活动的直观认识。

（3）设计出区域活动平面图并说明理由。

（4）将环境布置任务与美术教育课程相结合，可利用绘画或手工制作等多种形式来布置，设置不同类型的区域：超市、图书区、表演区、手工区、自然角等，完成后由老师和学生共同进行评析。

（5）以小组为单位，进行区域环境布局练习。为学生提供活动室，准备充足、丰富的材料进行环境的创设，并进行展示、互评及教师评价与总结。

（6）为小班建构区、中班表演区、大班自然科学区投放相应的活动材料，材料内容应与活动区相符，并做到丰富多样，重点考虑投放材料的多层次性。

（7）设计一个区域活动方案，并说明要点。

（8）以小组为单位进行区域活动模拟，至少模拟2个活动中可能出现的问题，教师给予指导并进行讲评。

（9）尝试到幼儿园指导幼儿区域活动。

三、分析案例，回答问题

（1）萱萱今天是公共汽车的小司机，她见自己车上没有乘客，就大声嚷道："快来乘车，我要开到动物园去了。"明明刚想上车，砚砚走过来对明明说："这辆车不能乘，没有消毒。"萱萱听到了，连忙从座位上站起来，跑到积木箱前拿来一块绿色圆形积木，告诉他们："我这辆车已经消过毒了，这是消过毒的标记。"经她这么一说，砚砚和明明都上了这辆公共汽车，萱萱的脸上露出了笑容。

请就本案例内容说明区域活动对儿童发展的重要意义。

（2）区域活动开始了，幼儿根据自己的喜好自由选择了不同的区域开始玩游戏，教师发现创想区一个人也没有。于是，教师说："创想区谁愿意去玩啊？"可是没有人理睬。也许是幼儿光顾着玩游戏没有听见吧，于是教师耐心地提高了嗓门："今天谁愿意去玩纸箱啊？"这时，孔妍举手说："我去吧。"后来有几个幼儿也陆续地响应了，要去创想区玩。

创想区"纸箱加工厂"的游戏开始了，从窗口望去，孔妍等几名幼儿都在玩，可是一会儿游戏就结束了。见此情况教师就从头到尾把整个游戏的过程和玩法讲给她们听，并给她们几个人分配了不同的角色，在教师的辅导下创想区里的"纸箱加工厂"总算顺利地开展起来了。在区域活动进行到一半的时候，教师发现创想区里乱成一团，跑过去一看，正在玩开"小汽车"的游戏呢。幼儿看到教师来又赶紧玩起了纸箱，嘴里却不停地说一点都不好玩。

针对这种现象，教师应该如何分析并采取何种办法？

（3）马老师经常发现，有的幼儿在区域活动中东游西逛，什么也不玩。还有的幼儿以破坏玩具为乐，也有很多的幼儿喜欢在活动区奔跑跳跃。这些都不应该，但这都是幼儿们最喜欢的行为方式。

针对这种现象，教师应该如何分析并采取何种办法？

(4) 陈老师刚提要进行区域活动,小文就轻声地说了一句:"没意思。"陈老师不满地看了他一眼,小文赶紧低下头。一会儿其他幼儿都找到了活动内容,陈老师发现小文还在犹豫、观望,就问:"小文你想玩什么?"小文不语,陈老师见美工组玩的人不多,建议小文去涂色,小文点点头。过了几分钟,小文、亮亮、丁丁等几个幼儿都提出要换组,陈老师点头同意了,小文选择了科学区,开始摆弄起磁铁、小棒、棉花等。陈老师对小文说:"你可以用磁铁试一试,哪些可以被吸住,哪些吸不住?"小文说我早就知道了,我已经玩过好几次了。"那你可以再动动脑筋,想想还可以怎么玩?"小文将磁铁拨过来拨过去,小声地嘀咕着:"想不出来"。陈老师刚想说什么,就听到争吵声,陈老师急忙赶过去调解。小文趁机跑到了娃娃家,可那里的幼儿说人满了,不同意小文参加。小文一生气,把娃娃家的玩具打翻了。陈老师无奈地看着小文。

请您分析一下为何出现这种现象?陈老师应该怎样指导?

(5) 又是活动时间,教室里面好热闹。娃娃家、医院、烧烤餐厅、电影院、建筑工地、美容美甲店,这些都是孩子们最喜欢的区域活动。突然,烧烤餐厅那边传来了争吵的声音。教师循声望去,原来餐厅里面人满为患。餐厅里只有4顶厨师帽、4个围裙,意思是只能进去4个厨师和4个服务员,可现在竟然挤了11个幼儿。大家都在嚷嚷着要做餐厅游戏,互不相让。

如果您是教师,应该如何处理?

(6) 教师在语言区投放了一台带麦克风的新录音机,幼儿可以跟着讲故事,这引起了全班儿童极大的兴趣,一到区域活动时间都争着往语言区跑。于是语言区里发生了许多矛盾,争执不断,活动无法正常开展。教师把幼儿召集在一起。引导大家讨论:"大家都很喜欢录音机,可是这样抢来抢去的,大家都玩不成,录音机也很容易坏掉,坏了就没的玩了。大家说该怎么办呢?""不能抢!""大家一起玩。"幼儿回答。"那怎么一起玩呢?"教师再次抛出了问题。"我们轮流玩吧。""一人讲一次,没轮到的坐在位置上当听众,不能上来。""一个人不能用很久,要不别人就不能用了。"经过幼儿的讨论,活动规则很快就定出来了,大家又开开心心地玩了。

请您根据相关理论对该教师的做法进行评价。

第二节 小组活动

《纲要》中明确提出:"通过引导幼儿积极主动地参与小组讨论、探索等方式,培养幼儿合作学习的意识和能力,学习用多种方式表现、交流、分享探索的过程和结果。"小组活动在促进幼儿主体性学习、照顾幼儿个体差异、支持幼儿同伴间合作方面独具价值,能较好地体现新课程所倡导的自主、合作、交流等理念,在教育改革中逐步成为学前教师关注和探索的热点。

一、小组活动概述

小组活动是以合作学习小组为基本形式,系统利用活动中动态因素之间的互动促进幼儿的学习,共同达成发展目标的教育活动。小组活动具有四个基本特征:以异质小组为基本形式,以小组明确的目标达成为标准,以小组成员相互依赖的合作性活动为主体,以小组总体成绩作为评价和奖励的依据。

二、小组活动的价值

(一)唤醒主体意识,提高幼儿的参与度

小组活动为幼儿提供了宽松的心理环境,使他们有机会大胆地提出自己的想法、质疑他人的观点,使批判性学习成为可能。组员的表现机会增多,对他人信息的接收更加丰富,在经过组员间不同想法的碰撞后,使幼儿进一步激发创造力、拓展思维、培养创新意识和思维能力,同时促进幼儿自身知识经验体系的建构,获得可持续发展的动力。

(二)改善师幼关系,提高教育的和谐度

师幼关系从传统的管理型、集权型转变为交流型、伙伴型。幼儿可以走到教师的身边,教师也可以随意地触摸到每个幼儿,距离的拉近、言语交流频率的递增、动作交流的增加可以让师幼关系变得更加亲密。教师有更多的时间和精力来观察幼儿,更能了解幼儿的参与情况、活动水平以及活动兴趣需要,可以采用个别化的方式以促进幼儿的个性化发展。

(三)创建交流平台,提高社会化发展水平

小组活动中,幼儿的学习方式以及角色作用都发生了改变。幼儿主动提问、自主交流、敢于尝试、学会倾听和反思,在与同伴的互动中发展合作能力,为获得终身学习的能力奠定坚实的基础。由于小组活动是以小组明确的目标达成为标准,小组与个体的价值就融为一体。幼儿通过共同努力完成小组任务的同时,个体的价值也随之得以实现,自尊、自信等社会性基本素质也得到发展。

三、教师在小组活动中的管理技术

教师的小组活动管理是一种微观管理,教师在活动价值导向下的行为安排能够体现小组活动管理的目的性和策略性。教师管理小组活动的技术内涵主要包括冷静观察与分析的技术、设计与反思的技术、反馈与回应的技术(语言与非语言的方式)、引导幼儿的技术、与幼儿沟通交往的技术、用评价与期望激励幼儿的技术、运用资源与创设环境的技术等方面。

(一) 成立合作小组，引导幼儿体验合作活动

成立合作小组是开展小组活动的首要工作。教师遵循"组间同质、组内异质"的原则，教师应考虑幼儿的性别、兴趣、水平能力和性格特征等因素，小组成员要做到"强弱搭配、优势互补"。小组成员要相对固定，使同组的幼儿有尽可能多的时间共处和交流，彼此之间尽快了解和熟悉，对同伴的行为方式和性格特征有更加深入的了解。

> 我们有这样的反思：这种强弱搭配分组的小组活动，从某种角度上可能降低了孩子们探索的空间。于是在剪贴作品"灯笼"时，我们进行了一些调整，采用了材料前置的方法，即在小组活动开始前，先将所需要的材料和详细的制作过程图投放到美术活动区中，请幼儿根据材料和图示的提示，尝试操作。这种方法不仅给孩子们带来了更多自由探索的空间，还能在操作中及时发现孩子在操作中普遍出现的难点，在此基础上再组织小组活动就更有针对性了。
>
> http://www.jy135.com/html/jingyanlunwen/jiaoyutansuolunwen/2013/0530/47340.html

(二) 充分发挥"小组共同体"的教育作用

小组成员之间是以共同的任务目标连接而成的"共同体"。由于小组活动包含了讨论协商、统一意见、分工合作、交流分享等合作学习的必需环节和策略。教师在活动初期应致力于协助幼儿熟悉小组活动的具体步骤，即"商量——分工——操作——交流"环节，幼儿在反复进行这些环节的过程中，乐于合作并善于合作。例如，科学活动中可设计分组操作环节，让小组成员分工协作，有组长、有记录员、有操作者、有发言者，每个成员各有职责；在实验中，小组成员要积极合作，分工操作，共同努力开展实验，以验证教师提出的假设；在实验结束后，小组成员要整理实验材料，帮助教师收拾活动场地。同时注意小组中的角色还要定期轮换，保证幼儿的多角色体验。

(三) 适时指导，让幼儿习得更多合作技巧

教师应关注小组活动整个过程并在不同阶段给予有效的指导。教师对幼儿的引导主要体现在幼儿合作小组的分组、幼儿合作过程中冷场、幼儿讨论脱离主题这三个方面。若幼儿在分组方面出现矛盾，教师应根据幼儿性格、爱好、能力等方面，并结合具体的情况进行适当的变动；若幼儿在合作过程中冷场，出现"作而不合、合而不均、合而无技"等情况，教师要根据原因进行指导，保证小组活动体现合作与交往；若幼儿讨论偏离主题，教师应及时地以提问者的身份去提问，将话题围绕主题展开，保证合作学习的顺利进行。教师应提升幼儿的理解与交流能力，在合作中不但要让幼儿学会与他人交流自己的见解，而且要让幼儿学会倾听他人的建议与想法，并且与他人积极友好地相处，在活动中学会商量、谦让、共同使用等技能，同时应引导幼儿积极寻求帮助和主动帮助他人。教师要把握机会甚至创造机会帮助被排斥或游离在小组活动外的幼儿参与到小组活动中来，并帮助幼儿协商解决矛盾冲突与问题。从渗透、支持到自主阶段，教师的支持和指导贯穿合作学习的始末，教师的角色由台前向幕后逐步淡化。

(四) 充分利用新问题资源，引导幼儿自己解决矛盾冲突

小组活动中出现的问题正是教师实施教育的最佳时机，将活动中的问题管理转化为服务于幼儿活动的、能有序地引导幼儿控制活动资源和活动进程的主动行为，调适动静结合的活动节奏，引导小组活动走向更深入的层次。

小组活动形式上的多人合作性、活动内容的生成探究性、幼儿反应的个体差异性以及活动过程的不可预见性等，都可导致活动过程中不可控因素的增多，出现一些超出教师预设的新问题、新现象。教师要将这些新的问题和现象转化为一种新的教育资源进行利用，为幼儿提供更多探究的内容，以及更多思考的空间和释疑机会，这就使活动内容更能适应幼儿不断变化的实际需求，从而提升活动效能，促使幼儿的自主探究学习兴趣随着新的探究情境的出现而更加浓厚，也使新的活动目标和探究内容不断生成，探究空间亦不断拓宽。

以小组活动"制作桌布"为例：同样的书桌，采用同一种测量工具的同组幼儿得出的测量结果却是多样的。面对一些幼儿的错误，教师并没有直接进行评价并说出正确答案。她先引导幼儿观察这些多样化的测量结果，并提问："你们说这样量准确吗？为什么？""那怎样量才会准确呢？我们还应该注意些什么呢？"通过层层深入的一系列提问，幼儿进行一次又一次的尝试，他们发现了自己的"错误"，总结出正确的测量方法：首端要对齐，量一次做一个记号，量时要在同一水平线上等。幼儿对于自己得出的测量方法，比起教师直接告知的方法，掌握得更牢固，认识得更深刻。

（五）评价主体多元化，全面详细

教师对活动的评价应全面详细，过程性评价与结果性评价相结合。对活动过程的评价要从小组合作过程的合作性和小组中每个成员的状态进行分析；对于活动的结果主要是通过小组是否完成任务和所用时间来进行评价。评价主体应由教师和幼儿共同担任。教师为主体的评价能够为幼儿提供更好的指导方法；而幼儿为主体的评价更真实、内容更丰富，幼儿通过评价与反思得到锻炼。无论评价标准如何变换，均应坚持把握"淡化个体、强化小组"的原则，强调"合作学习、荣辱与共"的关系，培养合作精神、团队意识和集体观念。

幼儿园的教育目标是促进每位幼儿的身心健康发展，小组活动符合幼儿个性化发展的需要，理应成为今后幼儿园活动的重要形式。

🔢 小组活动指导技能训练

一、训练目标

（1）掌握小组活动的基本概念，了解小组活动的特点及其教育作用。

（2）了解指导幼儿小组活动的任务，掌握各年龄段幼儿小组活动的特点、指导方法及评价方式。

（3）初步形成小组活动组织指导的能力。

二、内容与要求

（1）观看幼儿小组活动实录，并记录要点。

（2）见习或假期社会实践时到幼儿园观摩小组活动，体会小组活动中的每个环节、如何与幼儿平等互动、如何让幼儿在活动中获得学习和生活经验等，从而获得幼儿园小组活动的直观认识。

（3）在开展某项班级活动时，尝试将同学按"组间同质、组内异质""强弱搭配、优势互补"的原则进行分组。

（4）设计一个小组活动方案，做必要的设计说明。

（5）以小组为单位进行模拟活动，至少模拟 2 个活动中可能出现的问题，教师给予指导并进行讲评。

（6）尝试到幼儿园指导幼儿小组活动。

(三) 分析案例，回答问题

（1）中班孩子进行小组活动分组时遇到了小麻烦：几个女孩子非要挑自己的好朋友坐在一起。好不容易分了组，过一会发现小组里男孩子多出了 5 个，男孩子在一起时总是打闹，还有的过一会又忘了和谁在一组。

请您为教师出出主意。

（2）在中班的"认识车"活动中，教师让孩子们各自介绍自己带来的玩具车，认识车的不同类型和特征。轮到聪聪介绍时，他拿着车说："我的车开起来可快啦，看！"话音未落，他的车"嗖"地一下窜到教室的另一端。顿时，教室里像炸开了锅一样，孩子们纷纷拿着自己的车与同伴比车速，再也没有人愿意来介绍了。看到孩子们如此兴奋，教师意识到中班幼儿喜欢用行动代替言语，喜欢在玩中交流，于是就默许了孩子们的行为。这时传来几个幼儿的争论声。"我家地面是大理石的，车开得可快了！""我家是很滑的木地板，开得比你的更快呢！""老师，我的车在塑胶地上怎么开得不快啊？"

听到孩子们的争论和提问，教师立刻意识到这是一个幼儿感兴趣而且富有探索意义的话题，于是马上提出一个对中班幼儿来说具有挑战性的问题："你们知道车在什么地方开得最快，在什么地方开得最慢吗？"

孩子们立刻涌向教室的各个角落，分组开始探究车在地板、毛巾、水泥地、毯子等不同材料上滑行的车速。一次更有意义、更富有情趣的探索活动开始了。

请您用小组活动相关理论对教师的做法进行评价。

（3）中班活动"有趣的纸"采用分组尝试的方式。教师提出问题："每个小组都有三种纸，大家看一看、摸一摸、揉一揉、听一听，它们有什么不同？"每个组取三种纸进行感知比较，发现纸的软硬、厚薄、颜色、光滑度等的不同。教师鼓励幼儿相互交流，用语言表达自己的发现和感受。并在幼儿表达的基础上，利用表格形成集体记录。然后教师出示染纸样品，介绍染纸的基本方法。教师提问："你们看一看这三种纸染出来的画，你们发现了什么？哪种染纸最漂亮？为什么？"各个小组开始进行操作、相互交流。把这一结果记录在集体记录表中。

请您用小组活动相关理论对活动过程进行分析评价。

（4）大班探究活动"沉浮"的活动目标是：让幼儿分组探究各种物体的沉浮现象，并尝试使浮起来的东西沉下去、沉下去的东西浮起来。活动中，教师投放的能浮起来的物品有泡沫、塑料片、饮料瓶、纸片、木块、塑料吸管等10多种，能沉下去的物品有铁片、弹珠、回形针、钉子、调羹、橡皮泥、搪瓷盆、牙膏皮等，也有10多种。幼儿对活动的兴趣非常浓厚，当教师说"桌子上有很多东西，请你们放到水里去玩一玩、比一比，看看哪些东西是浮起来的，哪些东西是沉下去的，并把你们的发现记录下来"的时候，幼儿已经迫不及待了。但在操作过程中，幼儿反复将物体放到水里，频繁更换材料，甚至两种材料重叠放进去，却没有认真记录观察到的现象。由于幼儿乐此不疲，第二环节的操作无法继续扩展。

教师应该如何处理？以后要如何避免类似的情况出现？

（5）在探究"空气宝宝力量大"时，教师提供多种材料，如装有水的水盆、空矿泉水瓶、锥子、吸管、纸片、平口的玻璃杯、氢气球、画有表格的记录单、报纸、真空吸盘等。

教师首先导入活动，激发幼儿的兴趣。告诉幼儿："今天老师给大家带来一个装满水的瓶娃娃，它想和大班小朋友玩个游戏。如果把它的瓶盖打开，放到装满水的水盆里，猜猜瓶娃娃肚子里的水会怎样？小朋友们记得要在记录单上写上结果哦。"

然后分组进行实验操作，探索使水流出来的方法，并做记录。当有的幼儿发现水不会流出来，教师就运用吸管和锥子等，引导幼儿进一步探索让水流出来的方法。教师小结："当空气宝宝进到瓶子里，水就会被空气宝宝挤出来，空气宝宝的力量很大。看，老师这还有一杯满满的水，把瓶子倒过来用一张纸盖住杯口，水会流出来吗？请大家猜猜。"幼儿分组尝试，进一步感知空气的力量。过了一会儿，教师又说："老师还有一个有意思的游戏，把报纸放到杯子里，然后把杯子放到水中，想想有什么办法不让报纸湿了。"幼儿再次分组探索,讨论尝试,交流结果。

最后分享交流。幼儿相互交流实验结果,第一个实验中水流出来是空气宝宝的力量把水挤出来的;第二个实验中水没流出来是因为空气宝宝的力量把纸片托住了;第三个探索,幼儿发现由于空气宝宝占满了杯子,水流不进去了,报纸就不会湿。

请您用小组活动有关理论对案例进行分析。

第三节 主题活动

主题活动是围绕主题确定内容、具有综合性的、一系列的教育活动的统称。主题活动能够充分调动幼儿的多种感官,并形成多种体验方式,在促进幼儿全面发展教育方面具有十分重要的意义。

一、主题活动概述

主题活动是指在一定的时间里,围绕一个中心内容(主题)组织开展的教育活动。主题活动打破了学科之间的界限,将各种学习内容围绕一个"中心"有机地连接起来,从儿童的兴趣和需要出发,紧密跟随现实生活发生的新变化和新形势,围绕主题展开一系列的活动,使幼儿通过探索和学习,获得与该主题相关的比较完整的经验。

(一)主题活动的优点

以"主题"的形式构建每一阶段的生活经验,使幼儿园生活成为有利于促进幼儿持续发展的连续教育。

1. 主题活动更具生活性、开放性

幼儿园的主题一般选择季节性、节日性以及幼儿的兴趣点为主题,这样的主题贴近生活,幼儿非常感兴趣,当幼儿运用自己所学的知识解决生活中的问题后,学习的兴趣会更浓。主题活动具有丰富的教育资源,幼儿活动的地点不再局限于教室,幼儿园、家庭及社区为幼儿提供广阔的活动空间。

2. 主题活动更具系统性、综合性

主题活动是以一个主题为中心进行延伸的活动,这些活动紧紧围绕这个主题而进行,这个主题始终贯穿于活动的始终,小的活动构成一个小主题,几个小主题构成最后的大主题。主题活动是一种跨学科的综合性教学形式,能够使各学科的教学内容互相联系、彼此渗透,有助于幼儿获得整体性、连贯性的知识,同时也有利于开发幼儿的多元智力。

3. 主题活动更具探究性、生成性

主题教育的最大价值在于师幼之间共同有深度地探讨一个主题,通过自主探究等多样化的研究性学习活动形式，发挥幼儿的主动性，促进幼儿的主动探索与学习，引导幼儿在愉快的体验中获得成功与发展，从而丰富幼儿的学习生活经验。这种伴随着活动过程而具有丰富的内心体验是形成认知和转化行为的基础，为幼儿的终身学习打下良好的基础。

（二）主题活动的各个阶段

1. 起始阶段

教师引导幼儿围绕自己感兴趣的主题提出问题，初步编制主题网络。

2. 发展阶段

幼儿在教师指导下，开展多种活动对主题进行深入探索。教师重视幼儿的发展与社会的密切关联，尽量提供机会让幼儿从多个视角来观察和看待事物，为幼儿介绍一些活动方法与技能，帮助幼儿制定解决问题的方案，做好观察记录、收集作品、自我反思以及叙述性的学习体验各方面的记录。

3. 结束阶段

教师组织汇报、表演等活动让幼儿向全班幼儿、家长及全园甚至更大范围的人们进行成果展示。通过成果的展示，幼儿的自我得以充分体现，获得一定的"高峰体验"，这种体验与满足激励幼儿继续进行新的探究活动，成为其学习过程的内在动力。教师关注幼儿提出的新问题，并为其继续探究提供支持。

（三）主题活动的实质

1. 主题活动是一种探究活动

探究是幼儿学习的一种重要方式，探究的过程是问题解决和创造的过程。幼儿通过探究可以获得对知识的理解。幼儿天生具有探究的本能，正是这种本能促使幼儿去探寻事物的本质和解决问题的办法。随着年龄的增长，幼儿探究的欲望更加强烈，探究的范围也更加广阔，主题活动给幼儿提供了一个进一步探究科学世界的平台。

2. 主题活动是知识整合的过程

在主题活动中，需要以学科知识的整体性作为有用的和必要的基础，比较系统的学科知识是进行主题活动的基础与前提。主题活动注重学科领域内知识结构的重组以及在统一原理的基础上重新建构教学形态。主题活动灵活处理好学科知识之间自然的、相对的和灵活的关联关系，进而配合主题情境、相关的探索活动以及幼儿的学习需求。通过适当的安排，让学科知识进入生活，使学习内容与幼儿的学习之间呈现一种有机关联的状态。

3. 主题活动是幼儿认知结构建立的过程

只有幼儿自己具体地和自发地参与各种活动，才能获得真实的知识，才能形成他们自己的假设。在主题活动过程中，幼儿通过观察、操作等方式来表达对主题的理解和体验。幼儿不仅对事物进行探究，而且在探究中主动地建构起自己的认知结构，获得对事物的理解。主题活动的过程是一个操作、体验、理解的过程，也是幼儿建构自己的知识和经验的过程。通过主题活动，幼儿的认知、情绪情感和社会交往等多方面能力得到了全面、协调的发展。

二、主题活动的有效开展

主题活动是一个系统的设计过程。无论主题活动有多么大的灵活性，每一个活动的设计、开发和实施都应当是有计划进行的。教师综合各方面来选择主题、编制主题活动网络、科学组织主题活动等。

（一）选择主题

一个主题所要表达的是幼儿在这一时间段内所要参与的一系列活动，还有幼儿从中所要获得的主要经验。主题是教师选择组织学习内容、开展教育教学过程、创设教育环境的方向标。

1. 以幼儿的发展为中心进行主题设计

以幼儿某一阶段的发展为中心整合学习内容，如"我上中班了"围绕幼儿发展的四个方面——身体与动作、社会性、认知、情感组织活动，每一方面的发展都可以有几个次级主题，每一个次级主题都可以组织幼儿分小组从多方面开展活动。因不同阶段孩子的发展特征不一样，这类主题在课程目标设置上也容易体现出层次性和渐进性。

2. 以幼儿的心理逻辑顺序为中心进行主题设计

从幼儿在日常生活中认识事物的心理出发，把与某事物相关的其他事物整合在一起。例如，"街心花园"的设计按照幼儿进入街心公园时的所见、所闻、所想来设计主题网络，使各项活动成为幼儿经验的连续体。

3. 以幼儿的生活为中心进行主题设计

幼儿以自然的方式去发现生活中事物间自然的和真实的内在联系。据此，幼儿生活中的自然环境与社会环境都可以成为幼儿园课程的主要内容，如动物、植物、四季变化、节令、纪念日、家庭、店铺、公共机关、风俗、疾病、游戏等都可纳入活动内容的范围。

主题活动既可各班独立开展，也可整体规划全年级共同进行。由于教师自身有着较高的认知水平，为幼儿选择的主题也必然存在一定的可行性。同时可以把活动主题选择的权利交给幼儿们，鼓励幼儿自主进行活动主题的选择。他们选择的主题不一定比教师的科学，但是往往正是他们内心所需要的，能够最为有效地促进幼儿的成长。

> 师幼在园中散步，幼儿看到柿子树上结满累累硕果，很感兴趣。于是教师想选定"秋天"主题活动，初步设计"幼儿园里的柿子树—收柿子—焙柿子—柿子分享会"的主题脉络。但经过进一步观察，发现幼儿感兴趣的并非果实而是落叶，由此教师调整为"捡落叶—落叶变变变—落叶与树妈妈—冬天里的树"这样一个主题脉络。教师对幼儿平时的生活进行细致的观察，发现他们的乐趣，以此为基础进行活动主题的选择，同时预留幼儿经验生成的空间。
>
> 陈纳．论经验的完整性及其对幼儿园主题活动设计的启示．教育导刊，2013（10）．
>
> （有改动）

（二）编制主题活动网络

教师根据活动主题的教育价值明确主题要素的内容性质，根据幼儿生活经验和知识背景组织与拓展主题材料，构成各层次要素之间彼此关联的主题网。每个主题都通过网络的方式表现主题开展的基本线索。通过对主题目标、内容的确定和主题展开线索的呈现，进一步设计主题的环境、教学活动、家园联系工作及游戏等，同时提供主题涉及的主要资源。主题活动网络大致包括以下四种。

1. 主题概念网

主题概念网是将主题概念进行分解延伸，检索与主题相关的知识经验，引发出与这个概念相关的一系列次级概念，进行层层分解，如图5-1和图5-2所示。

图 5-1　主题概念网概要图

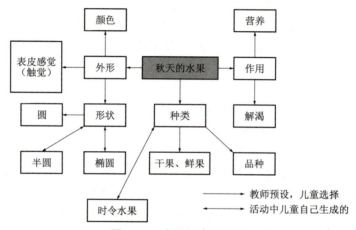

图 5-2　主题概念网例图

2. 主题活动网

主题活动网是分析主题所涵盖的学科或领域倾向，设想儿童可以从这些学科或领域中获得哪些具体的知识和技能，将主题要素网络转变成活动网络。各种活动一般不存在先后顺序和逻辑顺序，可以独立进行，如图 5-3 和图 5-4 所示。

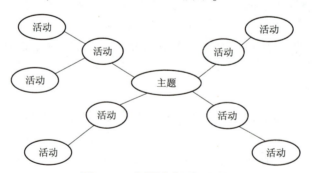

图 5-3　主题活动网概要图

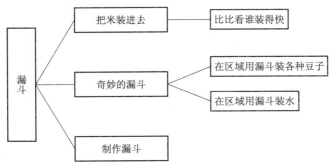

图 5-4　主题活动网例图

3. 主题概念活动网

主题概念活动网是上述两种主题网络的结合，关注活动的广度与横向衔接的问题，同时考虑活动的深度以及活动内容的系统性与逻辑顺序等问题，保证主题活动的递进与衔接进行设计，如图 5-5 和图 5-6 所示。

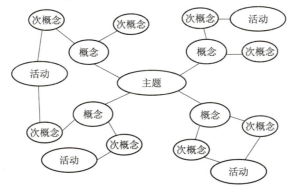

图 5-5　主题概念活动网概要图

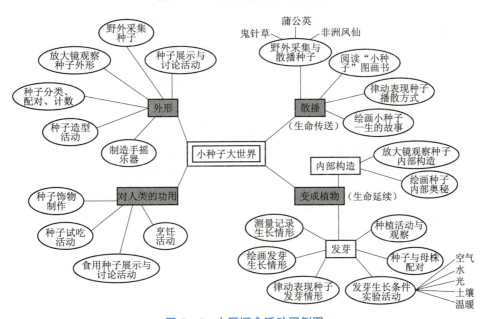

图 5-6　主题概念活动网例图

4. 多元智力主题网

根据多元智力内容，寻找与主题相关的活动素材，能够直观地体现主题的各个活动和所涉及的领域，如图 5-7 和图 5-8 所示。

语言文字智力 活动中如何使用口头或文字语言？	音乐韵律智力 如何引进音乐、环境音响或把活动重点放在有节奏或有旋律的架构内？	身体运动智力 如何运用整个身体或动手来活动？
数理逻辑智力 如何将数字、计算、逻辑、分等或批判思维等认知技能引进课堂？	主题	视觉空间智力 如何运用视觉辅助教材、想象、色彩、艺术或比喻？
人际沟通智力 如何帮助幼儿从事同伴分享、合作学习或团体模拟活动？	自然观察智力 如何将自然的事物带入活动中？	自我认知智力 如何唤起个人感觉、记忆或给幼儿选择的时间？

图 5-7　多元智力主题网概要图

屈原的故事、白蛇传	跳粽子舞 粽子变变变	划龙舟
你得到几个香包？	端午节	大家来做香包、好玩的吸管粽子
送给我的好朋友	认识艾草	我要如何过端午？

图 5-8　多元智力主题网例图

此外，如果大、中、小班有共同的活动主题，则应在不同年龄班组织不同层次的主题内容，而且使这些内容能够有机地衔接起来，从而构成一个主题逐层拓展与深化的螺旋式主题网络。

（三）科学组织主题活动

组织主题活动不仅仅是组织学科内容的一种形式或技术，更是一种综合性、系统性思考的教育哲学实践。主题活动设计不仅要为儿童从多维且具有内在一致性的视角掌握知识提供机会，也要为促进儿童接纳知识或者多样化理解知识创造条件。

1. 在主题活动内容的选择与安排方面，需要从教学活动的综合度与关联性入手

主题活动所预期的目标直接制约主题活动的综合度。如果主题活动的目标主要指向儿童的知识关联，促进儿童认识世界的完整图景，那么其综合的范围往往具有灵活性，可以是一个领域内相关知识的关联，也可以是跨领域的综合。这种较高程度的综合要求知识之间的联系和结构都比较严密；如果主题活动的目标主要指向儿童的经验方面，那么活动内容之间的联系和结构可以比较松散，而更多指向儿童经验成长方面，关注个人综合应用知识解决问题的能力。

2. 在活动与儿童之间寻找一种动态的平衡，以保证教学活动设计的科学性和可行性

一方面，要从儿童年龄特征与需要出发，去联系和整合社会的需要，把社会对儿童的要求与儿童成长发展的需要结合起来，并将之体现在儿童培养目标和课程目标中；另一方面，在目标的指引下，动态地把握学科、儿童、社会三者之间的关系，并以此作为主题活动设计的依据。从社会与儿童的现实生活出发，按照认识事物的线索或者解决问题的线索去考虑学科内部知识的整合或者学科之间的综合；从儿童的需要出发，按照儿童现实生活的状况和经验、背景去考虑学科与儿童生活的关联。

3. 主题活动需要妥善处理整个幼儿教育阶段的课程组织架构

一方面，需兼顾幼儿园各个年级儿童学习经验的横向衔接与纵向连贯，使整个学前教育阶段能够为儿童提供一个循序渐进、逐渐扩展的学习进程；另一方面，通过鼓励各个年级和学科教师之间合作设计活动，共同肩负主题活动的责任，互相配合活动内容，使彼此成为知识分享者、资源提供者，进而推动教学实践，促使儿童成长为积极、主动的学习者。

（四）充分发挥主题墙的教育价值

主题墙是主题活动的缩影，承载着分享合作、快乐讲述的多重功能，是融审美价值、教育价值等于一体的交互载体。每一个主题墙饰的创设，不仅是活动内容的体现、教学活动的反映，更是幼儿学习过程和结果的记录。教师应把主题墙的创设摆在体现教育取向的重要位置，支持幼儿的学习和活动，体现幼儿在整个主题活动发展的全过程。

在"小水滴旅行记"主题墙面上教师设计了四个板块：一是"哪里有水？"幼儿收集到江河湖海里有水、家里有自来水、游泳馆里有水、下雨的时候有雨水、冰雪融化时有水、洗澡时蒸汽会变成水滴、人的身体里有水等，培养了幼儿的发散性思维。二是"我们喝的水是从哪里来的？"教师根据自来水的生产过程，用图示的方法将水从水库引出、经过消毒过滤净化处理、最后从家里的水龙头流出来的全过程表现出来，使复杂的知识图示化，也让幼儿感到水来之不易。三是"水有什么用途？"幼儿发现：人和动物、植物的生长发育离不开水；人的生活离不开水，如洗澡、做饭等。四是"我们的一天离不开水"，让幼儿画一画或说一说一天中用水做的事情。

分析：幼儿在主题学习中知道了人类与水的关系，并从力所能及的方面提出自己的想法，去爱惜每一滴水。这样的主题墙面能根据核心价值，体现主题发展脉络，它注重的是幼儿在学习中的感受和体验，符合《纲要》倡导的课程精神。

俞水静．探究幼儿园主题背景下主题墙创设的有效策略．新课程学习，2012（12）．

1. 体现自主性，使主题墙成为幼儿动手操作的舞台

教师让幼儿按照自己的意愿和能力自主使用空间和材料，创设属于自己的活动空间和活动场景，使幼儿对活动的探索、发现、讲述、展示、分享等通过主题墙进行展现。在内容的选择上坚持以幼儿作品为主，展示幼儿参与活动的全过程，以及在活动中的体验与收获。使之成为幼儿表达经验的空间，成为体验成功的展台。

在创设主题墙"小问号"时，教师只是在墙面上画一个大大的问号，其余的空间都留给幼儿，幼儿自主自发地讨论，并制作颜色、形状不同的问题卡，填充到大问号里，然后将答题卡布置在大问号四周。教师鼓励幼儿表达真实地生活感受和体验，提出大胆的想法和观点以及与此相关的问题。让幼儿真实地看见变化，看见自己的力量。每一步都是孩子经验提升的体现，每一件作品都是幼儿学习参与的写照。

http://blog.sina.com.cn/s/blog_6085464c0102vjdr.html

2. 体现动态性，使主题墙成为问题探究的实验场

主题墙的创设动态化体现在两方面：一是主题墙的内容应随着幼儿的兴趣需要、主题的变化而变化，如"丰收的季节"主题墙，初次布置以"秋天的色彩"为主线，展示了幼儿收集的有关秋天里花草树木的色彩变化以及幼儿和家长一起完成的调查表，以后则将幼儿在"丰收的秋天""快乐的郊游"等活动中的所看、所思、所想、所做等通过多种形式陆续进行展示；二是教师在主题墙创设中预设一些内容，随着主题活动的不断深化而展开、丰富，构成渐进的系列。

3. 体现参与性，使主题墙成为家园合作的平台

充分调动幼儿和家长参与的积极性，有效利用家长资源，给每位幼儿和家长提供参与主题墙创设的机会。只有在幼儿、家长、教师的共同参与下，主题墙创设才会更有价值。这样不仅促进幼儿的发展，也使家园关系更为融洽。

> "端午节"的主题墙，教师请家长和幼儿一起收集有关端午节日的风俗，制作有关端午节经验的调查表，鼓励幼儿广泛收集资料、互相交流、分享有关端午节的经验，并进行分类展示。通过画粽子、画龙舟，制作折纸粽、香袋、龙舟，悬挂艾草和菖蒲等美术活动，感受节日氛围。
>
> http://www.yejs.com.cn/jiaoan/article/id/19172.htm

为了组织有效的主题活动，教师应充分尊重幼儿的主体性，开展与幼儿生活有较强联系的活动，同时，教师应该与幼儿加强合作交流，把主题选择的权利赋予幼儿，并根据幼儿的学习兴趣，创设主题活动的各项内容，最终实现科学有效的主题活动目标。

综上所述，区域活动、小组活动、主题活动是我国幼儿园主要的活动形式，三者之间既有区别又有联系。一般来说，幼儿在区域活动中关注的是区域中环境的探索和活动内容的挖掘；在主题活动中关注的是寻找兴趣点和表达、表现；在小组活动中关注的是合作与研究。由于这种划分不是由规则所限定，而是由幼儿兴趣和活动需要自然形成的，因此三种活动经常互为融合。幼儿可能在某一游戏区发现兴趣点，生成主题后把活动扩展到其他区域；也可能在主题活动中形成分工，分成各个小组去探索、表达。正因为三种活动具有相互联系、相互依存的特点，所以在学前教育实践中应使之自然融合，达到更好的效果。

主题活动指导技能训练

一、训练目标

（1）掌握主题活动的基本概念，明确主题活动的特点及其教育作用。

（2）了解教师指导幼儿主题活动的主要内容，掌握各年龄段幼儿主题活动的特点及指导方法。

（3）初步形成设计主题活动的能力。

二、内容与要求

（1）观看幼儿主题活动实录，并记录要点。

（2）见习或假期社会实践时到幼儿园观摩主题活动，体会活动中的各个环节、如何让

幼儿在活动中生成学习和生活体验等，获得幼儿园主题活动的直观认识。

（3）为下列主题活动设计主题概念网：

"小小运动员""我的器官用处大""我的家""快乐的幼儿园""海底世界""好吃的蔬菜""天文望远镜"。

（4）为下列主题活动设计主题活动网：

"我生病了""小小营养师""我的宠物""警察叔叔辛苦了""我们怎样联系""下雪了"。

（5）为下列主题活动设计主题概念活动网：

"我是自己的保护神""笑比哭好""爸爸的工作""过年了""奇妙的磁铁""有趣的交通工具""动物怎样保护自己"。

（6）为下列主题活动设计多元智力主题网：

"我在长大""我们一样，我们不一样""家用电器""家乡小游""好玩的石子""有趣的广告"。

（7）幼儿以小组为单位，为下列主题活动设计主题墙饰布置：

"海底世界真神奇""有趣的豆宝宝""美丽的彩虹""奇妙的光""神奇的风""好玩儿的水""让爱住我家""快乐的幼儿园""超级市场""好玩儿的玉米制品"。

同时为幼儿提供活动室，准备充足、丰富的材料进行环境的创设。幼儿可利用绘画或手工制作等多种形式来布置，完成后由教师和幼儿共同进行评析。

（8）某幼儿园的院子里有几种高大的树，也有一些比较低矮的灌木。请结合院子里的这些资源，设计一个题为"幼儿园的树木"的中班主题活动方案（含三个子活动），要求写出总目标，每项子活动的名称、目的和主要环节。

（9）以小组为单位进行主题活动模拟，至少模拟两个活动中可能出现的问题，教师给予指导并进行讲评。

（10）尝试到幼儿园指导幼儿主题活动。

三、分析案例，回答问题

（1）中班的胡老师为幼儿提供了各种吹泡泡的工具，有吸管、铁丝绕成的圈、塑料吹泡泡棒等，让幼儿在户外活动时自己吹泡泡玩。幼儿在吹泡泡的时候，有的能吹出很大的泡泡，有的只能吹出小泡泡，有的能一次吹出好多个泡泡，有的一次只能吹出一个泡泡……结果有的幼儿得意，有的幼儿沮丧。针对上述现象，胡老师打算围绕"泡泡"开展主题活动，以引发幼儿深入探究的兴趣。

您能帮助胡老师设计哪些活动内容？请说出您的想法。

(2) 主题活动中，幼儿们都在画画。强强和欢欢很快就画完了，把画交给了教师。教师对他们说："坐在椅子上，等其他小朋友画完我们一起参观作品好吗？"强强和欢欢搬上椅子坐在教室中间，先轻声说了一会儿话，然后东张西望地看了一会儿，觉得有些无聊。教师呢？教师正忙着指导别的幼儿画画呢！这时，只见强强朝欢欢伸舌头、挤眼睛，欢欢一看，被逗乐了，也学着强强的样子对着强强挤眉弄眼，强强忍不住哈哈大笑起来。于是，他俩不停地相互学怪样、做鬼脸，又是耸肩，又是噘嘴，又是学猴子乱蹦乱跳，又是学耗子吱吱叫。他们的怪模怪样引来了许多幼儿，一些幼儿还跟着做起来，连正在画画的幼儿都停住了画笔，不停地朝他们看。顿时教室里乱作了一团。突然，一张生气的脸出现在强强、欢欢的面前，那是教师的脸。强强和欢欢立刻像泄了气的皮球，一声不响地坐在自己的位置上。教师批评并提醒他们：画完画的小朋友坐在椅子上，不能玩，不能发出很响的声音影响其他小朋友画画……

这是在幼儿园活动中最常见到的：幼儿园比较强调集体性活动和统一行为，活动的安排和时间的分配，强调统一、固定，这样一来便时常导致时间的隐性浪费和幼儿的无谓等待。特别在一些集体活动中，由于不同幼儿完成"任务"的速度不同，于是出现多数人等少数人的现象。活泼好动的幼儿怎么可能安安静静地一直坐在那儿无聊的等待呢？

如何解决集体活动中时间的隐性浪费？

(3) 中班主题活动"海洋生物"中，刘老师要在班里开展认识螃蟹的活动。她刚想念个谜语请幼儿猜猜今天是谁到班里来做客的时候，忽然有幼儿大喊起来："老师，这里有一只螃蟹！"幼儿们兴奋起来，胆大的男孩子都拥挤到前面想抓住螃蟹。刘老师沉下脸来，命令幼儿都退回到座位上。她把螃蟹抓回箱子里，然后依照原计划开始朗诵谜语，孩子们嘻嘻笑着大声回答："捉螃蟹！"

接着，刘老师请幼儿分头去观察螃蟹的外形。幼儿又开始兴奋起来，拿着筷子去玩螃蟹。刘老师问幼儿："螃蟹长得什么样？身上有什么特征？"可是幼儿顾不上回答，他们七嘴八舌地喊："哇，螃蟹的大钳子好厉害！""为什么螃蟹在吐泡泡呀？""咦，螃蟹肚子上的形状怎么不一样呢？"刘老师觉得活动无法进行下去了，就收起螃蟹，让幼儿重新回到座位上，请他们描述自己刚才的发现。她不断地提问："螃蟹长什么样呀？它有几条腿？它是怎么爬的？"渐渐地，幼儿开始没精打采起来。

最后，刘老师让幼儿去观察螃蟹，去研究螃蟹爱吃什么。然后发给幼儿一些食物，请他们去设计一个观察记录表。幼儿又开始七嘴八舌地讨论起来，并开始用食物逗弄起螃蟹来……

请您运用相关教育理论对案例进行分析。

（4）几个幼儿偶尔发现自己的影子在一天不同的时间里是不一样的，感到十分惊奇。于是教师准备围绕"我与影子"设计一个幼儿园的中班主题活动。但是又觉得其他幼儿未必感兴趣，想设计更好的、更有吸引力的活动内容。

您能帮助教师设计哪些内容？请说出您的想法。

（5）幼儿的创造性是从内部诱发的，不是从外部加入的，而自主选择的活动是最容易诱发出创造性。当前幼儿园在活动内容、材料、方法、时间、空间、合作伙伴等方面，虽然有选择，但选择的范围是十分有限的，老师的指定远远多于幼儿的选择。殊不知，假如给幼儿真正自由的选择，他会选择有利于他生长的东西，他比成人更明白什么东西更适合他。然而，多年来教师已经习惯了为幼儿安排好一切，要改变此种状况，必须将"选择性"的多少作为评价教师工作好坏的标准之一。能为幼儿提供充分的选择机会的教师就是好教师。

请谈谈您对此的看法。

拓展阅读

一位德国幼教专家眼中的中国幼儿园

去年夏天，儿童问题咨询专家赵远虹陪同德国著名幼儿教育学者艾申波茵博士走访了北京数所被认为是最具代表性的幼儿园。在两天的时间里，艾博士亲眼看见了2 000名中国儿童在幼儿园里的生活。赵远虹接受记者采访时表示，考察结果令德国专家的失望甚至超出了她的想象。

"其中一个原因是中国今天的一些幼教理论还在重复着西方昨天的错误。"赵远虹举例说，"比如传统灌输式的教育方法。西方对这一方法从产生怀疑到加以否定，已经花了20世纪整整一个世纪的时间。"

"值得深思的是，在北京一个标榜与国际接轨接得最紧密的现代寄宿幼儿园里，艾博士见到的却是最厉害的灌输教育。"赵远虹说，"这家幼儿园的招生广告中频繁出现的字样是世界著名大学剑桥、牛津和博士帽；这家幼儿园的园长是从外国学习回来的海归；家长送孩子上这样的幼儿园感觉是送到了外国……但是在教室里看到的情景，令艾博士大为惊讶。"

赵远虹说，"这家幼儿园里，竟然没有一个专门为孩子们玩娃娃家而布置的角落；书架上也没有任何孩子做手工用的材料。最令人震动的是：凡孩子目光所及之处贴的只是中国汉字，连绵不断，从教室一直延续到寝室。房间里摆得满满的小床四周见不到孩子家人的照片，美丽的图片和孩子从家中带来的私人玩具……"据说这家幼儿园四五岁的孩子已经可以认识一千多字，赵远虹反问道，"在这样的情景下，孩子即使不想学又有什么办法呢？"

作为权威的幼教专家，艾博士非常反感把小学生的学习任务强加到幼儿园孩子身上的做法。艾博士强调说，人脑研究的最新成果不断证明：儿童大脑中的神经腱只有在孩子主动用脑时才会得到锻炼，孩子只有在自觉自愿的情况下才能接受所学的内容。孩子世界观的形成不可能来自被动式的说教，对孩子采取灌输的教育方式是不可能成功的。

赵远虹说，实际上，单纯地提前学习时间并不能加快儿童成长的速度。每一个孩子都有自己生长的时间表，不应该人为地提前或推后。已经有无数的事实证明，违背教育的自然规律是会受到惩罚的。有时一个错误的教育理论将会导致一代人甚至几代人的"营养不良"。

仿佛是为了弥补多年来造成的教育欠账现象，在当今的中国，家庭的功能和作用被提到从未有过的高度。像是打赌一般，父母的晚年和儿女自身是否幸福的宝都统统押在了孩子身上。赵远虹发现这句时下最流行的口号之一——不要让孩子输在起跑线上，让成千上万中国父母喘不过气来。对于这种重望的分量，德国专家起初并不十分理解。

在北京一处婴儿早期教育基地，当艾博士听说一个9～16个月的婴幼儿上课时间竟长达45分钟时，惊得险些从座椅上跌下来。赵远虹回忆说，艾博士在其总结报告中尤其提到了该早期教育基地课程结束时的爬行比赛。孩子们被抱到起跑线上，然后在对面母亲或亲人的大声招呼声中向终点爬进。"当第一，争先进"似乎从起跑线开始已经渗入这些婴儿的头脑中。

也许中国的父母会问，难道当第一、争先进有什么错吗？

赵远虹手里有一本艾博士的新书《七岁儿童的认知世界》，其中详细列出了德国一位7岁儿童长达69条之多的必修课和教育清单。这份教育清单是艾申波茜博士通过大量的研究和比较得出的结论。从提出到定稿历经3年，并对150人进行了单独访谈。

教育清单内容涉及实际生活、社会经验、情感体验和美感感受。艾申波茜博士指出这是一个人生下来的前7年间应该具备的经历体验及掌握的知识。

情感体验方面：

一个学龄前儿童在个人情感和自信心建立方面应该：

＞＞体验过自身存在的重要性。例如，听别人说过"你要是在场该有多好啊""我们上次聚会就是缺少你"等称赞的话语。

＞＞体验过压抑的心情。能够分得清饥饿与愤怒、劳累与悲伤之间的差别。懂得心理学上基本因素的相互联系，诸如尿床是由情绪波动而发生等。

＞＞能够原谅大人某次不公正的惩罚。

＞＞体验过出门在外时对家和父母的怀念。感受过舒适与将就的差别，在家与在外的不同。在路上奔波时，产生的思乡、漂泊、借宿以及无家可归的概念。

＞＞想赢，但也输得起。

对自身身体的认识方面：

＞＞体验过水对人体有浮力。

＞＞会荡秋千，知道使用不同的身体力量会对秋千的高度有不同的作用。

>>在床上打过枕头大战。

>>堆过雪人、沙堡,在小溪中搭过水坝,在野地里生过火,并能够熄灭之。

>>身体生病时的基本急救常识:发烧应热敷还是冷敷,呼吸有痛感应休息还是运动,知道鸡皮疙瘩,战胜疾病后有自豪感,知道身体生病在所难免的道理。

>>有爬过一棵树的经历。

>>研究过拉链,会用钥匙开锁,会使用工具。

>>有收集东西的愿望。

>>能区分食物和膳食、动作与姿势、气味和气息,能够区分看、凝视和一瞥之间的区别。

>>能为自己或他人保守一个秘密,知道"只有你和我两个人知道"的意义。

>>听过童话故事,从寓言和故事中懂得什么是受难,什么是安逸。

在家庭方面:

>>熟知家中的亲戚朋友,理解不同的亲属关系,如叔叔、表哥或姨妈。

>>能为大人分担忧愁。

>>看过爸爸刮胡子……

69条无法一一列举。可是这一清单是否能给我们的幼儿教育提供另外一条思路?我们是否能意识到有比认字和做数学题更重要的教育内容呢?

连续参观这些幼儿园后,德国专家感到意外惊喜的是一所部队大院里的幼儿园。艾博士对这个幼儿园的最初好感来自一些所见的细节。

"刚进门我们就被拉住照集体相。刚好几个四岁的小姑娘蹦蹦跳跳路过,便被老师招呼过来一同参加。照完后孩子们并没有被立即命令回班去,而是随意地跟着客人往前走。"

"在去办公室的路上,走廊里迎面走来三个孩子,手拉着手。园长很自然地将孩子叫到跟前,像介绍战友似地把他们的大名一一报给我们。"

橱窗里照样挂着孩子们的画。但这里没有其他幼儿园常见的统一题目、统一手法的成人模仿品。相反,孩子们画里的内容极富想象力。其中不乏幼稚拙劣的手笔,但仍然被挂在最显眼的位置。

最让艾博士认同的是孩子们做手工用的材料的多样化。"教师办公室同时也是一间手工作品陈列室。制作者竟然都是孩子。虽然有的内容使我们感到一些陌生,比如坦克、红旗或者导弹,但是制作材料真可谓丰富多彩,有木料、棉布、易拉罐……教师津津有味地向我们介绍那些巧妙而有趣的制作技术,言谈中充满了风趣和自豪。"赵远虹说。"楼梯口的拐弯处被开发成一个小小的美发廊,是孩子们把洗菜用的筛子制成了烫发帽。此外,梳辫子用的蝴蝶结、吹风机、刮胡子刀、烫发卷,琳琅满目的东西都来自孩子们的小手。不难想象,当孩子们在这个成人社会的模拟场所里实践着与他人协调合作的工作时将会产生多么大的乐趣。"赵远虹补充说,尽管类似的活动角落也许在其他幼儿园里也可以找到,但这个幼儿园给德国专家的感觉非常不一般。

尤其值得一提的是老师与孩子们共同进行的专题研究。研究的题目来自孩子自己的生活,比如有一个专题研究是关于"鞋"的。为什么要研究"鞋",有两件事引起了老师的注意。一是每当假期结束,孩子们回到幼儿园时脚上往往穿着都是新鞋,开学第一天的话题总是围绕着鞋子转来转去。第二件事来自负责擦地的阿姨。她总抱怨说,刚刚擦过的地总有孩子跑上去踏上鞋印，乐此不疲。原来是鞋底上的不同花纹引起孩子们的极大好奇心。于是关于鞋的专题活动就此展开：大家开始讨论左脚与右脚的不同，然后老师领着孩子们上街采访修鞋人，进鞋店采访售货员阿姨，询问鞋的种类和用途，等等。"凡是做孩子感兴趣的事情，肯定能够成功。"这是该幼儿园老师们的信条。艾博士评价说，在这里她终于找到了知音，因为他们的教育始终都是以孩子为本。

针对目前中国幼儿教育的误区，赵远虹特别指出，幼儿教育不是精英教育，而应该回归到关注孩子身心健康这个层面，而不是随意拔高。另外值得关注的是教育纯洁性的问题。赵远虹说："现在很多中国小孩的教育都是用钱堆出来的。对家长而言，孩子教育如同是花钱购买的商品，还要等着升值，这对孩子来说压力太大了。"

赵远虹提醒中国的家长千万不要迷信所谓的从国外回来的专家，这与国际接轨无关。艾博士走访完这些幼儿园后感叹道："中国的孩子是世界上最累的，他们的生态环境是最不宽松的。艾博士呼吁教育工作者尽快给中国的儿童松绑。"

第六章

学前儿童游戏

游戏是符合幼儿年龄特点的一种独特的活动形式。可以说，学前儿童是在游戏中生活、游戏中学习、游戏中成长的。

第一节 学前儿童游戏的内涵

游戏存在于广泛的领域，可以说从哺乳类动物到人类都存在游戏活动。游戏包含了各种各样的行为，从这个意义上说，游戏是一切行为的总称。从心理学角度看，游戏促进了人类各种心理功能的发展；从教育学角度上看，游戏促进了人类总结经验并训练新一代劳动者；从人类学角度看，游戏是人类从生存需要发展到追求享受的需要；从哲学角度看，游戏是人类从必然王国向自由王国走近了一步；从美学角度看，游戏是人类从劳动到艺术的一个环节。

游戏是幼儿在一定的游戏环境中根据自己的兴趣和需要，以快乐和满足为目的，自由选择、自主展开、自发交流的积极主动的活动过程。游戏活动从婴儿期已经开始，但儿童有意识的、自主的游戏活动在幼儿期表现明显，4~5岁幼儿进入象征性游戏的高峰期，5~6岁幼儿在规则游戏和建构游戏中表现了更大的兴趣和发展水平。在这一过程中，幼儿行使成人权利，享有成人自由的满足感，带给幼儿的快乐是其他活动无法比拟的；在这一过程中，幼儿的天性自然流露，主动性、独立性、创造性得以充分发挥。这也正是角色游戏最根本的价值所在。

一、学前儿童游戏的特征

游戏是一种追求快乐的行为，是儿童自愿参加的、以娱乐为主要目的的活动。它具有以下特征。

（一）游戏是一种自发的行为，具有自主性

儿童之所以游戏，是因为出于自发的、自愿的需要，是因为他们喜欢游戏，游戏能给他们带来欢乐。日常生活中游戏活动的发起源于"我要玩"而非"要我玩"，是幼儿的内部需要，是由内部动机支配的，而不是来自外部的命令或要求。儿童可以自由选择游戏，他们是游戏的主人，游戏的内容、玩法及同伴等都是由他们自己来决定的。儿童游戏以活动本身为目的，游戏不要求一定达到外在的任务和目标，也没有严格的程序和方式，玩什么、和谁

玩、怎样玩，游戏的形式、内容、材料都由幼儿自己掌握，按照他们自己的意愿进行。他们是在没有任何外在压力的情况下，自主地、自由地做自己喜欢的事情。

（二）游戏是一种模拟的行为，具有虚构性

游戏是幼儿在假象的情境下反映生活的活动，每个幼儿在玩游戏时，都清楚地知道是"假装的"，它可以不受具体时间、地点、条件的限制，所需要的玩具材料可以是主要特征相似的替代物；他们可以把自己想象、装扮成现实生活中的角色。他们可以通过动作和想象创造出新的情境，把狭小的游戏场地变成可以从事各种各样活动的广阔天地。游戏中的角色、情节、玩具、材料均具有明显的虚构性，幼儿是在虚构的游戏情境中反映周围现实生活的，而正是这种神秘而充满幻想的、虚构的色彩深深地吸引着幼儿。

（三）游戏是有趣味的活动，具有非功利性

游戏中具体形象的角色、变幻的情节内容、新奇甚至滑稽的玩具，对幼儿来说都是有趣的，能激起他们良好的情绪，吸引他们主动参加甚至可以重复地玩。每种游戏都含有趣味性，正是游戏的这一特性，给幼儿带来愉快和满足。游戏不是幼儿强制性的社会义务，幼儿在游戏中没有任何心理负担，不担心游戏以外的任何奖惩，他们是轻松的、自由的、快乐的。游戏情境中幼儿的身心处于最佳、最自然、最轻松的状态。

（四）游戏是儿童进行学习的活动，具有探索性

学前儿童游戏的过程也是学习的过程。在游戏过程中，幼儿通过不断地与环境相互作用，认识周围的环境，学习与人交往，理解和掌握社会行为规范等。幼儿丰富的想象力、思维能力是认识世界的工具，游戏中的学习完全是由幼儿的兴趣、爱好、探索等内部动机推动的。在游戏中，幼儿意识不到其中有学习，却不知不觉地学到了很多东西。游戏为幼儿提供了一个轻松愉快、有丰富刺激、能鼓励幼儿自主学习的良好环境，使他们获得安全感、自尊和自信，获得对学习的持久热情，从而终身受益。

（五）游戏是具有社会性的活动，具有秩序性

游戏的内容、情节、规则及其行为方式都具有社会性的特征。幼儿的许多游戏是真实社会生活的缩影，在游戏中幼儿不仅作用于物，而且与人交往，学习掌握社会行为的规范和人际交往的技能。幼儿的游戏多半是集体性的，幼儿不会长时间地自己游戏，他们更喜欢几个人一起玩，交流彼此的感受和体验，以求得游戏可以进行下去。幼儿在游戏中并非毫无约束和限制，尽管他们的游戏有时显得乱七八糟、非常忙乱，但每个游戏中都隐含着秩序性，每个个体都有一定的自我约束。正是这种秩序的约束把儿童游戏带入一种和谐、有序的情境。

二、学前儿童游戏的教育作用

游戏不仅对幼儿有娱乐作用，而且对幼儿的身体、智力、社会性和情绪等方面有重要的发展价值。有人说，游戏的重要性仅次于母乳喂养和母爱。

（一）游戏有利于学前儿童动作技能和身体素质的发展

游戏，对幼儿来说意味着行动、操作。不管游戏调动了幼儿哪些部位的运动，都表明游戏与动作是分不开的。就幼儿园日常游戏而言，有的游戏注重幼儿的手部动作（如何握住、捏拿、插嵌、叠放等等，都是手部小肌肉动作，且又都是手眼协调动作），有的游戏注重幼儿腿部运动（如跑、跳、蹦高、蹬等），还有的游戏注重的是臂部和腿部的配合协调动作

（如爬行、攀登等）。以上所述的几类动作也可能在同一个游戏中发生。这些动作在游戏情境中的出现不仅减少了幼儿反复练习的枯燥感和疲劳感，而且会使幼儿主动地自觉地进行练习。在游戏情境中，这些动作或运动总是与一定的角色行为、与达成一定的游戏目的联系在一起的。因此，给予儿童充分的游戏机会，有利于儿童动作技能的发展，进而有利于儿童身体素质的提高。

（二）游戏有利于儿童智能的发展

儿童通过游戏与外在环境建立了联系，获得了有关环境的信息，并对这些信息进行加工、处理，纳入自己的智能结构，并以新的智能结构为指导，开展进一步与外界环境的相互作用。

1. 游戏扩展和加深幼儿对周围事物的认识

游戏是幼儿认识事物的途径。游戏使幼儿接触到各种游戏材料，通过具体的活动认识各种物体的性质和用途，获得有关事物之间关系的经验。幼儿在游戏中把自己对生活的印象和感受表现出来，从而对生活的认识得以加深和巩固。多种多样的游戏使幼儿获得丰富的知识和经验。

2. 游戏有利于幼儿探索行为的发展

操作、探索是儿童游戏的动态描述词，儿童的许多游戏都离不开探索和操作。由于游戏情境中的操作和探索对幼儿来说更具有兴趣性，更具有情境性，幼儿会反复地进行，在愉快的情境中反复地练习。因此，游戏活动也就促进了幼儿探索能力的发展。

3. 游戏促进幼儿想象力、创造力的发展

游戏是具有象征性的，它以想象力和创造力为条件。在结构游戏、角色游戏中，幼儿在想象的基础上经常表现出创造，包括造型的创造、用途的创造、语言的创造和行为的创造等。游戏过程中幼儿可以充分发挥想象力，充分表现自己的创造性。

（三）游戏有利于儿童社会性的发展

学前期幼儿正处于从"自然人"向"社会人"转变的时期，游戏是幼儿自我意识产生和发展的重要途径，是幼儿社会性发展的重要载体。

1. 游戏提供了幼儿社会交往的机会，发展了幼儿社会交往的能力

游戏是幼儿进行社会交往的起点。在游戏中，幼儿逐渐熟悉、认识周围的人和事，了解自己和同伴的想法、行为、愿望与要求，理解他人的思想、行为和情感，学习与同伴分享、互相谦让、合作等人际交往技能。有研究表明，游戏的数量与复杂程度可以预示儿童的社会性技能活动。

2. 游戏使幼儿学习社会角色，掌握社会性行为规范

在游戏中，幼儿会接触一些基本社会行为规范的理解和执行，这些行为规范对幼儿产生的潜移默化的影响是必然存在的。游戏有助于幼儿社会适应能力的提高，有助于幼儿掌握社会交往的技能和策略，理解并遵守规则，从而理解社会规范的意义，培养其亲社会行为。

（四）游戏可以促进儿童良好情绪、情感的发展

愉快地游戏是儿童心理健康的标志，戈德斯·沃思（Geddes）认为游戏是正在成长中的儿童最大的心理诉求。游戏对于儿童情感的满足和稳定具有重要意义。

1. 游戏丰富幼儿的情绪体验

游戏的内容和形式灵活多样，幼儿在游戏中体验着各种情绪情感。当幼儿积极投身于游

戏中，产生的情感永远是真诚的，游戏能给幼儿带来极大的快乐与满足，体验着成功带来的成就感和自豪感，学习表达和控制情感的不同方式。随着游戏主题的发展和构思的复杂化，幼儿的情绪情感体验更丰富、更深刻。

2. 游戏发展幼儿的美感

在游戏中，幼儿反映着自然和社会生活中的美好事物，表演着艺术作品中的美好形象，使用着艺术语言，进行着音乐和美术等艺术活动，装饰和美化着自己的游戏环境，这些活动都有助于培养幼儿对自然、社会、艺术的审美能力，发展幼儿的美感。

3. 游戏可以消除幼儿的消极情绪

游戏，尤其是角色游戏，为幼儿提供了表现自己各种情绪的机会。幼儿的愤怒、厌烦、紧张等不愉快情绪，在游戏中得以发泄、缓和。游戏是幼儿消除生活情境中产生的忧虑和紧张感，向自信和愉快情感过渡的方法。心理学家辛格夫妇（J. L. Singer & D. J. Singer）认为，游戏的主要优点在于它能提供一个新的刺激场，这种刺激场不是物理环境，而是由幼儿凭想象和回忆创造出来的心理场，它能够使幼儿逃避不愉快的现实环境和气氛，使他们产生愉快、肯定的情绪体验，改变受挫的情绪状态，从而间接实现对行为的控制。

综上所述，游戏对幼儿身体、智力、社会性和情绪情感各方面的发展都有着积极的促进作用，可以说没有游戏就没有幼儿的发展。

三、游戏的分类

游戏的外延极宽，可以发生在儿童活动的各个领域，具有多样性的内容和形式。对游戏的分类没有绝对的标准。各种分类虽然角度不同，但所划分出的具体类型之间是有交叉性和重叠性的，甚至虽然是从同一个角度划分的，各种类型之间仍有交叉成分。

帕顿（Parten）按照学前儿童游戏表现出来的社会参与水平，将学前儿童游戏行为归纳为独自游戏、平行游戏、联合游戏、协作游戏、无所事事、旁观六种类型。比勒（Bihler）根据儿童在游戏中的不同体验形式，将游戏分为机能游戏、想象游戏、接受游戏、结构游戏四大类。

当前，我国幼儿园的游戏活动是按照游戏在幼儿教育中的作用来分类的，具体分成两大类六小项：一类是创造性游戏，它主要是指以幼儿自由创造为主的游戏，包括角色游戏、结构游戏和表演游戏；另一类是规则性游戏，规则性游戏多半是由成人编制，以规则为中心，大都带有实物或有情节的游戏，包括体育游戏、智力游戏、音乐游戏。

四、游戏的发展阶段

瑞士心理学家皮亚杰（Jean Piaget）通过对儿童认知发展的研究，将儿童的游戏划分为练习性游戏阶段、象征性游戏阶段和规则性游戏阶段三个发展阶段。

（一）练习性游戏阶段（0~2岁）

这是游戏发展的第一阶段和最初形式。这时的儿童，由于尚未真正掌握语言，其认识活动主要依靠直接感知和实际动作，游戏中几乎不存在任何象征性，也没有任何特殊的游戏方法。而游戏只是孩子为了获得某种愉快体验而单纯重复的某种活动或动作，这个阶段也称机能性游戏阶段或感觉运动游戏阶段。

（二）象征性游戏阶段（2~7岁）

这一阶段的儿童游戏主要有象征性游戏和结构性游戏两种形式。

象征性游戏是以一物假装另一物和扮演角色为主要形式的一种游戏。情境转变、以物代物、以人代人是象征性游戏的构成因素，也是游戏的发展趋势。其中，情境转变是象征性游戏发生的标志，之后以物代物、以人代人相继产生并不断趋向成熟。在幼儿三四岁时，象征性游戏发展到了巅峰，具体表现在游戏的连贯性增强、逼真准确模拟现实的要求增强以及出现了集体合作的倾向。

结构性游戏是以各种结构材料建构物体的结构造型游戏。结构游戏需要游戏者具备一定的结构技能，幼儿自然的结构游戏发展比较缓慢，需要更多的指导。从学前末期开始，象征性游戏和结构游戏便逐步减少进入结束期。

（三）规则性游戏阶段（7~12岁）

规则性游戏的发展，标志着游戏逐渐失去具体的象征内容而进一步抽象化。此时的儿童，语言及抽象思维的能力有了发展，开始能站在别人的观点上看问题，利用别人的观点去校正自己的观点，所以在游戏中大家共同遵守一定的规则便成为可能。通过游戏，儿童对规定的认知和理解水平逐步得到提高，控制自己行为来遵守规则的能力也逐步得以增长。从此，规则游戏便逐步成为主要的游戏形式延续下去，并陪伴人的一生。

第二节 学前儿童游戏的准备工作

一、游戏条件方面

（一）提供充足的游戏时间

在幼儿园的一日生活中，应提供给幼儿充足的游戏活动时间，上午、下午可有较长的游戏时间（30~40 min），也可有较短的游戏时间，如早晨入园时间、活动间隙时间等。根据时间的不同组织适合的游戏，如时间长可组织活动区的游戏活动或室外的游戏活动；活动过渡的短暂间隙时间，可玩活动量小的、短小简便有趣的游戏。保证幼儿有自由的游戏时间，是培养幼儿自由精神的前提。

（二）创设儿童游戏场地

游戏环境主要包括游戏的场地及游戏材料等物质条件，以及这些物质条件之间的相互关系。幼儿园的空间、设施、活动材料与常规要求应有利于引发和支持幼儿游戏活动的开展，幼儿园的室内外都应该有游戏的场所。

理想的室内活动室面积应尽可能大些，桌椅等设备的摆放要适用合理，留出固定地方供儿童做游戏、摆放玩具，以保证儿童游戏的顺利进行。即使设有宽敞的活动室，也需在游戏的时间里，搬动桌椅为幼儿腾出游戏的地方。要积极为儿童游戏创造条件，场地狭小、桌面拥挤都会限制幼儿的活动，影响游戏的进行。

室外的游戏场地也是必需的。我们提倡每日幼儿至少有两个小时以上的室外活动时间。各季节的气候各不相同，要因地制宜，尽可能让幼儿有更多的时间在室外活动，包括游戏活动。室外的游戏场地要平坦、有遮阴处，不能远离活动室。各班最好有专用的场地，全园也要有分用的游戏场地。游戏场地要放置一些大型的设备和用具，如体育游戏的大型器械和玩具、小房、大型积木等。室外场地的布置要合理，以不妨碍儿童奔跑、活动为原则，避免因设备密集而妨碍儿童的活动和发生不安全问题。

美国学者佛罗斯特（Frost）关于游戏场地的安全性和适宜性的评价项目标准

指导语：运用从 0~5 的等级标准来评价每个项目。第一部分可能出现的最高分为 100 分，第二部分为 50 分，第三部分为 50 分，而且可能得到的总分为 200 分。所得总分除以 2 就是最后评价得分。

第一部分：游戏场地上有些什么？

以 0~5 的等级标准来评价每个项目的现有情况和它发挥作用的程度（0 = 没有；1 = 有，但没有发挥作用；2 = 差；3 = 一般；4 = 较好；5 = 所有的元素都存在，而且都极好地发挥着作用）。

1. 地面坚硬的车道。
2. 可供幼儿玩沙的区域和设施。
3. 可供幼儿开展角色游戏的设备和材料。
4. 大型组合器材：有足够的空间可以同时容纳许多幼儿，有多个入口、多个出口和多种高度，能够为幼儿提供多种练习的机会和挑战性。
5. 可供幼儿爬和挖的土堆。
6. 绿地，有树木可以遮蔽阳光的、可供幼儿探索和研究自然现象的自然区域。
7. 室外各区域之间应有一定的功能划分。游戏场地不仅有平面的空间，还应当有垂直和立体的空间（如山坡和峡谷等）。
8. 可供幼儿玩水的区域和设备，如喷泉、池塘和喷水车等。
9. 建构区：有轮胎、板条箱、厚板、木板、砖块、钉子等材料；提供工具并允许幼儿进行破坏和重建。
10. 一个废弃的、但还有一定游戏价值的（在玩了一段时间后可以进行变化或重新安排，以继续保持游戏兴趣的）、安全的（组合的）飞机、船或汽车。
11. 可供幼儿进行较剧烈活动的设备：如顶部有大平台的滑梯（可以把滑梯直接放置在山坡上）、可以用多种方式来安全地（有可以坐的、柔软的东西）玩的秋千、可供幼儿爬的大树（水平放置的、成熟的枯树）、可供幼儿爬的网状结构等。
12. 有柔软地面（使用草地、树皮等覆盖物）的区域，可用于组织集体的游戏活动。
13. 符合幼儿身材的半私密空间：如隧道、凹进物、游戏小屋、可以躲藏的地方。
14. 安全障碍：保护幼儿和可以根据学习（游戏）的需要而改变的篱笆、大门、墙和窗户。
15. 园艺区：可以让幼儿学习照料植物的花园并提供园艺方面的工具。
16. 养殖区或宠物区：应有宠物和宠物的用品。
17. 从室外转向室内活动的过渡性空间，有顶的、直接与游戏室相连的走廊。过渡性空间可以使幼儿避免日晒和雨淋，同时还可以把室内的活动扩展到室外。
18. 储藏室：供存放幼儿活动的材料和工具。储藏室可以是独立的。带轮子的玩具可以存放在靠近建构区的地方，储藏室应当是方便帮助幼儿取用和收拾各种工具和材料的地方。

19. 在室外游戏区内应有供成人和幼儿使用的遮阳处和长椅，有便于行走（如穿衣、上厕所和喝水）的通道。

20. 有用于集体活动的桌子以及可供教师和幼儿开展艺术和阅读活动的支持性材料。

第二部分：游戏场地保养得好而且相对安全吗？

根据0~5的等级标准来评价每个项目的状况和安全性（0 = 没有；1 = 有，但非常危险；2 = 差；3 = 一般；4 = 较好；5 = 保养极好，而且相对安全、具有挑战性）。

1. 在危险区域（街道、深沟、水池等）附近设有保护性的栅栏（有可以锁上的大门）。
2. 在所有供攀爬和可移动的设施底下以及幼儿可能坠落的区域，铺设20~25厘米厚的、疏松的沙或木屑（或与此类相似的材料），四周应有围墙提供保护。
3. 设备设施的尺寸适合于幼儿年龄。攀爬的高度应限于182~213厘米。
4. 活动区内无杂物（如碎玻璃和石头）、无带电的危险品、无高压线、无脏物。
5. 可移动部分应没有缺失（如没有可能夹人的破损物、支点没有过度的磨损）。
6. 设施没有尖角、突出的部分、有毒的物质、暴露在室外的金属物体。
7. 秋千的座位是由柔韧的或轻柔的材料制成的（如橡胶、帆布）。
8. 所有的安全设施是维护良好的（如保护性的栏杆、标记、护垫区、保护性的覆盖物）。
9. 没有可能会使幼儿的头陷进去的空隙（8.89~22.86厘米）。设备和设施之间应有足够的距离。
10. 设备设施结构完好无缺，没有弯曲、扭曲、损坏或凹陷等。大型可固定的设备和可以移动的设施被安全地固定于地面上，而且水泥的脚埋于地下。检查地下的支持物是否腐烂、生锈或生白蚁。

第三部分：游戏场地应当做些什么？

根据0~5的等级标准来评价每个项目的程度和质量（0 = 不存在；1 = 有一些迹象，但事实上是不存在的；2 = 差；3 = 中等；4 = 较好；5 = 极好）。运用所提供的空间来写评语。

1. 鼓励幼儿游戏：吸引人的、方便的通道，开放的、流动的和令人放松的环境，从室内到室外通行无阻，有适合不同年龄的设备和设施。
2. 刺激幼儿的感官：在比例、亮度、质地和色彩上的变化和对比，多功能的设备，给幼儿多种经验。
3. 激发幼儿的好奇心：可以让幼儿自己加以变化的设备，可以让幼儿进行实验和建构的材料，植物和动物。
4. 满足幼儿基本的社会和身体方面的需要：对幼儿来说是舒适的，设备和设施的尺寸适合幼儿的身体，具有体能上的挑战性。
5. 促进幼儿和环境之间的互动：能为幼儿的行为提供一定规范的、摆放整齐的储藏室，可供幼儿阅读、拼图或独处的半封闭空间。
6. 支持幼儿之间的交往：各种不同的空间，足够大的空间以避免冲突的发生，能促进幼儿社会性交往的设备和设施。
7. 支持幼儿与成人的交往。

https://wenku.baidu.com/view/ccd1daff0740be1e640e9acb.html

（三）配备游戏材料

玩具是学前儿童的生活伴侣，是他们认识世界的教科书。要使儿童的游戏健康、丰富、生动，必须配备适合的、充足的玩具。可供儿童游戏的玩具有成型玩具（或称专门化玩具）和未成型玩具（或称非专门化玩具）两类，各有其自身的功能。成型玩具如娃娃、玩具汽车、积塑、玩具餐具等，对4岁以前的儿童更能激发他们做游戏的愿望与兴趣。未成型玩具则指一些废旧物品，如各式小瓶子、纸盒子、碎布头、小棍等，4岁以上的儿童对未成型玩具则更感兴趣，他们已不再满足使用成型玩具的智力活动，他们愿意使用未成型玩具进行创造性的活动。未成型的资料既丰富游戏内容，又发展幼儿的想象力，具有特殊的教育作用。因此在配备两类玩具时，应考虑到儿童年龄的差异性。

同时幼儿园应该重视对废旧物品的收集（要无毒的、无污染的、安全的），以便向儿童提供多样的未成型玩具，如旧轮胎、秸秆、果实、木箱、纸箱、各种瓶、盒、绳子、木片、塑料品、旧服装鞋帽等，并备一些经常使用的工具，如尺子、针线、糨糊等，并将上述物品放置在儿童便于取用的地方，由儿童自行使用。当前越来越提倡根据儿童游戏的需要自制玩具。玩具的制作自身就是一个发明的过程，而利用发明出来的玩具进行发明性的游戏活动，这就使游戏自身的意义和所发生的教育作用得到了高度的统一。

二、学前教育思想方面

（一）既重视游戏的教育作用，也保证游戏的发展功能

重视游戏对幼儿发展特别是智力发展的作用，同时对游戏促进其他品质的发展价值充分认识。重视研究游戏中幼儿生成性学习的特点，潜移默化地、隐藏地给幼儿适当指导；在幼儿园其他教育活动中，活动的内容和组织应充分考虑幼儿在游戏中学习这一特点，注意活动的趣味性、教育性。

在当前的学前教育活动中，一方面通过游戏生成课程，在游戏中出现的预设课程范围之外的内容随时补充进游戏中心课程内容中，为幼儿提供扩展学习的机会。另一方面通过课程生成游戏，引导幼儿选择与其兴趣和需要相匹配的预设课程中的材料或技能，采用多种游戏指导策略不露痕迹地将科学、艺术、语言等知识领域的内容融入游戏活动中。尽可能使幼儿获得游戏性的体验，关注游戏中儿童自己的探索，从儿童的角度考虑游戏对他们的价值。

（二）既追求游戏的外在形式，也注重儿童游戏的特点和需要

当前学前儿童游戏存在的矛盾之一：儿童需要的是对游戏过程的体验，而教师追求的是游戏的结果。教师要关注幼儿在自主游戏中的表现和反应，敏感地察觉幼儿的需要，及时地以适当的方式应答。当幼儿在游戏中按照自己的兴趣和意愿活动时，教师应予以尊重。不能因为不符合老师预先的设想就予以否定，并强行将学前儿童游戏的发展纳入到自己事先预设好的轨道中来。

教师应该认识到幼儿的游戏反映的是其自身的生活经验，是他们可以理解并感兴趣的内容，是不可以统一安排、硬性规定活动内容和形式的。如果游戏不能让幼儿自己做主，游戏就失去了其本质特征。教师应该充分了解幼儿的兴趣和爱好，提供开展自主游戏的必要条件，鼓励幼儿表现自己的长处和获得成功的体验，创造条件满足学前儿童游戏的多种需要。

（三）既尊重儿童的自主发展，也强调教师的介入与指导

儿童是游戏的主人，在游戏中儿童以自己的生活经验，以自己的方式来反映着他们对社会的认识。在游戏中应充分体现其自主性、独立性和创造性，使他们的认知、情感、社会性

等各方面获得发展。确保幼儿园游戏开展实施的条件：为儿童提供均等的游戏机会、充足的游戏材料、自主的游戏体验、分享的游戏经验和丰富的生活经验。让儿童在享受游戏的过程中做与自己能力相符合的活动，才能保证幼儿园游戏活动的顺利进行。

在实验和调查中表明，幼儿园游戏仍需有教师指导，由于幼儿年龄小，缺乏生活经验，处理问题能力差，游戏中常常会出现一些预料之外的情况，影响游戏的顺利进行和效果。在游戏环境中，教师要有游戏的心态及善于游戏的能力，以多重身份参与，以利于游戏的顺利进行。教师的指导艺术在于保持而不破坏游戏的自发性和创造性，尊重和充分发挥儿童的主动性和积极性。当儿童需要游戏材料时，教师是游戏材料的提供者；当儿童需要帮助时，教师是游戏的支持者和援助者；当儿童需要和教师一起游戏时，教师是儿童游戏的伙伴和参与者；当儿童不需要教师介入时，教师是游戏的观察者；当儿童在分享游戏经验时，教师是倾听者和发问者。教师要找准自己的位置，做到"到位不越位"。

《上海市学前教育课程指南》中指出：为了保证幼儿安全和游戏的顺利开展，遇到以下情况时，教师可适度地介入：
当幼儿在游戏中因遇到困难、挫折，难以实现游戏愿望时；
当幼儿在游戏中有不安全倾向时；
当幼儿在游戏中主动寻找帮助时；
当幼儿在游戏中出现过激行为时；
当幼儿在游戏中反映不符合社会规范的消极内容时。

游戏与教育对幼儿的成长同等重要，始终都是滋养幼儿成长不可缺少的两个方面。切实保障游戏作为幼儿园的基本活动，同时将游戏精神、游戏能力的培养作为幼儿园的工作目标，实现游戏与教育的自然融合。

第三节　角色游戏的开展与指导

一、角色游戏概述

角色游戏也称象征性游戏，是幼儿按照自己的意愿，运用模仿和想象，借助真实或替代的材料，通过扮演角色，用语言、动作、表情等创造性地再现周围社会生活的游戏。角色游戏通常都有一定的主题，所以又称为主题角色游戏，是幼儿的一种最典型的、最有特色的游戏。角色游戏的基本要素有角色扮演、对物质材料的假想、对游戏动作的假想、对角色互动的假想等。这四个基本要素之间是相互联系的，不同主题的角色游戏，其四个基本要素有不同的具体组合方式。

角色游戏在儿童两三岁时产生，学前晚期达到最高峰。两三岁时的儿童已不满足于简单地模仿动作，而对扮演角色很感兴趣，并渐渐进入角色，对现实生活中各种角色的认识与情感体验逐渐加深，角色游戏随之出现，其后逐渐被规则游戏所取代。角色游戏在幼儿期很普遍，没有成人的领导和参与，幼儿同样会出现角色游戏，这已成为幼儿成长中的一个过程。

二、角色游戏的主要特点

（一）角色游戏具有独立自主性，幼儿的生活经验是角色游戏质量的保证

三岁的幼儿，活动能力、经验水平都有了一定的发展，已不满足于对周围物品的探索、

摆弄，开始对周围的社会生活产生兴趣，并有了解、参与社会生活的愿望。儿童满足自身对于周围社会生活兴趣的重要途径便是角色游戏。在角色游戏中，幼儿可以扮演各种角色，通过语言、动作、表情，自由地表现自己对周围生活的认识和体验。

(二) 角色游戏是生活性活动，幼儿对现实的印象是角色游戏的源泉

角色游戏是幼儿对现实生活的一种积极主动的再现活动，幼儿的生活经验主要来自家庭、社会、幼儿园、图书及影视等各方面，游戏主题、角色、情节、材料的使用均与幼儿的社会生活体验有关。幼儿生活体验越丰富，游戏内容就越充实、新颖，角色游戏的水平也就越高。

(三) 角色游戏是特殊的想象活动，想象活动是角色游戏的支柱

角色游戏是幼儿在假想的条件下，真实地反映现实生活，把虚构性与真实性巧妙地结合起来。幼儿的创造性想象主要表现在三个方面：一是对游戏角色进行假想，即以人代人。幼儿运用各种材料，通过语言、表情、动作等表现对生活中熟悉的人物的认识与体验。二是对游戏材料进行假想，即以物代物。幼儿常常以某一物品代替各种物品，同样一种物品在不同游戏中可以充当不同的东西。三是对游戏情境进行假想，即情境转换。幼儿常常通过一个或几个动作和想象，将游戏情境进行浓缩或转换，而情节就是幼儿想象的产物，活动便是幼儿想象的展开，因此角色游戏总是同幼儿的想象、创造联系在一起的，角色游戏过程是创造性想象的过程。

在角色游戏中，幼儿可以自由地发挥其想象力和创造力，因而他们对角色游戏的兴趣最为浓厚。

三、角色游戏中的教师指导

教师对学前儿童角色游戏中的指导，表现在以下几个方面。

(一) 引导幼儿开发游戏主题

儿童有着模仿成人的愿望，但由于思维活动的发展水平所限，还不会明确提出确切的游戏主题，只停留在动作模仿阶段。引导幼儿开发游戏主题是角色游戏指导的首要任务。角色游戏主题的开发，就是引导幼儿关注周围的社会生活，充实社会生活经验和知识，理清社会生活中基本的角色关系，明了主要的角色行为和角色准则，使幼儿养成关心周围社会生活的愿望和习惯。这就需要教师利用各种条件，来启发儿童的游戏愿望，帮助他们确定游戏主题，并去实现它。当幼儿按主题进行游戏之后，教师应进一步启发他们独立提出游戏主题。幼儿独自提出游戏主题的过程也是他们主动性、积极性发挥的过程。

(二) 教会幼儿学会分配和扮演角色

分配和扮演角色是幼儿在角色游戏中特有的环节，这一环节直接影响到游戏的效果。幼儿玩角色游戏最关心的是自己扮演的什么角色，并以扮演角色、模仿角色活动为满足。但在刚开始玩角色游戏时，幼儿往往会在角色身份与真实身份之间徘徊，会被某些物品、情境、事件吸引，而忘却自己所扮演的角色，需要教师给予启发，帮助他们明确自己在游戏中的角色身份，从而更好地模仿这一角色。

幼儿对自己扮演什么角色最为关心，但往往只考虑个人愿望，而不善于分配角色，因此教师应引导幼儿学会商量角色分配的办法，可采用报名、轮流、推选、陈述理由等方式分配

角色，有时可以让幼儿临时创设合理的角色。教师应该使幼儿懂得角色分配中的谦让，懂得角色要轮流担任，这样不仅可以使幼儿学会谦让，同时也能让每个幼儿都有扮演不同角色和在更多方面获得锻炼与发展的机会。

(三) 根据幼儿角色游戏的年龄特点进行指导

不同的年龄段，学前儿童游戏发展的层次水平各不相同。教师应针对不同的年龄段，选择不同的侧重点进行指导，以达到顺利开展角色游戏的目的。

1. 对小班幼儿角色游戏的指导

小班幼儿处于独自游戏、平行游戏的高峰时期，对玩具或模仿成人动作感兴趣，角色意识差。游戏的主要内容是重复操作、摆弄玩具。游戏主题单一，情节简单，幼儿之间交往少，主要是与玩具发生作用，与同伴玩相同或相似的游戏。

小班指导的要点在于帮助幼儿学会利用游戏材料。教师要根据幼儿的生活经验为幼儿提供简单且形状相似的游戏材料，满足幼儿平行游戏的需要；教师以游戏中角色的身份加入游戏中，在与儿童游戏的过程中达到指导的目的；教师还要注意幼儿规则意识的培养，让幼儿在游戏中逐渐学会独立；还可以通过讲评帮助儿童积累游戏经验。

娃娃家里又挤满了一屋子的人。我来到娃娃家里问："哎呀，这么多人啊！你们是谁呀？"雪雪举起身上的挂牌说："我是妈妈。"奥奥说："我是爸爸。"我接着问："那你们是哪个家的呀？"听我这么一问，孩子们愣了一下，你看看我，我看看你，不知该怎么回答我的问题，接着就不理我，自顾自地玩了起来。

幼儿对娃娃家里的主要成员有基本了解，知道自己在游戏中所扮演的角色。但幼儿还没有形成"一个家"的意识，大家都是自顾自地玩，很少有交流、合作，更不知道哪些人是一个家的，因此常常会出现一个家里有两个妈妈、两个爸爸的情况发生。针对这一情况，我们为每一个家制作一个挂牌，并用颜色区分，帮助幼儿对"家"的概念的形成。

http://www.baby611.com/jiaoan/xb/game/201303/21104127.html

2. 对中班幼儿角色游戏的指导

中班幼儿由于认知范围的扩大，游戏内容、情节不断丰富，处于联合游戏阶段。他们有与别人交往的愿望，但却还不具备与别人交往的技能，常常与同伴发生纠纷。中班幼儿在游戏中有较强的角色意识，有了角色的归属感，他们首先会给自己找到一个角色，然后带着这个角色去做所想做的事，表现出游戏情节丰富、游戏主题不稳定等特点。

中班指导的要点在引导幼儿解决冲突。游戏中幼儿冲突一般来自规则理解、交往技能、材料使用等方面。教师应针对中班幼儿的特点，根据幼儿的需要提供丰富的游戏材料，鼓励幼儿开展多种主题的游戏。在游戏中注意观察儿童游戏的情节进展及发生纠纷的原因，通过游戏评价让幼儿学会在游戏中解决简单的问题，掌握交往的技能及相应的规范。

角色游戏开始了，徐佳瑶穿上了美发师的工作服，拿起了电吹风、各色发夹、彩带招呼着来回走动的小伙伴"快来美发呀！我们的美发技术是一流的，保证你满意。"在她的宣传下，果然有几个"爱美"的姑娘去尝试了。

"我想做个新娘头，"陆泽清翻开了桌上的美容书，指着其中的一页说。徐佳瑶马上热情相迎，并像模像样地拿起吹风机为她塑造发型，用橡皮筋扎了个马尾，选了几个彩色发夹固定发型，最后插上了彩色绸带，陆泽清满意地点了点头。此时一旁的张佳倩急着说："我也做一个发型，但你要做得和美容书上的一模一样，头发也要彩色的。"徐佳瑶一时为难起来，说："这里没有染发剂，我给你戴上两个假发圈吧，也很好看的。"张佳倩一看说："黑色的我不要，还有好看点的假发吗？"当得知没有时只好失望地离开了美发店。徐佳瑶又接待了几个客人后生意显得冷清了一些。虽然仍在热情地招呼着，但生意似乎不太理想。

分析：从美发店游戏中可看出，中班幼儿角色游戏的主题已然扩展，情节得到了发展。中班幼儿的思维由直觉行动性开始转向具体形象的思维，比起小班幼儿的角色游戏情节要复杂。美发师能向客人做介绍且会用语言招呼客人，能用语言与同伴交往。再者，中班幼儿在进行角色游戏时能认真扮演角色，并且还有了初步的规则意识。他们在游戏前就分配好了各自的角色，有了一定的角色意识，随便离开岗位的现象少了。从游戏过程中我也发现，现有的游戏材料已不能满足幼儿游戏情节发展的需要了。

采取措施：此时，我认为有必要介入幼儿的游戏。于是我以角色的身份走入美发店。"美发师，我今天带了自己做的假发圈，你说好看吗？"徐佳瑶见了忙说："这发圈能戴吗？"（她见我拿来的是用彩色扭扭棒做的假发圈，露出了一脸的好奇。）"当然行了！"我将发圈插在头上。于是，徐佳瑶帮我设计。正准备夹发夹的时候，我突然故意叫了起来："哎呀，我有急事得走了，这彩色假发圈先放在这，我等一会儿再来，好吗？"经我如此一说，她马上点头表示同意。当我离开后观察到，徐佳瑶又将发圈给其他孩子戴上了，孩子们相当喜欢，并表示可以到材料库取材料自己做。徐佳瑶后来还主动外出宣传呢。此后，在美发店出现了"美发区"并提供了一些半成品的操作材料。孩子们对制作"美发用品"产生了越来越浓的兴趣，连一些动手能力弱的孩子也争相回家收集各种彩色绸带。后来我有意识地在材料库中增添类似的材料。同时"美发用品商店"的游戏主题也开始萌芽了。

http://www.jy135.com/html/zhongbanhuodong/zhongbanyouxijiaoan/2009/0909/22099.html

3. 对大班幼儿角色游戏的指导

大班幼儿角色游戏的内容相当丰富，在游戏中能主动反映多样的生活经验。游戏主题新颖，内容丰富，能反映较为复杂的人际关系。游戏处于合作游戏阶段，幼儿喜欢与同伴一起游戏，能按自己的愿望主动选择并有计划地游戏，在游戏中解决问题的能力增强。

大班指导的要点在于指导幼儿在现有的基础上创新，同时学会相互交往、合作分享。教师根据大班学前儿童游戏的特点，引导幼儿一起准备游戏的材料及场地，用语言来指导大班幼儿的游戏，在游戏中培养幼儿的独立性。鼓励幼儿以物代物，创造性地解决游戏中出现的问题。通过游戏评价让幼儿充分地讨论问题、分享经验，学会学习和创造。

孩子们快乐地融入游戏中，忽然，不远处传来一阵呼喊声"急救，急救，快让开！"同时，还伴随着救护车"嘀嘟嘀嘟"的响声。立刻，医院挂号处的病人让位了。

优优大声说："有病人在这，快点急救！"挂号医生王梦芯站在一旁看着。华文杰医生一看，马上上前，拉起病人的手，说道："快让病人躺下来！"优优又对华文杰补充了一句："快点救救病人，他快要死了。快点给他补氧气！"华文杰一听，在材料区来回走了一圈，拿起一个大瓶和一个蓝色的水管，嘴里还一边说："这用来做氧气筒！"于是，嘴巴对着水管呼了一口气，然后接到了病人的嘴巴上。这时，在一旁的张馨医生，拿起了一个小电脑，说道："可以在电脑上看病人的心电图。"华文杰一会儿看看他的眼睛，一会儿按按他的胸口，说道："这个病人好了！"张馨医生连忙说："没好，没好，看这心电图。"边手上拿着一张纸，上面画着弯弯曲曲的线。华文杰看了半天，不说话。优优撑着腰，说道："你们还没问我这病人怎么回事呢。我刚才开的士车，不小心撞到他了。你们一定要把他救过来！"

张馨忙说:"病人心跳已经好很多,别急!"接着,又去拿棉花给病人止血了。优优看了,对着华文杰说道:"这病人现在不危险了,就交给华医生了。我要去开的士了。"

分析:孩子将生活经验演绎融入角色游戏中。随着这一突发状况的出现,挂号医生没有反应过来该如何怎么办。而华文杰却是个应对能力很强的孩子,知道让病人躺下来。游戏情境的发展,都是随着孩子的特点和能力发展而推动进行的。优优急了,提醒医生给病人输入氧气,有一种想自己做医生的冲动。华文杰思维停滞了片刻,立刻来到材料区寻找材料。这时,他立即想到了用半成品材料来代替他想要的物品,做成了氧气筒。而张馨医生源于她脑中的生活经验,有了心电图。案例中,两个孩子就创造性地利用替代物来制作游戏材料,达到了游戏的预设目标。

因此,我们在进行游戏评价时,首先让孩子们互相分享交流新想法;然后请个别孩子说一说游戏中的发现;最后,老师把发现的事例举出来跟孩子们说。老师的评价环节再一次对游戏进行了提升,提高大班幼儿自我评价游戏的能力。在后续的活动中,我们会寻找更多的图片和视频来观看心电图等内容,丰富孩子们的生活经验,对下一次的游戏有进一步的生成。

http://blog.sina.com.cn/s/blog_797b6c0f0102v14w.html

🔟 角色游戏指导技能训练

一、训练目标

(1) 掌握幼儿角色游戏的基本内涵,了解角色游戏对幼儿发展的意义和作用,明确各年龄段幼儿角色游戏的特点。

(2) 明确组织与指导幼儿角色游戏的方法与要点,基本掌握幼儿角色游戏中游戏主题设计、角色分配、情节走向、游戏规则、游戏介入、游戏指导与评价等要点。

(3) 形成编写角色游戏方案的能力,并能对幼儿角色游戏进行初步指导。

二、内容与要求

(1) 观看幼儿角色游戏实录,并记录要点。

(2) 见习或假期社会实践时到幼儿园观摩角色游戏,体会游戏的各个环节、教师的指导方式、如何让幼儿在游戏中获得学习和生活经验等,获得幼儿园角色游戏的直观认识。

(3) 设计一份角色游戏方案,包括活动目标、游戏材料、活动内容、活动准备以及具体的活动指导。

(4) 模拟组织一次角色游戏,至少模拟2个幼儿游戏中可能出现的问题,教师给予指导并进行讲评。

(5) 尝试到幼儿园指导幼儿角色游戏。

三、分析案例,回答问题

(1) "医院"是角色游戏中的传统内容,在孩子游戏的过程中,我们发现他们最常做的就是给娃娃看病、配药,或者自己去小医院看病。可是在玩了一段时间后,孩子们的兴趣开始逐渐降低。小医生在没有病人时变得无所事事，只能四处张望，而护士只顾自己摆弄着手里的小工具。医院里来看病的人很少很少……

如果您是案例中的教师，您会用什么样的方法介入和指导幼儿的游戏？

（2）在"小吃店"游戏中，雯雯不停地用橡皮泥做着小丸子，生意还不错，但是可以看出，这时幼儿只是一种无意的机械活动，游戏情节并没有得到发展。教师就以顾客身份介入，问："这些丸子颜色怎么不一样，口味相同吗？"雯雯想了想说："不一样的。"老师又问："你能介绍一下吗？"雯雯指着不同颜色的丸子说："这是草莓味的，这是香蕉味的……"老师听了很高兴地说："哇，有这么多口味啊，真不错！"老师与雯雯的对话引来了很多"顾客"，他们都感到很新奇，争着来买不同口味的丸子，新的游戏主题"多味丸子"便产生了。

您认为案例中教师的介入方式有效吗？有效的教师介入有哪些基本要素？

（3）大班几个幼儿正在玩"食堂"的游戏，突然出现了混乱的局面：生菜、熟菜混杂在一起，一些青菜散落在桌上、地上，还有几个幼儿拿着蔬菜当武器相互追打。

"检查卫生啦！"这时只见老师手臂上戴着"卫生检查员"的袖套，到"食堂"检查卫生来了。"卫生检查员"——指出了"食堂"的杂乱现象，"食堂"里的"服务员"接受了意见，搞起了卫生，"食堂"的工作变得很有秩序了。

角色游戏现场指导的基本策略有哪些？请分析案例中教师运用的是哪种策略，为什么？

（4）大班的洋洋想玩"开奖"游戏，他画了很多奖券，还大声叫嚷："快来摸奖呀！特等奖自行车一辆！"童童在洋洋那里摸到的特等奖，洋洋给他一把小椅子，告诉他："给你自行车！"童童高兴的骑上去，两脚模仿着踩踏板的动作蹬个不停。

老师也来了，洋洋高兴地让老师摸奖，结果老师也摸到了一个特等奖。洋洋迫不及待地把一把椅子推给老师，说道："恭喜恭喜，你摸到一辆自行车！"可是，老师却说："你这自行车一点也不像，怎么没有轮子呀，应该给它装上轮子！"洋洋低头看看自己的"自行车"，愣住了。在接下来的时间里，洋洋忙着按老师说的给"自行车"装上轮子，开奖活动不得不停下来……

老师对洋洋游戏的介入合适吗？请对洋洋的游戏方式和老师的介入方式做出分析评价。

（5）朵朵小朋友来到娃娃家，看到贝贝小朋友在玩切菜、烧菜的游戏，她也想参加，但是筐里没有小刀了，于是她一把拿起贝贝在玩的小刀，贝贝可不愿意了，就去抢回小刀。两个人就这样你争我抢，一个说："玩具是我的。"另一个说："我想玩，给我玩一下！"因为不会协商、不懂谦让、打抱不平、受欺负等原因发生争吵，这些对这个年龄段的孩子来说是再正常不过的事情。

这时教师是否要介入？为什么？

（6）刘老师他们大班角色游戏"饮食店"的游戏过程：

①直接告诉幼儿，今天我们来玩"饮食店"游戏。

②教师按照自己事先想好的"饮食店"需要的角色直接为每个幼儿分配了相应的角色。在此过程中，有些幼儿显然不太喜欢教师分配的角色，希望能够扮演其他的角色，但是教师最终还是强制每个幼儿接受自己分配的角色。

③一起摆放玩具，幼儿根据自己的角色到岗位开始工作，游戏全面铺开。

④游戏进行了10分钟，教师一看吃饭时间快到了，想结束游戏，于是以游戏的口吻说："时间很晚了，餐厅要关门了。"如果幼儿此时兴致仍然很高，则答应"餐厅明天再开门"，以刺激幼儿对下一次游戏的期望。

⑤游戏结束时，教师进行了简短的评价，鼓励表扬那些能力较差、性格内向的幼儿，以提高他们的自信心。

结合有关幼儿角色游戏指导的知识，找出该教师在游戏指导中存在的问题，并说明理由。

第四节　结构游戏的开展与指导

一、结构游戏概述

结构游戏又叫建构游戏，是幼儿利用各种结构资料和与结构活动有关的各种动作来反映周围生活的一种游戏。随着科学技术的发展，结构游戏无论从材料、玩法还是在结构造型上都发生了很大的变化，结构游戏的内容也得到了极大的扩展。幼儿园常用的结构游戏包括积木游戏、积竹游戏、积塑游戏、金属构造游戏、拼棒游戏、拼图游戏、编织游戏、玩沙玩水玩雪游戏等。

二、结构游戏的主要特点

（一）从材料上看，是一种素材玩具材料

建筑、构造是结构游戏的基本活动，也就是造型活动。结构游戏材料是由各种结构元件组成，这些材料在游戏前是没有意义的零件，通过儿童的操作，这些具有明显三维空间特征、具有有效接触面或具有可堆叠性的材料便组合一个有意义的整体。

（二）从行为上看，是一种构造活动

通过操作进行构造是结构游戏的主要活动方式。儿童对结构材料的堆放、排列、叠高，以及规则拼搭、围合、简单造型与复杂造型，运用拼搭、镶嵌、铺平、延长、围合、盖顶、加宽、加高等操作技巧及排列、组合、对称、平衡等构造能力。幼儿结构游戏的水平能够反映其智慧发展的水平，当前对幼儿的智慧发展水平的测量在一定程度上往往借助结构游戏这一手段。

（三）从认知上看，是一种智能的体现

结构游戏既体现了一个认知构造的过程，又保全了一个艺术成型的造型结果。在结构游戏中，儿童通过建造活动，了解各种结构材料的性质，学习空间关系的知识，理解整体与局部的概念，增强对数量和图形的认识，获得对称、平衡、高度、长度、厚薄、宽窄、上下、左右等概念和组合、堆积、排列各种形体的技能，促进感觉、知觉和思维的发展。结构游戏对儿童的吸引力在于构成具体的物体，儿童在使用各种材料过程中直接地、具体地了解各种材料的性能、形体和数量观念，并取得各种建构的经验，有利于幼儿感知、观察和思维能力

的发展，并使手指小肌肉群得到锻炼，从而刺激大脑中枢，使幼儿的智能得到发展。建构游戏的成品色彩鲜艳、形象逼真，促进幼儿审美力的发展，同时成功的满足会不断增强幼儿的求知欲望和学习的兴趣。

三、结构游戏中的教师指导

教师对幼儿结构游戏的指导，表现在以下几个方面：

（一）丰富并加深儿童对物体和建筑物的印象

结构游戏是幼儿自身动手操作的游戏。在游戏开始前，儿童最先碰到的问题不外乎三个方面：建造什么？怎么建造？用什么建造？解决这三个问题是游戏得以开展的条件，而这三个方面又恰恰涉及了幼儿的认知能力、结构技能、结构工具等方面。其中认知能力、结构技能是结构游戏开展的思想基础，结构工具是结构游戏必要的物质基础。教师要引导幼儿注意观察周围生活中的多种建筑，感知各部位的名称、形状、结构特征、组合关系与色泽特点。要积极培养幼儿仔细观察周围事物的习惯，从日常生活中经常接触的、熟悉的物品入手，逐渐发展到观察生活中常见或少见的物品。教师不但要引导幼儿掌握物体的主要特征，还要求幼儿能区分同类物体的明显甚至是细微的区别。其次，教师应该通过上课、观赏、散步、图片、幻灯、模型教具等，指导幼儿观察周围的各种生活建筑物，观察喜闻乐见的风景建筑，观察祖国的名胜建筑等。在此基础上引导幼儿根据需要选择合适的材料，创造性地表现自己对事物的认识。

（二）教会儿童初步的建筑结构知识和技能

教师应引导幼儿掌握结构造型的基本技能，培养幼儿结构造型的能力、识别与使用材料的技能。引导幼儿认识结构玩具，识别结构元件的形状、颜色、大小等特征，会选用结构元件去构造物体，会灵活使用材料；引导幼儿学会积木的排列组合（平铺、延长、对称、加宽、加长、加高、围合、盖顶、搭台阶等），积塑的插接、镶嵌（整体连接、交叉连接、端点连接、围合连接等），以及穿、套、编织、黏合等技能；引导幼儿整体构思构造计划，使幼儿能有目的、有计划、有步骤地进行构造活动；引导幼儿初步学会看平面图纸，能把平面结构变为立体结构，会评议结构物；引导幼儿在集体构造中学会分工和合作，共同完成任务。教给幼儿结构活动的基本知识和技能，必须是由浅入深、循序渐进的，由掌握基本方法构成造型简单的建筑，再要求幼儿逐步掌握用积木砌出不同造型的围墙，开外形不一的门窗等技能，直至学会用不同的积木和多种方法来表示建筑物和物体基本的局部和外形特征。教师教幼儿技能可采用示范、讲解的方法，引导幼儿由模仿练习逐步过渡到独立建造物体，再通过观察、启发、提示和想象的方法，指导幼儿再现观察得到的印象，设计发明出新的建筑形象。

（三）培养儿童正确对待建造材料和建造成果

儿童要逐渐学会收放材料的方法，以培养他们对材料的爱护意识。开始可让儿童帮助老师收放材料，以后再让儿童独自地收放材料。学会有条理地、整齐地收放，逐渐担负起保管建造材料的责任。教师本身要尊重和爱惜儿童的建造成果，切不可因为建造不好而轻率毁掉，这样做的后果是很坏的。教师还要教育儿童彼此爱惜建造成果，不得任意破坏它。可通过评价、欣赏建造成果的活动，培养儿童珍惜建造成果的情感，提高儿童建造的技能。如在结构游戏结束时暂不拆除，进行必要的评价和欣赏活动。

> 在游戏时，教师发现儿童玩得很尽兴，可到最后却没有多少作品呈现，便把这个问题抛给儿童，得到的答案多种多样："收玩具时，我们自己破坏了。""别人来捣乱，把我们搭的推倒了。""我搭了一座宝塔，可是不一会儿它自己倒掉了。""我搭好了一座房子，请别人来参观的时候不小心碰倒了。"……"那怎么样才能让老师看到你们的作品呢？下次玩的时候你们再来告诉老师好吗？"以后每次游戏前，老师都提醒一下，经过多次游戏后，儿童把自己的发现告诉了教师："玩时要小心一些，就不会弄坏别人的了。""建的时候要建牢固些，就不会坏了。""收玩具时，从房子旁边走就不会踩坏了。""在房子周围建一条路。让小朋友走就不会踩坏别人的了。""不要太多人挤在一起玩，这样就不会弄坏他的玩具了。"……在大家的建议下，小朋友们掌握了保护作品的方法，同时爱护劳动成果的规则也就在不知不觉中建立起来了。
>
> http://new.060s.com/article/2014/04/03/876959.htm

（四）根据结构游戏的年龄特点进行指导

教师应针对不同的年龄段，选择不同的侧重点进行指导，保证结构游戏顺利进行。

1. 对小班幼儿结构游戏的指导

小班幼儿对结构游戏的动作感兴趣，常常把结构材料堆起垒高，然后推倒，不断重复，从中得到快乐和满足。他们没有明确的目的，只是无目的地摆弄结构材料，只有当有人问他"你搭的是什么"时，他才会注意自己的结构物，思考"这是什么"的问题，然后根据自己的想象对结构的物体加以命名。

> 活动开始了，孩子们根据自己的喜好自由地选择游戏。君意和羽翔小朋友来到了建构区，这是他们俩第一次在建构区活动，两人开心地玩了起来。等我在教室中转了一圈回到建构区，发现里面的积木散落在垫子上，一间房子、一个城堡的影子都没有。于是我问他们："咦，你们搭了这么久积木，都搭了些什么呀？"君意摆摆手，羽翔说："我刚刚搭了三个大房子。"我追问："那你的房子呢？"他笑着说："房子倒了。"接着他们俩都有些兴奋地说："轰隆隆！房子都倒了！"孩子并没有因为房子倒塌感到沮丧，反而表现出了兴奋。
>
> 分析：由于年龄的限制，小班幼儿在结构游戏操作初期，游戏缺少新意，搭建成功率不高。游戏中搭建物的倒塌反而刺激了幼儿，出现了重复搭建再次推到在破坏中寻找乐趣的现象。对小班幼儿来说，在自由探索的过程中会出现很多状况，甚至是破坏性行为。孩子们并没有意识到这是一种破坏，而是感觉到了游戏带来的意外惊喜。至于为什么会倒塌？怎样解决？小班幼儿对游戏中出现的困难还缺乏有意识寻求自我解决的调控能力，老师应在游戏过程中给予适当的指导，提高幼儿的游戏水平。
>
> http://blog.sina.com.cn/s/blog_6fb8fc840102vjo5.html，有改动

小班指导应侧重认识结构材料，学习初步的结构技能，能叫出其名称，如积木、积塑片等，并认识建造材料的形体、大小、颜色；学习铺平、延长、围合、盖顶、加宽、加高等技能；识别上下、中间、旁边等方向；会用材料建造成简单的物体，能将物体的主要特征表现出来。教师应提供色彩鲜艳、大小适中、便于操作的材料，帮助幼儿学会确定结构主题并建立结构游戏的规则，学会整理和保管玩具材料的最简单方法，养成爱护玩具材料的好习惯。

2. 对中班幼儿结构游戏的指导

中班幼儿不但对建构过程感兴趣，同时也关心建构的成果，目的比较明确，主题比较鲜

明。中班指导应侧重丰富幼儿的生活经验。教师帮助幼儿选择和利用建造材料，使之能较正确地建造物体，能和同伴合作共建一组主题结构。教师应提供种类各异的有一定难度并且需一定力度操作的材料，在进一步掌握结构技能的同时，鼓励幼儿大胆地想象，共同构造，并能相互评议建构成果。

琦琦来到他喜欢的建构区，看到熙润正在拿桶装的木头积木，走过去说："我跟你一起搭房子吧！"于是他俩倒出积木后，面对面坐在垫子上，开始造房子。两人都很专注，很快地，两座房子也快成型，一桶积木就剩几块了。这时我走了过去，称赞他们的房子很漂亮，像别墅一样，他俩乐了。接着我指着剩下的积木说："咦！积木快没了，怎么办呀？"琦琦说："我等下拆掉，重新搭。"熙润说："那边还有积木。"我让他们两个自己商量一下。

过一会儿我看到只剩一座房子，发现琦琦的房子拆掉了，两个人正在搭房子周围的围墙。看来两个人用了自己的方式来合作继续造房子任务。游戏结束后，我请他们与其他孩子分享今天的游戏经验，又请其他孩子说说，两个人一起合作搭积木可以怎么做？在最后的小结时，我鼓励孩子多与小朋友商量，先商量今天我们搭什么、怎么搭，然后再行动。

分析：两个男孩子都有较好的搭建水平，因此他们各自能快速地搭建好一座房子。两个男孩子也有一定的合作意识，比如选择材料时，琦琦提出跟熙润一起玩，还提出一起造房子。又如在老师发现积木快没有时，两人也商量出较好的解决方法，一座房子拆掉，然后共同丰富房子周围的建筑。

中班幼儿可以在日常活动中渗透合作要求，老师要创设机会，给予孩子良好的合作技巧和方法，为大班的合作活动做好基础。

http://www.jy135.com/html/changyongziliao/anli/201401/13-54611.html

3. 对大班幼儿结构游戏的指导

大班幼儿已有了较强的结构技能，目的明确，计划性较强，能围绕一个主题进行长时间的结构活动，合作意识增强。

大班指导应侧重提升建构技能。教师应提供精细的、有难度的、创作余地更大的结构材料。在建造技能上，要求他们建造的物体比中、小班幼儿更加精细、整齐、匀称，物体的结构更加复杂和富有创造性，并会使用辅助材料装饰建造物体，会合作建造物体。教师应侧重引导幼儿开展参加人数多、持续时间长的大型结构游戏，并引导幼儿进一步美化自己的结构物。

周周和陶陶是对好朋友，他们常常一起做游戏。这天，他们一起玩沙。周周对陶陶说："我们来搭个公园，好吗？"陶陶不语，用铲子不断地往盆里装沙，好一会儿才回答："今天我来做坦克。"

周周看看陶陶，他拿起水壶为陶陶去装水，并慢慢地往盆里倒。陶陶则用双手将水和沙搅拌在一起。水倒完了，周周又开始帮陶陶往盆中加沙，还不断地问："沙还要吗？沙够了没？"陶陶终于说话了："不要了，够了。你再去装点水吧！"周周再次拿起容器去装水，这下倒进盆里的水没过了沙，他们赶紧把多余的水倒掉，直到水与沙正好齐平，陶陶满意地对周周说："我可以做坦克了。"陶陶从盆中取一把沙，两手将沙捏成个大圆放在干沙上。他再抓起一把沙，捏成小圆状，放在大圆左边，又将手中剩下的沙再捏紧，放在另一边，并不断重复以上动作。周周似乎看明白了什么，他也不断地从盆中抓起沙，捏紧一团交给陶陶。几分钟后，陶陶起身满意地看看自己做的"坦克"，自顾自地洗手去了，周周紧跟在后。等他们再一次回到"坦克"边时，发现"坦克"坏了。陶陶开始修补，他用双手拢起坍塌的

"坦克",将其拍紧。并用同样的方法做了一辆又一辆的"坦克"。旁边的周周始终不断地帮陶陶抓沙、和沙。最后,他们数了一下,一共 8 辆"坦克"。陶陶请来了老师,自豪地说:"我们的坦克做好了!"周周也很高兴,他将沙盆端起,让老师看得更清楚。

分析:陶陶已经有了用湿沙进行简单造型的经验,并能根据自己的想象将立体坦克改为纵向平面的,构造出俯视想象中的坦克。他们在造型游戏中运用了对称概念、大小概念、数概念,并掌握了水与沙之间的关系。同时,用手捏出沙团、对损坏的坦克的修补,可见其动作的灵巧。在两个幼儿合作建构中,陶陶是主动一方,构思主题并领导着建构过程,周周也很善于配合。两个男孩自然地形成了主配角分工,在合作中共同完成了自己的作品。

http://www.baby611.com/jiaoan/yjzl/jyzc/201406/11129669_36.html

结构游戏指导技能训练

一、训练目标

(1) 掌握结构游戏的基本概念,了解结构游戏的特点及其教育作用。
(2) 明确指导幼儿结构游戏的任务,掌握各年龄段幼儿结构游戏的特点及指导方法。
(3) 掌握搭积木、积塑等基本技能,形成设计结构游戏的能力,并能对幼儿结构游戏进行初步指导。

二、内容与要求

(1) 按图纸或根据想象用积木、积塑等材料自由建构各种物体。
(2) 观看幼儿结构游戏实录,并记录要点。
(3) 见习或假期社会实践时到幼儿园观摩结构游戏,体会游戏的各个环节、教师的指导方式等,获得幼儿园结构游戏的直观认识。
(4) 设计一个结构游戏活动方案,并以小组为单位进行模拟游戏活动。
(5) 尝试到幼儿园指导幼儿结构游戏。

三、分析案例,回答问题

(1) 幼儿园小班的孩子动手能力差,在结构游戏中常见幼儿不知道怎样用积木来造型。假如您是幼儿园教师,您怎样帮助小班幼儿学会玩积木?小班幼儿还不懂得爱惜建造成果,您将在这方面采取怎样的教育措施?

(2) 一个男孩在用积木搭"大高楼",但他把小块积木放在下面,大块积木放在上面,因此"大高楼"总也搭不高、"站不稳"。教师发现这种情况后,便坐在他身旁,但没直接告诉他,而是拿了一堆积木来搭"大高楼",一边搭一边说:"我把大积木放在下面,小积木放在上面,这样我的大高楼就搭得高了。"

教师采用哪种指导策略?请您解说这种指导策略的理论原理和优点。

(3) 在桌面游戏时间,徐宁用雪花片积插。只见他以一片红的雪花片为中心,把其他颜色的雪花片一片一片往上插。教师问:"你在插什么?"他看看手上的雪花片,又看看老师,没有说话。直到他把红雪花片的周围插口都插满了其他各种颜色的雪花片,才把它放在桌面上,然后又开始同样地积插另一个。这时教师又问:"徐宁,你插的是什么?"他回答:"花。"他插好一个,再插一个,最后一连插了七个,排成一排。教师说:"今天插了这么多花呀。来,我们一起数数。"教师拿着徐宁的手指边指着"花"边数,"一、二、三……啊,一共有七朵花。"还剩四片雪花片,徐宁拿起两片插在一起,又拿起一片在其中一片的另一边插上,只剩一片了,他拿起来随意地插在边上一片的插口上,四片连成弯弯的一条。他看了片刻,便从插好的花上取下一片插在边上,马上做开车的动作,嘴里"嘟嘟""嘟嘟"地响着,然后又从另一朵花上取下一片接着插,直至手上的作品变圆,但没有封口。此时教师说:"小朋友,要去吃饭了,桌上的积木不用整理。"其他幼儿都去洗手,徐宁将搭好的花和方向盘一片一片拆下,放进盒子里,将盒子放进玩具橱才去洗手。

请分析判断徐宁是哪个年龄段的儿童?他的行为体现这个阶段结构游戏哪些特征?教师应如何进行指导?

第五节 表演游戏的开展与指导

一、表演游戏概述

表演游戏是幼儿根据文艺作品中的内容、情节、角色,通过自己的语言、表情、动作创造性地进行表演的一种游戏。幼儿的表演游戏融想象、创造于一体,对幼儿创造能力的培养起着不可低估的作用。表演游戏主要有自身表演、桌面表演、影子戏、木偶（手偶）四种表演形式。

在游戏中，幼儿通过表演再现出故事或童话中优美、生动的语言，有助于他们口语的发展。表演帮助幼儿更好地理解文学作品，发展幼儿的想象力和创造力，提高幼儿的语言表达能力和朗诵、表演的能力。表演游戏能培养幼儿团结协作的集体观念，同时使幼儿得到艺术美的享受，增强对文学艺术作品的兴趣，发展审美能力。

二、表演游戏的特点

（一）表演游戏是幼儿根据文艺作品的内容进行表演的游戏

表演游戏和角色游戏的关系有其相同之处，即都是幼儿做扮演角色的游戏，以表演角色的活动为满足点。不同的是，在角色游戏中，幼儿扮演的角色是现实生活中的各种人物，反映的是幼儿的生活印象；而在表演游戏中，幼儿扮演的角色是文艺作品中的角色，游戏的情节、内容均来自于文艺作品，儿童表演的创造性主要表现在怎样运用语言和动作，怎样恰如其分地表达人物性格和情节，怎样恰当地增减情节或替换词语上。

（二）表演游戏是幼儿进行创造性表演的一种游戏

在表演游戏中，幼儿可根据自己的生活经验、愿望及自己对作品中角色、情节的理解，在语言、动作表情上加以创编和创造性表现。

表演游戏与文艺表演一样，都是以文艺作品作为表演内容。不同的是，表演游戏是幼儿主动的活动，带有自发性和创造性，幼儿可以自由参加、自己组织和分配角色，根据自己的理解增减情节、角色、对话及动作。它可以自己表演，不需要教师直接安排和训练，不必添置舞台道具和布景，不要求表演达到统一的规格和模式，尽情施展自己的才能。

（三）表演游戏不是以演给别人看为目的的，它是幼儿的一种自娱活动

在幼儿园常常可以看到，在一个较少受到干扰的庭院角落或室内的一角，几个幼儿在做表演游戏。这是最为自然地、出自心愿的表演，即使没人看，幼儿也会饶有兴趣地进行表演，能够参加表演是幼儿最大的满足。

三、表演游戏中的教师指导

（一）选择适合幼儿表演的作品

不是任何故事、童话作品都适合幼儿表演，要选择内容健康、符合幼儿生活经验、幼儿能理解而又适合表演的作品。作品必须有一定的情境，也就是要有一定的场面和活动内容，但场面又不宜变化过多。其次，作品要具有一定的表演性，体现在：有适合表演的动作；有集中的场景，易于布置；有起伏的情节，情节发展的节奏要快，并按一定主线发展。作品的语言要求有较多的角色对话，对话要与动作相配合，使幼儿在表演中可边说边做，以增加表演的情趣。静态描述或静态对话过多的作品都不适合幼儿表演。

（二）帮助幼儿熟悉文艺作品，充分理解作品内容

教师可以通过讲故事、放课件、让幼儿听录音等方式，帮助幼儿熟悉文艺作品，掌握作品的主题及情节的发展，体验角色的语言与动作特点，激发幼儿对作品中人物形象的感情，引起表演的欲望。只有当幼儿非常熟悉文艺作品，才会自发地产生表演游戏的欲望，加上在

游戏环境中投放适合的道具和服装，幼儿的表演游戏就会"水到渠成"，自然而然地进行。

（三）吸引幼儿参加表演游戏的准备工作

教师可根据幼儿平日喜爱听的、又适合表演的故事，吸引幼儿一起准备玩具、服装、头饰以及布景等。幼儿参加了游戏准备工作，便能激发起他们玩游戏的兴趣。在幼儿基本掌握故事内容、有表演故事的要求时，教师应鼓励和支持幼儿自制代用品，帮助幼儿准备好头饰、服装、简单的道具。幼儿做表演游戏是自由的、灵活的，不受道具、场所与时间的限制。道具准备不必追求其真实、齐全，稍有象征性即可，道具不足还可用动作去表现。幼儿在表演游戏中最为关心的是自己能以角色的身份谈话和做动作。

（四）引导幼儿创造性地表演作品内容

当幼儿熟悉文艺作品以后，教师要用启发性的语言引导幼儿创造性地表演作品内容。对于文艺作品中人物的对话、动作以及作品情节的变化，教师应该引导幼儿思考该怎样表演，怎样才能表演得与别人不一样，并且要鼓励幼儿大胆地表现自己的想法。当幼儿能用动作和语言充分地表现自己对文艺作品的理解时，表演游戏的创造性才会真正地体现出来。

在表演游戏中教师应尊重幼儿的意愿，让幼儿自己选择、自己设计、自己表演，发挥幼儿的主动性和积极性，鼓励幼儿自然、生动、创造性地表演作品的内容。

> 在表演"三只蝴蝶"的过程中，最初幼儿的表演都是基本按照作品进行的，三只蝴蝶"相亲相爱不分手""要来一块来，要走一块走"。后来时间一长，孩子们就开始提出问题了："三只蝴蝶也太傻了，它们为什么不去躲雨，非要一起淋雨呢？""对呀，下雨的时候我们也是在自己家里躲雨的呀！"老师说："那怎么能说明好朋友相亲相爱不分手呢？"于是，孩子们把"三只蝴蝶"改编成大雨来临的时候，小蝴蝶们各自躲在相同颜色的花下面，而当太阳出来的时候，三只蝴蝶又快乐地一起游戏了。这种创造性的改编，表达了孩子们对生活的理解，其思维的灵活性是非常值得肯定的。
>
> 王荃．区域游戏与主题游戏的融合．北京：中国妇女出版社，2003．（有改动）

（五）根据表演游戏的年龄特点，具体地指导

小班幼儿不会做表演游戏，需要教师先做示范表演，然后教会几个幼儿表演，再教会其他的幼儿。当幼儿学会一两个表演游戏后，让幼儿自己表演其他的一些故事，教师予以指导和帮助。中班幼儿由于缺乏主见，教师可以采取指定角色的办法，但也应尊重幼儿的意愿选择。大班幼儿应由他们自愿、自由地进行表演游戏。教师要热情地支持他们的表演意愿，并在表演过程中给予帮助。教师对表演游戏一般不加干涉，只在幼儿忘记了某一情节、表演出现障碍或者能力强的幼儿霸占主角或道具而引起纠纷，或幼儿过多地离开作品任意改变时，教师才以游戏参加者的身份提醒。在游戏过程中，教师可适当地予以帮助，但不能干涉幼儿表演，使幼儿处于被动状态。

> 故事《小兔乖乖》，幼儿表演时我用温柔的语调介绍"兔妈妈"的三个孩子，用紧张的声调描绘大灰狼的出现，用甜美的声音引出兔妈妈敲门。幼儿模仿表演小兔、兔妈妈、大灰狼的对话惟妙惟肖，特别是小兔拒绝大灰狼，不给他开门时，孩子们一齐和小兔唱儿歌："不开，不开……"而赶走大灰狼后，幼儿用甜甜的声音和兔妈妈一起唱起了儿歌："小兔子乖乖，把门儿开开……"表演故事的幼儿进行角色对话，其他幼儿则可以跟着老师一道附诵故事。随着故事情节的发展，幼儿学习使用不同的语气去表现角色语言，用语言的感情色彩表现故事的背景、情节发展和角色。小班幼儿的特点是喜欢不厌其烦地听同一个故事，

变换幼儿担任角色,表演故事;其他幼儿听故事,跟着教师附诵故事,幼儿兴趣不减。这样幼儿就有了大量地练习规范语言的机会。

分析:3~4岁是幼儿语言发展最为关键的时期,这一时期幼儿学习语言的欲望强烈,表现欲很强,模仿能力很强。故事表演对小班幼儿有着特殊的吸引力,孩子们在表演,也是在游戏,会不知不觉地进入游戏情境,体验角色在故事情节发展中的喜怒哀乐。由于故事有很强的表现力,幼儿进入角色后,会随着故事情节的发展在表演中表现角色的情感,而这种情感表现在幼儿对角色的模仿中获得近乎真实的感受。

http://www.yejs.com.cn/Jswa/article/id/47574

表演游戏虽然以作品为依据,但它是以游戏的形式进行的,不同于儿童话剧之类的演出。在表演游戏中,幼儿可以自导自演,他们以表演为乐趣,不十分注重表演的效果。对此特点,教师在指导中须加以重视。

表演游戏指导技能训练

一、训练目标

(1) 掌握幼儿表演游戏的基本概念,明确表演游戏对幼儿发展的意义和作用,以及各年龄段幼儿表演游戏的特点。

(2) 掌握指导幼儿开展游戏的方法,明确组织与指导幼儿表演游戏的要点,基本掌握幼儿表演游戏中内容选定、角色分配、表演指导与评价等要点。

(3) 能排练小型儿童剧,初步形成编写表演游戏方案的能力。

二、内容与要求

(1) 观看幼儿表演游戏实录,并记录要点。

(2) 见习或假期社会实践时到幼儿园观摩表演游戏,体会游戏的各个环节、教师指导方式、教师如何与幼儿平等互动等,获得幼儿园表演游戏的直观认识。

(3) 进行手影表演、木偶(手偶)及综合表演技能训练。

(4) 设计一份表演游戏方案,包括活动目标、游戏材料、活动内容、活动准备以及具体的活动指导。

(5) 分组排练儿童歌舞剧《小熊请客》,每组6~7人,各组自行确定各人扮演的角色,其中一人为钢琴伴奏;各组自行确定表演的形式,并自行设计制作全部场景道具;可以在原剧本的基础上发挥自己的想象进行适当的创作,但表演必须能刻画出每个角色鲜明的性格特征。教师给予指导并进行讲评。

(6) 尝试到幼儿园指导幼儿表演游戏。

三、分析案例,回答问题

(1) 教师在语言活动"小乌龟开店"的基础上,组织一次表演游戏。教师提问:"谁愿意上来表演?""哗!"几十只小手举了起来。教师挑了5个没有举手而上次语言活动表现又不好的幼儿上来表演。

表演时，教师不停地提示幼儿对话，做动作。第二轮，教师请了5个"坐得好的幼儿"上来表演，5个幼儿表演同一个角色。教师还是不时地按照故事情节规范语言，纠正幼儿的动作。好多幼儿忙着摆弄有趣的道具，忘了表演，教师又不停地提醒……

结合表演游戏指导的理论，分析评价该教师的指导方式，并提出建议。

（2）教师在引导幼儿欣赏、学唱歌曲后，拿出几十个洋娃娃，让每个幼儿抱着一个洋娃娃边唱边表演。这些洋娃娃形象逼真，功能齐全，有的一按开关就会走路，有的一按开关就会眨眼睛，有的轻轻一拍就会叫"爸爸妈妈"，有的甚至会说话。因此幼儿一心想玩洋娃娃，哪还有心思学唱歌曲呢！

如果您是教师，面对这种情况您会怎么办？

（3）大班的诺诺将要在"六一"舞台上为大家表演唱歌，爸爸为诺诺穿表演的服装，妈妈在不停地给诺诺指导："你看，这个小朋友笑得真甜，你等一下也要这样！""唱歌的时候声音要大一点，对准话筒！""宝贝，一定要加油，小朋友都等着给你拍手呢！"……确实，小朋友们都准备好了给诺诺拍手，大家都说诺诺加油！可是在这个时候，诺诺却开始低着头不说话，抱着妈妈的腿不肯配合穿演出服。在爸爸妈妈的再三追问下，诺诺小声的嘀咕道："我不想唱歌了！"妈妈急了，一时之间束手无策，找老师寻求解决的办法。

如果遇到案例中的场景，您会怎么办？有几种应对方式？分析不同的应变行为各有什么优点。

第六节 体育游戏的开展与指导

一、体育游戏概述

体育游戏也称运动游戏，是根据一定的体育任务设计的，由身体动作、情节、角色和规则组成的一种活动性游戏。幼儿的体育游戏由各种基本的动作组成，有严格的规则，有明确的结果，是以发展幼儿身心为目的的一种锻炼活动。体育游戏内容丰富有趣、形式活泼多样，易于激发幼儿积极参加体育活动的兴趣和愿望，对幼儿具有极大的吸引力。

（一）体育游戏的结构

体育游戏的结构由游戏动作、游戏规则、活动方式、游戏情节、活动条件等组成。

1. 游戏动作

体育游戏动作是身体训练的主要手段，决定游戏的性质与功能。幼儿体育游戏主要由五类动作组成，分别是发展基础运动能力的动作（走、跑、投等基本动作和发展身体素质的动作）、简单的运动技术（如球类、体操等运动项目的基本技术）、体育游戏本身所特有的动作（如夹包、踢毽、跳皮筋等游戏中的动作）、模拟动作和简单舞蹈动作、生活动作（如穿衣、背物等）。

2. 游戏规则

规则是使游戏能够顺利进行的保障。体育游戏规则随着幼儿年龄及动作要求的变化而变化，具有较大的可变性和灵活性，从属于游戏内容、情节、角色等。

3. 活动方式

活动方式是实现游戏教育任务的途径，包括组织活动和练习方法。组织活动包括游戏队形、分队和分配角色、起动和结束等，练习方法有模拟法、竞赛法、条件练习法、综合练习法等。

4. 游戏情节

体育游戏情节的构思主要以游戏动作和活动方式的特点为依据，同一个游戏可以采用不同的情节，由某一动作或活动方式所构成的游戏也可以采用多种情节。

5. 活动条件

活动条件主要包括玩具、场地、器械等，是体育游戏赖以进行的物质条件，对锻炼身体的效果、动作性质和活动方式都有直接的影响。

（二）体育游戏的类型

体育游戏按性质可分为以下几种。

1. 模仿性体育游戏

这种游戏基本上要求幼儿进行模仿动作的练习，因为有具体的模仿对象，幼儿极感兴趣，在不知不觉中进行某项动作的练习，达到发展基本动作的目的。

2. 故事性体育游戏

这是指有一定故事情节的体育游戏，教师和幼儿都可以在其中扮演一定的角色，共同遵守一定的规则，趣味性很强，随着故事情节发展进行动作训练，并且可以促进动作的进展和深化。

3. 竞赛性体育游戏

这是以互相比赛、分出胜负为特征的一种体育游戏，一般分队进行。由于竞赛性游戏强调结果的胜负，因此幼儿开始注意到游戏的结果，这很好地调动幼儿的积极性，并逐步产生对比赛的兴趣。

4. 活动性体育游戏

这种游戏不一定有很明确的规则及情节要求，但却能让幼儿达到一定的活动量，在游戏中完成动作的学习。

5. 民间体育游戏

这是指民间世代相传的一些小型体育游戏，如跳房子、踢毽子、跳皮筋、跳绳等。

幼儿期是多种身体素质发展十分迅速的时期。比如在躯干肌力（背力）方面，三四岁时为15~17千克，而6岁时已迅速增加到32~34千克；在手腕的肌力方面，三四岁时为3.5~4千克，而6岁时已增加至13~15千克。幼儿由于骨骼肌肉系统的发展，大脑控制能力的增强，加上日常生活中大量的练习所获得的技能和经验，其身体和手的基本动作已经比较自如，大肌肉动作已基本掌握。其他身体素质，如耐力素质、调整素质（包括平衡性、柔韧性、速度、灵敏性、协调性等）的发展同样如此。3岁儿童可以单足跳跃，自己扶楼梯一步一阶，能够跳过10~15厘米高的障碍物，钻过高度为自己一半身高的洞穴；能够举手过肩投球，接住1~2米投来的球；会骑足踏三轮车；在10~15厘米平衡木上能做简单动作；可以登上三层的攀登架。从精细动作来说，会画圆和正方形，写2个以上的汉字和数字，画人的2~4个部位，会用手指捏面塑，按针孔定形撕纸，拿剪刀将纸剪成块或剪纸条，将方形纸折成长方形及三角形，会用筷子夹枣，按要求的颜色、形状间隔穿珠子，粘贴简单的图画。这为幼儿期开展幼儿的身体素质教育提供了良好的契机。3岁是学习动作技能的最佳时期，这个时期儿童身体柔软，容易学习许多动作，加之他们喜欢模仿，喜欢不厌其烦地重复同一动作，因而只要能积极地加以指导和训练，学前儿童可以获得许多动作技能。

二、体育游戏中的教师指导

幼儿游戏动机的激发、维持与教师的教学策略和方法有直接的关系，教师必须使幼儿在游戏当中能有不同的运动体验、能够自发地参与，使游戏的动力源源不断。教师要注意安排不同效果的游戏，使幼儿的身体得到全面锻炼。

（一）小班体育游戏的特点与指导

小班幼儿的体力和身体素质都比较薄弱，大肌肉群发育不太完善，各项基本动作都还没有正确掌握，动作缺乏协调性和准确性，平衡能力差，活动不自如。小班幼儿对游戏中的动作、角色、情节都很感兴趣，但是对游戏的结果不太注意。

对于小班幼儿，教师设计体育游戏的动作内容和情节力求简单，便于幼儿模仿。教师对游戏玩法和规则的讲解要做到生动形象、富有感染力，讲解一般要结合示范来进行，在游戏中逐步提出游戏规则。

（二）中班体育游戏的特点与指导

中班幼儿的体力有所发展，动作比小班更加协调和灵活自如，平衡能力和独立生活能力也有很大的提高。他们的空间知觉能力也明显增强，能辨别方向，注意力较易集中，能控制自己比较自觉地遵守游戏规则。中班幼儿比较喜欢有情节、有角色的游戏，游戏中的动作情节和角色比小班复杂，而且对游戏结果有所注意。

对于中班幼儿，需要更加注意幼儿的身体姿势和动作的正确性。教师示范、讲解游戏的玩法与规则，并在游戏中着重检查游戏玩法的掌握情况及游戏规则的执行情况，可开展规则简单的竞赛游戏，要鼓励幼儿关心并努力争取好的游戏结果。

（三）大班体育游戏的特点与指导

大班幼儿身体更壮实，体力更充沛，在前两年学习的基础上，已能熟练地掌握各项基本动作，而且动作显得更加协调有力、灵活自如。他们对周围生活有了一定的见解，观察分析和理解能力有了显著的提高，开始具有组织和控制注意的能力，责任感逐渐增强，喜欢游戏有胜负的结果。

对于大班幼儿，教师可设计安排竞赛性的游戏，并加大难度，需要幼儿克服一定的困难之后才能达到游戏的目的。教师要求幼儿独立地玩游戏，严格遵守游戏规则，争取最好的游戏结果。

幼儿体育游戏所寻求的是快乐、活泼、多变，教师让幼儿在安全的情境下尽情地去发挥，借游戏的驱动去体会运动的乐趣。

体育游戏指导技能训练

一、训练目标

（1）掌握幼儿体育游戏的基本内涵，了解体育游戏对幼儿发展的意义和作用，明确各年龄段幼儿体育游戏的特点。

（2）明确组织与指导幼儿体育游戏的方法与要点，基本掌握幼儿体育游戏中的主题设计、规则设定、游戏介入、游戏指导与评价等要点。

（3）能够合理编排和组织各年龄段幼儿的体育游戏活动。

二、内容与要求

（1）观看幼儿体育游戏实录或感觉统合训练实录，并记录要点。

（2）见习或假期社会实践时到幼儿园观摩幼儿体育游戏，认知不同年龄段幼儿的身体素质、活动技能特征，获得幼儿园体育游戏的直观认识。

（3）根据游戏分类（奔跑、跳跃、投掷、钻爬、平衡）进行体育游戏的创编、改编及组合。

（4）设计一份体育游戏方案，包括活动目标、活动内容、游戏动作、活动准备以及具体的活动指导。至少三种运动项目，须写出运动项目的名称、材料和玩法。

（5）尝试到幼儿园指导幼儿体育游戏。

三、分析案例，回答问题

（1）大班体育游戏"巧用木桩"中，教师利用木桩及皮筋等辅助材料，引导幼儿探索木桩的多样性玩法。他们有的用皮筋连接两个木桩搭了"小河"，练习跳跃动作；有的将木桩左右隔一定距离摆放，依次叠高，在木桩最高处用皮筋连接，练习钻的动作；有的将木桩间隔摆放后用皮筋交错连接,练习走"木墩桥",学习平衡动作;有的将木桩错落摆放,运用皮筋连接成网状,把它们想象成蜘蛛网等多种创新玩法。教师鼓励幼儿根据自己探索出的玩法设计组合游戏。幼儿想到以"西天取经"为情节,以"猴哥"为角色,先跳过小河(木桩、皮筋连接)——走过弯弯的小路(木桩拼摆)——跨过小桥(木桩叠成)——钻过山洞(木桩叠高,最高处用皮筋连接)——最后勇闯盘丝洞(木桩错落摆放,皮筋连接),将跳、平衡、跨、钻等动作有机整合,真正体验趣味游戏的快乐。

请您结合体育游戏指导的理论,分析评价该教师的指导方式。

(2) 体育游戏中新投放了两个大纸箱子,像山峰一样立着,教师让幼儿玩"钻山洞"的游戏。刚开始,进行游戏的幼儿还比较多,后来人数逐渐减少。到后来,只有几个幼儿,他们没离开,但又不游戏,全都躺在"洞内"休息。教师走过去,弯下腰说:"你们都累了!"一个幼儿对教师说:"老师,没意思,我们不想钻了!""我们可以把山洞变成什么呢?我们一起来试试吧!"教师也钻进了山洞,幼儿的情绪一下子兴奋起来,商量如何变换玩法。他们发现可以把一个三角形变成一个长方形,空间一下子扩大了许多,幼儿可以在里面爬,爬着爬着,他们发现大纸箱子也在跟着他们一起向前滚。新的方法,又吸引了许多幼儿。

请您结合体育游戏指导的理论,分析评价该教师的指导方式。

(3) 在一次大班体育游戏中,A 教师和 B 教师对"用绳子对幼儿进行跑跳练习"有自己的设计。游戏开始,A 教师请幼儿把布绳子塞进后裤腰做尾巴扮演小马,然后带领幼儿来到场地上,对幼儿说:"小马们跟着妈妈去树林里玩!"她让幼儿把场地想象成树林、山坡和小河,请幼儿一会儿跟着"妈妈"绕过树林,一会儿跟着"妈妈"跑过山坡,一会儿跟着"妈妈"跨过小河……B 教师呢,则在同样的场地上摆放了几个装满水的可乐瓶,用皮筋拉出了几道线并弯弯曲曲地摆放了一些积木。她带着幼儿来到场地上,告诉幼儿:"这里是一大片森林,现在请你用绳子做尾巴,想一想你是森林里哪种有尾巴的动物,想去做什么游戏?"这下幼儿可兴奋啦,他们一边把绳子塞进后腰,一边说自己是马、老虎、梅花鹿、羊等,然后把瓶子、皮筋、积木想象成树木、河流、小路,开心地跑、跳、爬……

请您结合体育游戏指导的理论对案例进行分析。

第七节 智力游戏的开展与指导

一、智力游戏概述

智力游戏是依据一定的智育任务而设计编定的一种有规则的游戏。智力游戏将一定的学习因素和游戏的形式紧密结合起来，使幼儿产生愉快的情绪，提高幼儿学习的主动性和积极性，提高幼儿努力完成任务的坚持性以及思维的灵活性和敏捷性，有助于幼儿形成乐于动手、动脑的好习惯，促进幼儿的智力发展。

（一）智力游戏的结构

智力游戏由游戏任务、游戏构思、游戏规则和游戏结果四个部分组成。这四个部分也是规则游戏所共有的，它们互相联系，综合地体现在每一种智力游戏之中。

1. 游戏任务

游戏任务是对幼儿认识内容和智力训练的要求。一般把某一发展目标分解为若干个小型游戏活动，梯次设计游戏的智力要求，用"滚雪球"的方式扩展幼儿的知识量，逐步提高幼儿的智能水平。

2. 游戏构思

游戏构思是在游戏中对幼儿动作和活动的要求，智力游戏的构思由多种多样与智力活动有关的动作组成，如看一看、找一找、猜一猜等。游戏过程中隐含了相关知识的学习和智力成分，游戏过程实质上就是知识学习的智力训练过程。

3. 游戏规则

游戏规则是通过规则确定和评定幼儿的游戏动作和活动是否合乎标准，在游戏中起指导、组织、调整幼儿行为的作用，以保证游戏任务的完成。游戏规则可以提高游戏的趣味性和刺激性，促使幼儿在游戏中积极努力。

4. 游戏结果

游戏结果体现游戏目的实现的程度，是判断游戏任务完成与否的标志。良好的游戏结果可使幼儿获得满足和愉快，并能激发他们继续游戏的兴趣。

（二）智力游戏的类型

智力游戏有丰富的内容，有很多种类。根据智力游戏的任务，可将智力游戏分为以下几种。

1. **训练感官的智力游戏**

准确而敏锐的感知能力是观察力的基础。教师通过听觉游戏、视觉游戏、触觉游戏及观察力训练游戏等，帮助幼儿对事物典型的、细微的特征进行感知，加强感知的目的性、计划性，扩大感知的范围、广度和深度。

2. **练习记忆力的智力游戏**

教师通过游戏训练幼儿注意的稳定性，提高注意的分配和转移的能力，保持记忆的准确性、持久性。练习记忆力的智力游戏包括注意力训练游戏、识记再认游戏、识记再现游戏等。

3. **锻炼思维的智力游戏**

锻炼思维的智力游戏旨在培养幼儿的概念理解能力，发展幼儿的分类、比较及序列化能力和一定的逻辑判断和推理能力，从而提高幼儿思维的独立性、敏捷性和逻辑性。

4. **发展想象力、创造力的智力游戏**

想象力是创造力的基础，甚至就是"创造本身"。教师通过想象再造游戏和想象创造游戏，使幼儿可贵的创造性思维萌芽不断培育和发扬。

二、智力游戏中的教师指导

（一）小班智力游戏的特点与指导

小班幼儿能用词组成简单的句子来表达自己的意思，但句子经常不完整，常出现没有主语的病句或颠倒的情况。幼儿的思维和动作、行为紧密联系，一旦动作停止或转移，其思维活动也就随之停止或转移。小班幼儿的智力游戏比较简单，游戏任务容易理解、容易完成，游戏方法具体，游戏规则一般不复杂。

对于小班幼儿，智力游戏多是利用玩具材料进行的。教师首先要考虑的是选用什么样的玩具、教具，用什么样的方式来激发幼儿的游戏兴趣。小班幼儿智力游戏的玩具和材料应该颜色鲜明、品种简单。在游戏时，教师应用自己的兴趣影响幼儿，讲解力求生动、简明和形象，过多的解释将会冲淡幼儿的注意力，使他们失去游戏的兴趣。教师一般采用描述性语言讲解游戏的玩法和规则，由于智力游戏的精确性高与幼儿理解能力较低之间存在反差，有些游戏的讲解可与示范动作相结合。

（二）中班智力游戏的特点与指导

中班幼儿已掌握了口语的基本语法，能完整叙述一件事情的经过。中班幼儿思维的具体形象性最为突出，需要具体的活动情景与活动形式。他们对周围世界充满浓厚的兴趣，对新鲜事物具有强烈的好奇心，喜欢向成人提出各种各样的问题。中班幼儿的游戏任务比小班要求高一些，游戏的动作逐渐多样化，游戏规则更多带有控制性，游戏中除用具体实物和教具外，还增加了一些语言的智力游戏和竞赛的因素。

对于中班幼儿，教师的讲解、示范尽量与幼儿的尝试过程同步进行。有时可先让幼儿尝试，根据幼儿尝试中的错误再有针对性地讲解和示范。在游戏中，教师应注意检查他们对游戏玩法的掌握与执行规则的情况。对遵守规则的幼儿应给予鼓励，使幼儿明确只有严格遵守游戏规则，游戏才有趣味。要鼓励幼儿关心并努力争取好的游戏结果。一般来说，中班幼儿能独立地玩熟悉的游戏，教师只需在必要时给予指导。

（三）大班智力游戏的特点与指导

大班幼儿词类范围扩大，对词义理解加深，能够用连接词进行连贯有条理地独立讲述。思维仍然是具体的，但明显地出现抽象逻辑思维的萌发。在记忆一些具体事物时，会自动地把事物进行分类，按类别记忆。大班幼儿观察事物的目的性、标准性、概括性都有一定的增长，并且出现了有意地抑制和调节自己心理活动的方法。大班幼儿对活动强度高的智力游戏更感兴趣，也喜欢参加带竞赛性的智力游戏。

对于大班幼儿，教师一般只需用语言讲解游戏，要求幼儿能独立进行游戏。大班幼儿智力游戏的任务和内容都较为复杂，要求幼儿在智力游戏中完成较多的活动，游戏动作难度较高，多为一些有相互联系的、迅速而连贯的动作。游戏规则的严格程度不断提高，幼儿不仅要学会控制自己遵守游戏规则，而且要迅速、准确地执行游戏规则。教师要提醒幼儿严格遵守游戏规则，争取最好的游戏结果，并能对游戏的结果适当地进行评价。

智力游戏简便灵活，也不拘环境条件和时间的长短，无论是在上课时间还是在自由活动时间均可进行，教师应尽可能地考虑幼儿的个别差异，适当区分不同的层次，使每个幼儿都能在参与游戏中得到各自的发展。

📘 智力游戏指导技能训练

一、训练目标

（1）掌握幼儿智力游戏的基本内涵，了解智力游戏对幼儿发展的意义和作用，明确各年龄段幼儿智力游戏的特点。

（2）明确组织与指导幼儿智力游戏的方法与要点，基本掌握幼儿智力游戏中的主题设计、游戏规则、游戏指导与评价等要点。

（3）初步形成合理组织幼儿进行智力游戏活动的能力。

二、内容与要求

（1）观看幼儿智力游戏实录，并记录要点。

（2）见习或假期社会实践时到幼儿园观摩智力游戏，体会游戏的各个环节、教师指导方式、教师如何与幼儿平等互动等。

（3）根据观察力、记忆力、注意力、想象力、思维力等方面进行智力游戏设计及组合。

（4）设计一份智力游戏方案，包括活动目标、游戏材料、活动内容、活动准备以及具体的活动指导。

（5）尝试到幼儿园指导幼儿智力游戏。

三、分析案例，回答问题

（1）几个幼儿在教师的鼓励下开始"七巧板"游戏，这是幼儿第一次真正动手操作七巧板。杨杨上来手足无措地摆弄一个小三角，然后随意地放在一个正方形上，很高兴地叫教师过来看。然后教师问他是不是能搭更多一点东西，杨杨勉强地笑了笑低下头。而一边的佳佳已经几乎用上了所有的七巧板，照着所给图示上的指示搭出了一只小狐狸的样子，刚搭完就又照着图片上的小猪搭了起来。乐乐在一边看着,晃荡着小脑袋,很快乐地说:"这个七巧板可真好玩呀,老师你看呀!"

针对幼儿的不同表现,请您根据智力游戏指导的理论对案例进行评价。

(2)为了培养幼儿的逻辑思维,教师在游戏中投放了一些大小不同的纸杯,让幼儿学习大小排列以及由大到小套纸杯。一开始幼儿玩得兴致很高,但是过了一段时间,幼儿的兴趣随之下降。于是教师将游戏与建构区相结合,引导幼儿用纸杯进行依次的叠加建构。幼儿用纸杯建造了一座座"金字塔"。此外,与美术角相结合,幼儿可以在纸杯上进行涂鸦、粘贴等。普通的纸杯,在幼儿们的手中都穿上了一件件新衣服。

请您结合智力游戏指导的理论,分析评价该教师的游戏设计。

第八节 音乐游戏的开展与指导

一、音乐游戏概述

音乐游戏是指幼儿在音乐伴奏或歌曲伴唱下进行的游戏,音乐与动作相配合,以动作表现音乐,以音乐衬托动作,使动作表现得优美、富有节奏感与表现力。音乐游戏集中体现了音乐的艺术性、技能性与儿童的年龄特点和发展水平之间的对立统一。

奥尔夫音乐的最大特点是强调儿童用他们肢体、语言、乐器自由地演绎,以独特的方式抒发内心世界。当音乐成为孩子自身的需求,孩子对乐理、乐感、表演、演奏以及语言文化的掌握自然、轻松、快速,而且根深蒂固,同时强调创造精神的塑造。在课堂上,孩子用蛙鸣筒模仿秋夜的蛙声,用腕铃描绘春江细雨,用语言与拍打肢体来演绎节奏,尤其一群孩子一起表演不同声部时,一部悦耳动人的交响乐就在孩子们中诞生了。

https://baike.so.com/doc/5422205-5660399.html

(一)音乐游戏的结构

音乐游戏的结构由游戏任务、游戏设计、游戏情境、游戏规则和游戏成果组成。

1. 游戏任务

音乐游戏的任务是对幼儿认识内容和音乐训练的要求，一般体现在音乐欣赏、歌唱、韵律、打击乐等方面。

2. 游戏设计

音乐游戏中幼儿面对特定的审美对象，新鲜感便会油然而生。教师运用有声有色、生动活泼、新颖别致的游戏设计，唤起幼儿审美注意，激发幼儿审美渴望，更好地使幼儿受到音乐熏陶，达到最佳的效果。

3. 游戏情境

教师有目的地引入或创设具有一定情绪色彩的、生动具体的场景，引起幼儿产生积极的情感共鸣，使幼儿更快地进入音乐意境，帮助幼儿准确地认识音乐形象、更好地学习音乐技能、提升音乐素养。情境的创设要贯穿音乐游戏的全过程。

4. 游戏规则

音乐本身即是幼儿需要遵守的游戏规则。音乐游戏的特性决定了幼儿在游戏过程中容易出现过度兴奋、人际冲突等现象，而通过规则使幼儿保持情绪的适度、舒适的兴奋状态是音乐游戏顺利开展的重要条件。所以，使幼儿意识到"音乐游戏是宽松、自由的，但这一切必须建立在一定规则的基础上"便十分重要。

5. 游戏成果

通过艺术化、生活化的方式展示幼儿的游戏成果，表现自身的音乐感受，为施展音乐才华提供空间。

（二）音乐游戏的类型

音乐游戏是多种多样的，分类方式也各不相同。根据目前幼儿园音乐游戏活动的实践，大致分为以下几类。

1. 听觉游戏

音乐听觉能力是形成各种音乐能力的前提条件和基础。音乐听觉能力是指通过辨别、感知、领会、想象、思考音乐艺术形象及其内涵的能力，它包括听辨音乐的长短、强弱等。音乐听觉游戏是让幼儿充分欣赏自然产生的和人创造的各种音响效果，从音响的旋律、音色节奏等方面"接触"音乐语言，感受音响之美。

2. 节奏游戏

节奏是音乐构成的第一要素，培养节奏感是幼儿音乐教育的重要内容。节奏感是无法从符号学习中获得，必须通过肌肉反应来感知，依靠身体高度协调的动作来感觉。节奏能力培养可结合各种音乐活动形式进行，包括说、唱、律动、舞蹈、器乐等。

3. 歌唱游戏

歌唱是人类发自本性和本能的一种嗓音游戏，也是一门声音的艺术。它不仅仅要求有动听的歌声，唱得音调准确、节奏正确、吐字清楚，还要求能创造性地运用歌声来表达各种感情。歌唱游戏旨在通过游戏让幼儿享受歌唱的乐趣，培养音乐感受力，发展幼儿运用嗓音进行艺术表现的能力。

4. 舞蹈游戏

舞蹈通过富有表情的韵律形体动作表现情感，是用人体姿态和身体动作进行的一种综合造型艺术，它结合了音乐的感受、审美的眼光与感情的表达，是时间艺术和空间艺术的有机结合。舞蹈游戏能够提高幼儿身体动作的协调性，发展幼儿的想象力和动作表现力，为幼儿今后形成良好的艺术气质打下基础。

二、音乐游戏中的教师指导

教师应根据教育要求及幼儿的实际水平选编游戏并开展指导：一方面要根据教育的任务、要求选编不同类型的音乐游戏；另一方面顺应幼儿的年龄特点、生活特点和班级的实际水平，选择和编制能激发幼儿学习兴趣、获得成功体验的游戏。

（一）小班音乐游戏的特点与指导

小班幼儿喜欢唱歌，尤其对富有喜剧色彩、情绪热烈的歌曲会产生浓厚的兴趣。能初步理解他们所熟悉歌曲的歌词内容和思想，能理解性质比较鲜明的音乐情绪。有的甚至会即兴哼唱一些自己编的旋律和短句，能随音乐特点做动作。但由于经验不足，还不能随音乐性质变化相应的动作。

对于小班幼儿，教师必须有一种帮助幼儿理解和体验音乐活动所需要的特定的情绪。教师通过表情、动作、语言的变化，帮助幼儿更快地进入音乐作品所营造的意境中，学习感受性质鲜明单纯、结构短小明晰的歌曲和有标题的器乐曲的形象、内容和情感，在感受的同时进行多种方式的创造性表达，并鼓励幼儿用自己喜欢的方式来表现自己熟悉、喜爱的歌曲和乐曲。

（二）中班音乐游戏的特点与指导

中班幼儿听辨音的分化能力有所提高，逐渐能辨别声音的细微变化。对不同体裁、性质、风格乐曲的分辨能力也有很大发展，能基本理解音乐所表达的情绪和情感，并由此产生一定的想像、联想。在韵律活动中，手部动作出现频率较高，多数幼儿比较喜欢做重复动作，能够再现短小的歌曲和较长歌曲中比较完整的片段。在歌词的理解方面还有一定困难，会出现错字、漏字和相似字的现象。

对于中班幼儿，教师应有意识地培养幼儿养成安静倾听、欣赏的习惯。要使用不同的速度、力度和音色变化来表现歌曲的不同形象、内容和情感，播放节奏感较强或民族风格的音乐，帮助幼儿感受到乐曲的结构，听出乐段、乐句之间的重复以及乐曲在情绪性质上的明显差异，拓宽幼儿对音调和节奏方面的体验。进一步引导幼儿发现律动中的动作组合规律，按简单的固定节奏型为歌曲、乐曲、舞蹈等做即兴伴奏，进一步学习或创编新动作，在集体中学会保持与音乐、与他人配合，形成初步协调的能力。

（三）大班音乐游戏的特点与指导

大班幼儿在音准把握能力上有了一定进步，能基本唱准曲调，可以比较完整、准确地再现熟悉歌曲的歌词；对歌曲的形象内容、情感的体验与理解能力也会在一定程度上得到增强，甚至能够独立地即兴哼唱出相对完整的新曲调。对鲜明而有特点的节奏、音响和舞蹈律动具有浓厚的兴趣，幼儿能比较准确地按音乐节奏做各种稍微复杂的动作组合，逐渐将以前在乐器敲打的兴趣转向操作乐趣和效果乐趣，进一步丰富舞蹈动作语汇，喜欢在游戏中再现和表演他们感兴趣的人物表情、动作、情节和活动场面，表演时根据自己的经验和想象不断求新与创造。

对于大班幼儿，教师要帮助幼儿形成欣赏音乐的良好习惯和情趣，让幼儿欣赏更多不同性质、不同风格的乐曲、歌曲和舞蹈，更加细致地感知和体验这些音乐作品的内容和独特风格，感受不同形式的艺术美。在音乐游戏中不断丰富音乐要素，包括音乐的演奏乐器和演奏场景、音乐中的运动和张力、音乐中的情感以及音乐中的形象和情节等，并在此过程中加深幼儿对音乐的感受和把握。开展舞蹈创编活动，帮助幼儿按音乐的内容、风格和节奏特点做各种基本动作、模仿动作和舞蹈组合动作。教师多组织表演、创作等艺术表现活动，使幼儿进一步学习使用其他各种非音乐的艺术手段，提高体验和表达音乐情趣的能力，鼓励幼儿表现自己对艺术作品的独特理解。

音乐游戏指导技能训练

一、训练目标

（1）掌握幼儿音乐游戏的基本内涵，了解音乐游戏对幼儿发展的意义和作用，明确各年龄段幼儿音乐游戏的特点。

（2）明确组织与指导幼儿音乐游戏的方法与要点，基本掌握幼儿音乐游戏中的主题设计、情节走向、游戏介入、游戏指导与评价等要点。

（3）初步形成组织开展幼儿音乐游戏活动的能力。

二、内容与要求

（1）观看幼儿音乐游戏实录或奥尔夫教学实录，并记录要点。

（2）见习或假期社会实践时到幼儿园观摩幼儿音乐游戏，认知不同年龄段幼儿音乐技能的发展特征，获得幼儿园音乐游戏的直观认识。

（3）进行舞蹈、声乐及综合表演技能训练。

（4）选择一些不同性质的音乐，尝试把它们纳入音乐游戏中，说明这些音乐在游戏中的作用并检验效果。

（5）设计一份音乐游戏方案，包括活动目标、游戏材料、活动内容、活动准备以及具体的活动指导。

（6）尝试到幼儿园指导幼儿音乐游戏。

三、分析案例，回答问题

（1）中班音乐游戏"小猫敲门"大致是这样的：首先，教师以手指游戏"小老鼠上灯台"导入，引出小猫敲门这一主题；接着，组织幼儿欣赏音乐《小猫敲门》，引导幼儿跟着音乐拍打节奏，教师鼓励幼儿根据自己对音乐的感知与理解带上动作表达意思，并交流：猫司令是什么样儿的？小老鼠是什么样儿的？让幼儿试着模仿一下；然后，组织幼儿分配角色戴上头饰进行角色表演游戏"小猫敲门"；最后，是拓展延伸环节：师幼一同扮演黑猫警长到户外去抓老鼠。

请您结合音乐游戏指导的理论，分析评价该教师的游戏设计。

（2）在小班音乐游戏"谁是懒惰虫"的活动中，为了帮助幼儿熟悉歌曲，教师将许多小动物图片排列在黑板上，让幼儿跟着教师唱歌的节奏来点小动物。唱到最后时，教师点着小动物图片问："它是不是懒惰虫？"引导幼儿根据动物的生活习性作回答。游戏进行好几遍后，教师要幼儿自己哼唱歌曲，但幼儿却出现了对歌词和旋律极不熟悉的情况。教师感到很困惑。

请您结合音乐游戏指导的理论，对案例中的场景进行评价分析。

（3）在中班音乐游戏中，教师做了许多精心的准备，如了解幼儿关于各种车辆的认知经验，收集关于车的图片，精心挑选了一段八小节的音乐。老师在预设时选取了两种区别较明显的车辆（警车、洒水车），目的是让幼儿用贴切的语言节奏帮助幼儿跟随音乐做动作。如警车可以配上"呜哩，呜哩，快去抓坏蛋"，双手放于头顶，表示警车的警灯；洒水车配上了"左边洒，右边洒，洒水车来了"，动作是五个手指打开，分别于身体的左或右前下方转动一下，表示洒水车在洒水。可是在活动过程中，幼儿却对消防车更加感兴趣，教师追随了幼儿的兴趣，改变了原先的预设。但由于警车与消防车在模仿动作上的区别不大，致使游戏的进行出现了困难。

请您结合音乐游戏指导的理论，对案例中的场景进行评价分析。

第九节　游戏观察

学前教育过程中，儿童游戏活动的教育意义能否体现、教育目标能否达成，取决于教师指导儿童游戏的实践经验和水平。只有通过观察，教师才能知道材料投放是否恰当；儿童的兴趣点是什么，已有生活经验丰富的程度；游戏中面临什么困难；游戏中的互动出现了什么矛盾等。然后，教师才能决定引导或指导的对象和方式，给予及时的帮助和指导，从而促进儿童游戏的发展。

一、游戏观察概述

游戏观察是指教育者通过感官或辅助仪器，有目的、有计划地对儿童游戏活动进行系统、连续地考察、记录、分析的方法。

（一）游戏观察的种类

教师在游戏中的观察有两种：随机观察与有目的观察。有目的观察是根据事先设定的儿童各种行为的发展水平指标，进行有针对性的观察。教师根据教育和研究的需要，确定目标儿童或目标行为，在游戏前设计观察内容，以便通过观察分析确定有针对性的教育方案。随机观察与有目的观察的主要区别便在于此。

（二）游戏观察的价值

通过对学前儿童游戏的观察，教师可以了解儿童喜欢的游戏类型、喜欢的玩具和游戏设备、喜欢的游戏空间、乐于参与的游戏主题，幼儿与同伴、教师互动的方式以及有关幼儿在游戏中表现出来的认知与社会性等方面发展的有价值的信息。对学前儿童游戏进行观察是教师了解学前儿童游戏行为的关键。

1. 帮助教师近距离了解幼儿

苏联心理学家维果斯基（Vygotsky）指出，游戏创造了幼儿的最近发展区。幼儿在游戏中的表现总是高于他们的实际年龄，高于他们的日常行为表现。游戏正如放大镜的焦点，凝聚和孕育着发展的所有趋向。通过游戏，教师可以了解幼儿的兴趣需要、情感态度、认知水平、个别差异等，进而为学前儿童游戏提供适时、适度的指导。

幼儿在自主游戏中按照自己的意愿和兴趣选择游戏内容和游戏材料。因此，教师观察选择各游戏区域的幼儿人数、幼儿在某区域游戏持续时间的长短、幼儿使用游戏材料的频率、幼儿游戏的过程等，能够及时把握幼儿喜欢的游戏主题、游戏区域、游戏材料等，了解幼儿的兴趣需要和经验状况。幼儿的个性特点和能力差异通常在游戏中能得以充分的表露，教师只要善于观察，就能深入了解到每个幼儿的特点、闪光点，以此为依据对幼儿做出正确而全面的评价，更好地对幼儿进行引导，促进幼儿的发展。

2. 帮助教师有效地指导游戏

当教师通过观察发现学前儿童游戏存在的问题，并且幼儿也有希望教师参与游戏的需要时，教师就要选择恰当的指导方式参与到幼儿的游戏中。无论是采用平行介入、交叉介入或者是垂直地干预指导，教师都应在观察的基础上，视特定的游戏情境而采用相应的指导方式。

教师可以通过参与、材料指引和言语引导等策略去指导幼儿的游戏。教师要先观察把握幼儿问题存在的关键性因素，进而选取最有效的指导策略对幼儿的游戏实施影响，做到对症下药。

3. 帮助教师科学地评价游戏

儿童游戏评价的内容涵盖了游戏的空间创设和材料投放的适宜性，幼儿在游戏中的认知、情感和社会性的水平、游戏主题情节的开展等方方面面的内容，这些内容都需要教师通过长期、深入的观察才能够获得。教师观察得越仔细，获得的资料就越翔实，对游戏的评价也就越准确客观。

同时教师通过观察儿童游戏，能够及时地发现儿童在游戏中的闪光点和成功的经验，及时给予积极的评价和肯定，增强儿童的自信心，调动儿童游戏的积极性，并使游戏朝着好的方向继续发展。

二、游戏观察的内容

教师对游戏进行观察包括以下几个方面：

（一）学前儿童游戏行为方面

主要观察幼儿认知、社会性、情绪情感发展情况；幼儿对游戏的专注程度；学前儿童游戏的兴趣和偏好；学前儿童游戏的目的性、主动积极性；学前儿童游戏中的社会交往水平如何；幼儿在游戏中的组织能力如何等。

对参加表演游戏的儿童的记录不仅要包含以下方面的游戏行为，而且还要反映一段时间内的行为变化。

1. 游戏内容在多大程度上涉及真实生活或者虚拟的人物？（超级英雄、怪物）
2. 常见的、具体的游戏主题有哪些？（太空行走、煮饭、进餐、生病、餐馆、死亡）
3. 儿童通常选择的脸谱有哪些？（司机、父亲、母亲、婴儿、动物、超级英雄）
4. 该儿童是往往独自玩耍还是与别人一起玩？
5. 当与别人一起玩的时候，该儿童是否通常选择与别人不同的角色？（通常扮演公共汽车司机还是其他乘客）
6. 当独自玩耍的时候，是否以具体内容（如游戏屋、灭火）或者角色（汽车司机或者超级英雄）为主？
7. 在承担角色的时候，该儿童取得的相对于其他儿童的地位如何？（比如在扮演母亲、婴儿或者店主等角色的时候，其地位可以是老板、下属、领导者、合作者）
8. 他取得的与具体个性相关的地位有哪些？（比如：他是否总是老板，或者只跟胆小的/年龄更小的/年龄更大的/好斗的/男孩或者女孩在一起）
9. 该儿童维持地位的方式有哪些？（通过思想诱惑/找借口/多说话/幽默/语言或者身体攻击/恐吓/贿赂/表示抗议/扮演无助者）

关于儿童的丰富信息正等待着只专注地进行观察并记录的教师！当我们在现场潜心聆听他们说话的时候，儿童可以通过游戏告诉我们他们自己的许多事情。

科恩等著．幼儿行为的观察与记录［M］．马燕，马希武，译．北京：中国轻工业出版社，2017．

（二）游戏场地方面

主要观察游戏场地安排是否合理，有无浪费的地方或过于拥挤的区域；区域间的邻近安排是否合理，如互补区域间的临近、安静区和喧闹区的远离；游戏场地间是否有通道，场地间的路线、标注、边界是否清晰合理等。

在最新版本《托儿所、幼儿园建筑设计规范》（JGJ 39—2016）中，对托儿所、幼儿园应设室外活动场地，并应符合下列规定：

（1）每班应设专用室外活动场地，面积不宜小于60平方米，各班活动场地之间宜采取分隔措施。

（2）应设全园共用活动场地，人均面积不应小于2平方米。

（3）地面应平整、防滑、无障碍、无尖锐突出物，并宜采用软质地坪。

（4）共用活动场地应设置游戏器具、沙坑、30米跑道、洗手池等，宜设戏水池，储水深度不应超过0.30米；游戏器具下面及周围应设软质铺装。

（5）室外活动场地应有1/2以上的面积在标准建筑日照阴影线之外。

（三）游戏材料方面

主要观察游戏材料是否安全卫生；游戏材料的数量是否满足幼儿的需要，有无争抢游戏材料的现象发生；游戏材料是否符合幼儿的年龄层次需要，有无过难或过易的、儿童不问津的；辅助性材料的运用及效果等。

（四）游戏时间方面

主要观察游戏开始、进行、结束的时间分配；游戏中专注的时间长短；一日游戏的时间长短等。

三、游戏观察的方法

（一）扫描观察法

扫描观察法是指观察者在相等的时间段里对观察对象依次轮流进行观察，适合于粗线条地了解全班幼儿的游戏情况，如可以掌握游戏主题的设定、幼儿游戏主题的选择、角色扮演等一般行为特点。扫描观察法一般在游戏开始和结束的时候运用较多。扫描观察法的流程如下：

（1）预先设计观察表格，表格可以根据所要观察的内容而设计。
（2）确定观察对象和顺序。
（3）实施观察活动，以5~10分钟为一个时间单位，对观察对象进行有序观察，用统一的方式进行记录。
（4）教师分析观察记录。

（二）定点观察法

定点观察法是指教师固定在游戏中的某一区域对儿童游戏进行观察。适合了解幼儿的游戏情况，了解幼儿的现有经验以及他们的兴趣点、幼儿之间交往、游戏情节的发展等动态信息。并且让教师较为系统地了解某一事件发生的前因后果，避免指导的盲目性。儿童游戏表现观察表见表6-1。

表6-1 儿童游戏表现观察表

项目	游戏表现			
	水平一	水平二	水平三	水平四
目的性	无目的的游戏	时时更换游戏	事先想好玩什么	按目的持续地玩
主动性	不参加游戏	能参加现成游戏	在别人带领或分配下游戏	主动参加游戏
担任角色	不明确角色	能明确角色	能主动担任角色	能担任主要角色
遵守职责	不按角色职责行动	有时按角色职责行动	尚能按角色职责行动	一直按角色职责行动
角色表演形式	重复个别活动	各个动作间有些联系	有一系列的动作	能创造性的活动
角色间关系	个别地玩，不与别人联系	与别人有零星联系	在启发下与别人联系	明确角色关系配合行动
对玩具的使用	凭兴趣使用玩具	按角色需要使用玩具	创造性地使用玩具	为游戏自制玩具

续表

项目	游戏表现			
	水平一	水平二	水平三	水平四
游戏的组织能力	无组织能力	会商量分配角色	能出主意使游戏玩下去	会带领别人玩或教别人玩
持续时间	10分钟左右	20分钟左右	40分钟左右	1小时左右

定点观察法的流程如下：

（1）教师固定在某观察的区域，只要来此区域的幼儿都可以作为观察对象。

（2）教师观察幼儿的游戏行为、语言、表情，掌握幼儿的动作表情、活动兴趣、专注程度、交往情况等。

（3）在学前儿童游戏过程中，教师边指导学前儿童游戏，边做现场观察。

（4）观察记录用实况描述或事件抽样的方法记录。

（三）追踪观察法

教师根据需要确定某个幼儿作为观察对象，观察他们在游戏活动中的各种情况，固定人而不固定地点。适合于观察了解个别幼儿在游戏中的发展水平，教师可以自始至终地观察。追踪观察法的流程如下：

（1）在自由游戏情境中观察儿童真实的游戏状态。

（2）对幼儿进行观察。

（3）采用实况记录的方法记录。用图示将观察路径记录下来，然后用实况描述方式记录儿童游戏，也可以有教师的评述，以及有分析有对策。

四、游戏观察的记录

学前教育常用的游戏记录方法有三种。

（一）表格记录

表格记录有两种形式：一种是行为核对表；另一种是等级量表。常与扫描观察配合使用，简便易行，可以重复使用，便于前后比较，看起来也方便、直观。行为核对表主要用来核对幼儿在游戏中的重要行为呈现与否，观察者预先将准备观察的项目列出，当出现该项目时，就在该项目上用符号标示。运用行为核对表进行的游戏观察比较系统，记录信息更快捷。等级量表与行为核对表有相似之处，两者都关注特别的游戏行为，便于记录信息。

在幼儿园的游戏实践研究中，很多教师能够根据自己的需要设计观察记录表，见表6-2。

表6-2 游戏观察记录表

时间： 观察记录者：

游戏区	位置	面积/平方米	提供材料	参与人数/人	使用材料	持续时间	备注
角色游戏区							
结构游戏区							
表演游戏区							

续表

游戏区	位置	面积/平方米	提供材料	参与人数/人	使用材料	持续时间	备注
体育游戏区							
智力游戏区							
音乐游戏区							

表格记录使用要求有以下几方面：

（1）观察者应事先设计好观察表格，使用过程中出现表格未涉及的内容，及时采用文字的方式简要记录，予以补充。

（2）观察者应熟悉表格中的各项操作定义、统一标准，控制影响记录的各种因素。

（二）描述记录

描述记录又称实况记录，是指用语言文字真实记录幼儿或游戏中发生的情况及事件。描述记录法可以在游戏进行过程中直接记录，也可以在游戏结束之后通过回忆描述游戏过程中发生的事件，见表6-3。

表6-3 游戏观察描述记录表

观察内容线索提示	行为实录
（1）幼儿在游戏中对什么主题比较感兴趣？ （2）激发幼儿兴趣的因素是什么？ （3）幼儿如何使用材料？ （4）教师提供的空间是否足够让幼儿活动？ （5）幼儿如何解决游戏过程中出现的问题？ （6）幼儿之间是如何互动的？ （7）幼儿在游戏过程中出现的新经验是否有再利用的价值？	

描述记录使用要求有以下几方面：

（1）记录项目应详细。一般应包括以下信息：幼儿的姓名、性别，记录的日期、游戏背景及对事件的客观描述和观察的结果等。重点放在对游戏中所见所闻的描述上。

（2）幼儿表现记录应详尽。要尽量保留原始对话，特别是详尽记录幼儿是怎样做的，怎样操作材料，怎样与人交往，游戏意图如何等。对幼儿行为发生的场景，周围的人和事物等因素也不能忽略。

（3）观察者应注意按幼儿行为或生活发生的自然进程记录，保留游戏情节发展的顺序。记录应客观而准确，如实地进行表述，不能以主观的判断替代幼儿具体的行为。

（4）系列记录与事件记录相结合。以帮助教师理解幼儿的个体差异、人格特征、各种品质形成的机制，以便有的放矢进行教育干预。

（三）摄像记录

用摄像机、数码相机及高像素手机等作为观察记录的手段，将具有代表性、典型性的资料拍摄下来，以扩大游戏观察的广度和深度。摄像记录比直接观察更能提供游戏行为的细节，运用摄像设备可以解决游戏观察的时间问题，摄像记录可帮助教师提高观察技能。

在摄像记录使用方面，要求观察中将远距离拍摄与整体扫描配合，近距离拍摄与实况记录配合，使得观察更加客观。

游戏是幼儿喜爱的活动，教师应从幼儿的角度来考虑，充分挖掘游戏潜在的教育价值，引导幼儿在游戏中学习知识，提高能力，健康生长。游戏在幼儿教育领域中，从来就不是地道的"自然"活动，而是负载着一定教育理念的教育活动。在这种"教育活动"中，只有教师充分发挥自身的作用，并加以适时的引导，才能有效地促进幼儿综合能力的提高。

游戏观察技能训练

一、训练目标

（1）掌握幼儿游戏观察的基本内涵，了解游戏观察对教师指导幼儿游戏的意义和作用。
（2）明确游戏观察的方法与要点。
（3）初步形成游戏观察与记录的能力，并进行初步尝试。

二、内容与要求

（1）到幼儿园见习时观摩幼儿游戏，了解教师进行的游戏观察，获得幼儿园游戏观察的直观认识。
（2）以小组为单位对幼儿游戏进行描述记录，并进行相互比较。
（3）设计一份游戏观察记录表，包括游戏材料、活动内容以及具体的教师指导等方面。

三、分析案例，回答问题

（1）刘老师发现幼儿园大班"理发店"的"顾客"很少，"顾客"对"理发店"不感兴趣。于是，刘老师带幼儿到理发店参观。在理发店里，刘老师引导幼儿观察理发店的设施，理发店与顾客的活动，鼓励幼儿就感兴趣的问题询问理发师；记录幼儿的问题与发现，还拍下了许多照片，如顾客躺着洗头发、梳漂亮的发型以及理发店里的各种工具等。回到幼儿园，刘老师组织幼儿讨论"怎样开好理发店"。她呈现理发店拍的照片，引发幼儿回顾，有的幼儿说："我们也想躺着洗头，可是没有躺椅呀！"有的说："我要给顾客梳漂亮的头发，可是没有发型书怎么办呢？"……刘老师说："可不可以用我们身边的材料来做呢？"在老师的启发下，幼儿提出用积木搭建躺椅、自己画发型图等想法。刘老师支持幼儿的做法，并提供大型积木、收藏发型图的活页夹等材料。之后，顾客在理发店能躺着洗头，能选漂亮的发型烫发……理发店又红火起来了。

请运用游戏观察相关理论对案例进行分析。

（2）这是某位老师对儿童游戏的观察描述：

小明推着小车在操场上走走停停，看到邱玉然"赛车"，他也"赛"了一下；看到很多小朋友在"搭车"，他急忙跑过去搭个顺风车；一会儿又学着其他小朋友玩"碰碰车"，现在啊，他又加入了开火车的行列，特别开心！

请运用游戏观察相关理论对案例进行分析。

（3）李老师设计了"森林音乐会"的表演游戏。结果，小班幼儿兴趣不高，表现被动。还没等游戏结束，一个幼儿就问李老师："游戏完了吗？我们可以自己玩儿了吧？"

针对这种现象，请从儿童游戏特征和游戏观察的角度进行分析。

（4）国外有媒体指出，中国的儿童越来越不会玩了。他们发现，中国的父母总是希望自己的孩子穿得干干净净，不允许他们做那些可能会弄脏衣服的游戏。同时，中国许多的年轻父母觉得游戏对于孩子的成长意义不大，为了不让孩子输在起跑线上，应该花更多的时间来学习画画、英语、钢琴等。

请结合游戏对儿童成长的作用，分析这些中国父母的做法。

拓展阅读

游戏精神是学前教育的灵魂

一位教师给中班的孩子们讲了一个很美的故事。冬天雪后的一个清晨，大雪将整个原野覆盖了起来，大公鸡和小白兔等小动物们都出来散步。它们在雪地上都用自己的脚画出了很美丽的图画，公鸡画出了竹叶片片，小兔画出了梅花瓣瓣，等等。故事讲完了，教师向孩子们提了一个问题：为什么蛇和青蛙没有出来？不一会儿，一个孩子站起来回答："老师，因为蛇和青蛙没有毛衣服，怕冷，所以待在家里没出来。"老师听了以后很不高兴，用非常严厉的口吻说："不知道就不要乱说！"接着老师又问全班的孩子："谁知道？谁能告诉大家正确答案？"此时，教室里静极了，再没有人回答。看到这情形，老师说："我告诉你们，蛇和青蛙是冷血动物，冬天需要冬眠，所以不可能出来，这个道理等你们长大了就会明白了。"

在这里，孩子充满游戏精神与感性色彩的回答，在成人式的科学标准面前就成了"乱说"。超功利化的教育干预，让一个本应充满诗情的倾听体验和游戏精神的释放过程，沦为狭隘理性教学及知识灌输的铺垫和工具。

正是在这种急于追求"正确答案"的教学实践中，儿童充满梦幻和灵性涌动的精神世界被一点点地透支和肢解。一个3岁的幼儿，可以用天文学常识来质疑"嫦娥奔月"这一美丽神话，从而表现出来所谓的睿智和早熟，这不仅不是现代早期教育教学值得盲目炫耀的佳绩或功德，相反，这却是狭隘知识教育破坏童年精神生态的明证。

游戏精神是一种童年的精神

游戏不单纯是一种外显行为的呈现，更是一种精神特质的表达。它不仅仅是一种活动，更是一种精神。正是作为一种精神，游戏在整个童年的生活中无处不在、无时不有，从而成为儿童生命与成长的一种状态、一种方式。

当一个孩子坐在马桶上，一边解决他的排泄问题，一边又自我陶醉地哼唱着只有他自己才听得懂的歌曲时，游戏精神被他携带进了自己的生理活动中；一个孩子洗碗时，他把碗儿先是一字排开，一个一个地洗过再排成一队，丝毫不讲究效率，这洗碗的过程因游戏精神的融入而演变成了"玩碗"。

一个幼儿给窗台上的花草一边浇着水，一边念念有词："渴吧，喝吧，快点长大。"这也是他的游戏精神的流露。记得笔者曾和一个幼儿面对面，说起彼此眼睛里都有对方的影像时，小家伙突然朝我"嘿嘿嘿"地笑着，使劲地挤巴着眼睛："挤死你、挤死你。"这着实让我忍俊不禁。

可以说，儿童的幻想与诗意、自由与欢愉、激情与冲动、活泼与灵性，好奇中的兴奋、天真中的幽默、对乡土自然的亲近、对童话世界的向往，无不都是游戏精神在人之幼年的绽放与挥洒。游戏精神其实就是童年心灵与生命存在的一种状态。

游戏精神乃是一种童年的精神，它着实应成为贯穿学前教育全部实践和所有环节的灵魂或主线，也是审视和评判早期教育教学过程质量的一把标尺。缺失了游戏精神的体验，任何教育教学上的努力便意味着一种冒险：对儿童天性和成长秩序的漠视和背离。

幼儿园应始终充溢着游戏精神

让游戏精神成为贯穿学前教育的灵魂，其实质就是在履行捍卫童年、呵护天性、善待成长的文化使命和教育职责，就是帮助幼儿教育克服和矫治现代教育唯理性弊病的通途与良策。它就是要让幼儿园的教育教学始终充溢着、涌动着儿童的游戏精神，让整个幼儿教育教学的全部实践，从集体课堂到自我活动，从区域表演到室外探索，从欣赏体验到艺术表达，从材料操作到人际互动，均成为孩子们的感性冲动和生命激情得以自由挥洒的舞台，成为童年的诗意梦想和童话意识得以恣意张扬的场域。

让游戏精神成为贯穿幼儿教育教学的灵魂，并非一件困难的事情。其最基本的实践路径就是：鼓励与支持儿童的游戏精神在幼儿园一日活动及其所有环节中的融汇与发挥。

在幼儿发出某种奇谈怪论时，且需首先尝试探寻他内心世界的感受与理由，而不必急于给出常规的评定；让幼儿接受某一道理时，必须是从他的兴趣、需要而引发，在情境氛围的营造与切实的直观感受中实现。

当幼儿欲有雀跃与欢笑，乃至"恶作剧"式的冲动时，无须担忧他会怀有道德意义上的恶意，而不妨给予他适时解脱的自由和被包容的体验；当幼儿作画或手工操作时，大可由他随意地"乱涂乱画"或"不拘一格"，而不必时时遵循预设的约定，以事先圈定的范例而牵制孩子的想象及发挥；当孩子们就餐时，亦不必以机械的常规执行而制止他们之间的说笑，放手给予幼儿愉悦交流的乐趣。

的确，让游戏精神成为贯穿幼儿教育教学的灵魂，需要教师拥有一颗童心，保持一份童趣，与幼儿同欢笑、共成长；需要幼儿拥有一份自由与空间，可放飞梦想与激情，挥洒浪漫与天真；需要内部情意愿望的抒发与表达，而不是外在规范的一味束缚和压抑；需要用活动中的自主尝试与发现去取代静坐中的说教，用好奇与思考的生动启发取代现成知识的灌输；需要投身于活生生的大自然与大社会的直观感受与体验，追求感性冲动的释放和诗性情趣的满足，而不是沉浸于符号世界的逻辑推演和所谓科学理性的精确解答。

实际上，当游戏精神成为幼儿园教育活动的灵魂，当幼儿一日活动的全部时空、课程实施的整个过程、教学互动的所有环节，都弥漫着、融渗着、充溢着儿童的游戏精神，幼儿园才可真正成为童年健康生活与快乐成长的自由乐园。让游戏精神成为贯穿教育教学过程的灵魂，是学前教育顺应儿童天性、营造童年文化、回归童年生活的必由之路。

丁海东．游戏精神是学前教育的灵魂．中国教育报，2011-07-08．

第七章

学前教育的衔接与合作

影响幼儿成长的环境包括家庭、学校（包括托幼机构和小学）和社会（社区）。随着现代社会的发展，教育社会一体化已成为现代社会必然的发展趋势。学校教育、家庭教育和社区教育在完成对儿童教育这一共同任务上的联系越来越密切。《纲要》总则指出："幼儿园应与家庭、社区密切合作，与小学衔接，综合利用各种教育资源，共同为幼儿的发展创造良好的条件。"我们应当使儿童成长的各种要素通力合作，利用当时当地的一切有利资源，为幼儿构建一个更加健康、和谐、平衡、开放的教育生态环境。

第一节 幼儿园与家庭教育的衔接与合作

家庭是指建立在婚姻、血缘关系和一定经济基础之上的亲密合作、共同生活的社会群体，它是人类最基本的社会生活单位。家庭这个"社会细胞"有着多种社会功能，可以满足个体和社会的多种要求，家庭的教育功能则是其中最基本的社会功能之一。

一、家庭教育概述

家庭教育通常是指父母或其他年长者在家庭中对儿童和青少年进行的教育。在专门的教育机构——学校出现之前，家庭是儿童接受教育的唯一场所。学校产生以后，家庭教育的作用并没有因此而削弱。无论在什么社会，家庭教育都有着其他教育无法替代的重要作用。

（一）家庭教育的特点

与幼儿园教育、社区教育相比较，家庭教育具有其独自的特点。

1. 先导性

一个婴儿来到世界上，首先接触的环境是家庭。儿童通过父母的教养过程逐渐学会了认识周围的事物和人，学会了与其他人的交流和沟通，形成了最初的早期经验。这些早期经验为儿童后来接受学校教育或社会教育起到了一种定势的作用，儿童在后来接受教育影响时，都会以在家庭中所获得的早期经验为先导、做依据，积极、主动、有选择地接受一定的思想、观点。

2. 权威性

家庭是一个特殊的社会心理群体，它以血缘关系、情感关系为纽带，把家庭成员团结在一个紧密的、休戚与共的群体中。家庭中的血缘关系使子女与父母之间建立了深厚的、牢固稳定的情感基础，这种情感联系是社会上任何人际关系所无法比拟的。家庭中，父母对子女的爱往往是一种特殊的、巨大的教育力量，父母对子女提出教育要求时，也往往多以这种情感作为控制载体。这种文化上、思想上子女对父母的依赖关系，也使得家长对子女的影响和控制的权威性显得格外的现实。

3. 终身性

在人生的历程中，人所接受的最长时间的教育就是家庭教育。生活中我们看到，一个人不仅在儿童少年时期接受家庭教育，即使长大成人、成家立业后，由于上下代之间血缘关系和亲情关系，家庭教育依然在起作用，父母依然是子女的"老师"。而学校教育和社会教育无论时间长短，都只能是一种阶段性和间断性的教育。尽管终身教育思想已为人们普遍接受，但人们在学校和社会上接受教育的时间仍是阶段性的，在时间上远不能和家庭教育相比。

功能健全的家庭的特征

美国学者大卫·奥尔森（David Olson）总结了"好的"家庭的特征。他认为功能健全的家庭一般有以下特征：

（1）家庭自豪感。好的家庭对于每一个家庭成员都是忠诚的。家庭成员之间互相合作，他们以积极的观点看待问题，以积极的方式解决问题。

（2）家庭支持。一个好的家庭对于每个成员都是关爱和理解的。它是一个有利于孩子抚养和成长的环境。在这个环境中，家庭成员的需求都能敏感地反映出来。

（3）凝聚力。好的家庭在依赖与独立之间保持一种健康的平衡。家庭的每一位成员都互相信任和欣赏。

（4）适应性。在今天这个瞬息万变的世界里，健康的家庭还有可塑造性，能够适应社会变化。

（5）交流。良好的交流技巧无疑对家庭的正常运转非常重要，我们要在谈话中考虑相互交流。功能健全的家庭很好地掌握了与他人交流的技巧，尤其是要学会善于倾听。

（6）社会支持。就像家庭成员以家庭为荣、为家庭尽力一样，他们还能积极地加入到社区、邻里、学校等各种场合的实践中去。换句话说，这是他们对社会应尽的义务。功能健全的家庭鼓励他的成员为社会做贡献。

（7）价值观。好的家庭有一个核心的、与目标一致的价值观。这些家庭的父母总是努力通过他们的行为模式来显示家庭的价值观。好的家庭拥有一个欢乐的、自然的、愉快的生活。

Mary Lou Fuller 等，著．家庭与学校的联系——如何成功地与家长合作．谭军华等，译．北京：中国轻工业出版社，2003．

（二）我国目前家庭教育的状况

随着社会的不断进步，科学技术和信息水平的不断提高，家庭的经济、文化、思想观念、生活方式乃至家庭结构及家庭成员之间的关系也都发生了相应的变化。社会对家庭教育的要求也越来越高。我国目前家庭教育状况如何？能否适应未来社会发展的需要？未来的家庭教育应该如何实施？这是每一位教育工作者和广大家长都需认真思考和研究的问题。

1. 我国目前家庭教育存在的优势

随着社会的发展，我国现代社会的家庭教育呈现出了多方面的优势：

（1）家庭教育意识逐渐增强。知识经济时代的到来，使文化科学知识在社会发展中的重要作用越来越为人们认同。为了适应知识经济的挑战，许多家庭都把子女的教育问题摆到了非常重要的位置。这与以往的家庭教育相比，是一个长足的进步。

（2）家庭成员的文化修养普遍提高。研究表明，家长文化水平的高低，直接影响其对子女的教育期望、教育态度和教育方法等，进而直接或间接地影响家庭教育的效果。公民文化修养的提高，为提升家庭教育质量提供了必要的保证。

（3）家庭的物质条件逐渐优化。现代的家庭中，很多家长为了孩子的学习和发展，教育消费投入比例越来越大。特别是近些年信息产业的崛起，利用网络技术来进一步开阔孩子的视野。所有这些，都为孩子的发展提供了有利的物质条件。

2. 我国目前家庭教育存在的问题

我国目前家庭教育存在的问题归结起来主要有以下几个方面：

（1）教育观念上的偏差。尽管现在多数家长都非常重视家庭教育，但由于自身素质的原因加之传统社会文化的影响，有不少家长在如何实施家庭教育、怎样看待人才、亲子关系应该如何处理等方面的认识上仍然存在着一定的偏差。当前主要体现在人才观方面的认识偏差、在代际关系处理上的认识偏差、在家庭教育实施上的认识偏差等方面。结果，家庭教育中付出了很多精力，教育效果却不尽人意。

（2）培养目标定位上的偏差。家庭教育的目标直接制约着家庭教育的活动和效果。目前，在家庭教育目标的确定上存在一定的偏差。较为明显的主要有目标定位过高以及目标定位脱离了孩子的兴趣、爱好实际。结果事与愿违，孩子不但对学习产生厌恶心理，还影响了上下代之间的亲情关系。

（3）教育方式方法不当。目前，相当多的家庭仍然存在不当的教育方式方法，或对孩子过度溺爱、过度保护，使孩子形成任性、自私、蛮横、自我中心等多种消极的性格品质；或对孩子过分专制，严重地伤害了孩子的自尊心和自信心，孩子往往缺乏同情心、冷漠、专横跋扈或胆小、懦弱，还有的孩子会形成攻击型人格；或对孩子放任自流，会使孩子由于失去必要监督而形成散漫、懒惰等不良的性格品质。

上述问题若不及时解决，势必削弱家庭教育的效果，对幼儿今后成长带来极为不利的影响。

二、幼儿入园适应中的家园衔接

从家庭到幼儿园，是幼儿从家庭迈向社会的第一步。这一步走得如何，关系到幼儿个性的健康发展，关系到他们今后的社会适应。"入园适应"的经验作为人生发展重要的"早期经验"，对于幼儿今后的发展具有重要的影响。这种影响虽然不如入学以后的学习成绩那样直观，但是对人的一生发展的影响是深刻的、长远的。幼儿园与家庭都应当重视这个问题，帮助幼儿适应环境的变化。

（一）幼儿入园适应中的常见问题

入园适应是指幼儿对幼儿园环境与生活的逐渐习惯化过程。幼儿在入园适应过程中，有以下一些常见的问题。

1. 分离焦虑

分离焦虑是指婴幼儿与亲人分离时，面对陌生的环境而产生的紧张情绪和不安的行为，表现为饮食减少、睡眠不安、情绪不稳、沉默寡言,甚至拒绝进食。分离焦虑的产生主要与儿童自我体验的落差、自理能力的欠缺和自身性格有直接关系,家长的过度照顾、焦虑情绪传导也是主要原因。

2. 集体生活不适应

幼儿从家庭到幼儿园,不适应集体生活,表现为生活能力差:不会自己吃饭,午睡要人陪,不懂大小便要上厕所,不会和小朋友一起友好相处,争抢玩具等。这是过去家庭生活经验的反映,幼儿需要学习在集体中如何生活。

分离焦虑和集体生活的不适应,是幼儿面对陌生环境的自然反应,教师应当理解和接纳幼儿的这些表现,不能把这些表现当作幼儿在行为习惯上的"问题",或者视若无睹,让幼儿"自然适应"。要通过各种努力,使幼儿更好更快地适应新的生活与要求,对幼儿园生活产生好的感受。

(二)解决方法

改善幼儿入园适应,需要家长和教师密切配合,家园同步才能取得良好的效果。

1. 家庭方面为幼儿做好入园的各种准备工作

(1) 帮助幼儿做好入园的心理准备。家长要让幼儿知道,上幼儿园是一件既快乐又自豪的事情,也是幼儿必须要做的事。在幼儿园里面有许多游戏玩具供其玩耍,并且能掌握许多在家里面学不到的技能、本领,能结交许多好伙伴。可以讲一些幼儿园里有趣的、好玩的事,让幼儿有一种向往的心理。

(2) 帮助幼儿做好生活方面的准备。家长可以提前去了解幼儿园的作息时间和生活规律,然后对幼儿的生活规律进行合理有计划的调整,尽量按照幼儿园的生活作息时间来安排幼儿日常的生活。家长还可帮助幼儿掌握最基本的生活技能,有助于幼儿在集体生活中更好地发展,增强幼儿的自信心,从而缓解幼儿的分离焦虑。

2. 幼儿园方面为幼儿做好入园引导与适应工作

对于学前教师而言,做好幼儿入园的前期准备工作是非常必要的,一般包括以下几个方面:

(1) 主动与家长沟通,帮助家长了解入园准备工作的内容。在幼儿入园之前,请家长填写《新入园幼儿情况调查表》,了解幼儿的个性特点、生活习惯和情绪表现等细节方面,以便更深入地了解幼儿。向家长们介绍班级情况、教师基本情况、幼儿园作息时间安排,有利于幼儿更快地适应幼儿园的一日生活。

(2) 创造适宜的环境和开展丰富的活动。精心布置活动室和设置活动区,提供新颖、丰富多彩的玩具。通过开展丰富多彩的、动手操作性强的游戏和活动来吸引幼儿,让幼儿在游戏中获得愉快的情绪体验,培养对幼儿园生活的兴趣,逐渐地适应幼儿园生活。

> 我所带的小班中有一个叫欣妍的小女孩,她聪明开朗,很愿意与老师、小朋友们交往,因此一入园就很快适应了幼儿园生活。但是她有一个习惯,睡觉的时候一定要抱着自己家中拿来的洋娃娃,只要离开娃娃就会哭个不停。对于欣妍的这一习惯,我并没有强行制止她,而是选择保留,以免让她对幼儿园和老师产生抵触的情绪,并且在平时活动中找机会多鼓励她、拥抱她,让她对老师有足够的安全感。在孩子们睡前讲一些小故事,放松情绪,慢慢地,欣妍可以"离开"洋娃娃独自睡觉了。
>
> 郝晋瑶. 浅谈新生入园分离焦虑之对策. 教育实践与研究,2014(5).

三、幼儿园与家庭的合作

幼儿园与家庭各具不同的特点，家园双方积极主动地相互了解、相互配合、相互支持，通过双向互动共同促进幼儿的身心发展。在家园合作中，幼儿园应处于主导地位，负有"主动与幼儿家庭配合""建立幼儿园与家长联系的制度"的责任。

（一）家园合作的内容

幼儿园要取得家长对儿童教育上的配合，必须主动加强与家庭的联系，做好家长工作。

1. 了解学前儿童的家庭情况及家庭表现

教师应熟悉每个幼儿的家庭情况，包括家庭结构、家长的文化程度及工作情况。还要了解幼儿的具体表现，如智力情况、兴趣爱好、生活习惯等情况，这样才能针对性地开展教育。对幼儿的情况了解的越多，进行的教育才能越有效。

2. 向家长介绍幼儿园的各项工作

家长有权利知道幼儿在幼儿园的饮食、活动、学习情况，教师有义务向家长介绍幼儿园的各项工作，取得家长的支持配合。教师应全面而详细地向家长宣传幼儿园的教育目标与工作计划、工作内容与教育方法等，从而使家长认识教育子女的重要意义，了解幼儿园的工作情况，主动关心支持幼儿园的工作。

3. 帮助家长树立正确的教育观念和教育方法

调查表明，我国部分家长在孩子的教育上还存在不少错误观念，如偏重智力、技能的培养，轻视社会性发展，把幼儿的自我表达、与同伴交往、自我评价等都列为不重要的项目。幼儿园应与幼儿家长建立密切联系，了解家长在家庭教育方面遇到的困惑与要求，向家长宣传正确的教育思想，帮助家长掌握科学教育子女的方法。

4. 鼓励家长参与幼儿园教育

幼儿园有责任表达诚意，鼓励家长参与到幼儿园的教育过程中，如共同商议教育计划、参与课程设置、加入幼儿活动、深入到具体教育环节之中以及与教师联手配合（共同组织或分工合作）等。希望家长为幼儿园提供人力、物力支持，或将有关意见反映给幼儿园和教师，如家长会、家长联系簿等。

这样，就可以使幼儿园与家长的沟通进一步加强，使幼儿园与家长对儿童的教育影响在时间与内容方面更加紧密衔接，在方向上更加协调一致。

（二）家园合作教育活动的形式

家园合作教育活动大致可以分为以幼儿园为核心的家园合作活动和以家长为核心的家园合作活动两大类。但在实际操作过程中，他们并没有非常明确的区分。

1. 以幼儿园为核心的家园合作活动

以幼儿园为核心的家园合作活动的主要目的：一是让家长了解孩子在幼儿园中各方面的表现，了解教师是如何教育孩子的，同时通过观察教师的教育行为和孩子的表现，反思自己的家庭教育的内容和方法；二是充分发挥家长作为教育资源的作用，支持幼儿园的教育活动。

（1）教育活动开放日。这是提高幼儿园工作透明度的一种重要方法。可以是家长在幼儿入园前对幼儿园整体环境设施设备与师资力量等情况的参观、访问，也可以是幼儿入园后的一日或半日活动的参观与听课。入园前的开放日，可以邀请家长和幼儿一起来园，熟悉新教师和新环境，消除陌生感。而入园后的教育活动开放日，可以让家长从整体上了解自己的孩子在幼儿园的表现以及幼儿园的教育内容与方法，从而解除家长的忧虑。对于教育活动开放日，幼儿园应做好各项准备工作，事先要向家长介绍一日活动的目的和完整的活动计划，让家长"知其然，也知其所以然"，并应指导家长在活动过程中如何观察。事后要充分发挥家长的积极参与精神，广泛听取家长对活动的意见和建议。

（2）幼儿学习成果展览与汇报会。家长把自己的孩子送到幼儿园接受教育，最大的愿望莫过于孩子的进步。举办幼儿学习成果展览与汇报会的目的在于向家长汇报幼儿在园的学习情况，让家长对幼儿园放心，并给他们以教育的信心和方法。教师要让每个幼儿都有机会展示自己的进步，并且这种展示应该是全方位的，既有知识的掌握，又有能力的表现，更有良好品德的展现。要让家长从孩子的表现中，不仅仅看到孩子的进步，更从中学习到一种新的教育理念，并将它运用到自己的家庭教育中。

（3）家访。家访的目的是让家长了解孩子在幼儿园的学习表现，让教师了解幼儿在家庭里的行为表现以及所处的家庭环境，加强沟通、交流经验，共同促进幼儿的发展。教师的家访要有一定的目的性，并在家访过程中围绕事先确定的目的进行。家访要事先与家长约定时间，不做"不速之客"。教师要满怀真诚和爱心，注意讲话方式，全面分析、介绍孩子的情况，多表扬孩子好的行为表现，以建议的方式请求家长配合帮助孩子改正不良行为习惯。

（4）家园联系册。这是一种书面形式的个别交流方式。家园联系册因内容不同而有所区别：一种是由教师根据幼儿在园情况、家长根据幼儿在家情况而撰写的，其内容可以因每个幼儿的具体情况而有差异；另一种家园联系册的内容是固定的，有的甚至是以项目的方式呈现的，如生活卫生习惯、动作发展、学习能力、语言发展、行为习惯等，教师或家长只需在上面打钩即可。相对而言，前者更为自由一些，适合于阶段性的专题联系；后者更为全面一些，适合于经常性周期使用。

（5）电话或网络联系。教师适时向家长传达孩子的行为表现，就孩子出现的问题商讨解决的方法，并帮助、督促家长及时了解和关心孩子的发展。在当前，利用园讯通、班级微信群、QQ群等多样的现代化工具，不仅可以通过语言的方式，还可以通过上传图片、影像等方式，将幼儿在园生活和表现放到网络上，让家长能够及时地看到幼儿在园的情况，更加及时有效地进行沟通。这是多媒体时代家园合作的一种新方式。

2. 以家长为核心的家园合作活动

以家长为核心的家园合作活动是指为了提高家长素质和家教质量，对家长的家庭教育提供帮助和进行指导的过程，是一种以家长为主要对象的、以促进儿童身心健康发展为最终目的的成人教育。

（1）家长会。召开家长会是目前我国幼儿园与儿童家庭保持联系的基本方式之一。家长会由家长集体参加，其内容相对集中于大家共同关心的问题。类型有家庭教育专题讲座、教育经验交流会、家庭教育专题讨论会等。专题讲座是邀请专家或由幼儿园教师就某个问题做全面系统的讲解，既有理论上的阐述，又有实践操作上的指导。教育经验交流会和家庭教育专题讨论会主要是在家长与家长之间进行，也可由教师主持。发言者要有针对性，避免泛泛而谈；主持者要注意因势利导，并适当地进行小结。

要开好家长会，教师应注意多方面的问题。首先要真诚的邀请家长参加，使他们感到幼儿园真正需要听取他们的意见。其次，要与家长建立友好的联系，使家长感到教师愿意与他们交往。当然，这种交往得是正当的、是符合教师道德标准的。最后，要鼓励家长多提合理意见，使他们感受到参与幼儿园教育工作也是他们的责任。

（2）家长园地或家长教育专刊。这是以文字的形式定期对家长进行指导的一种形式。其内容包括家园合作的方方面面：家庭教育方面可以有儿童身体与心理的发展、家庭营养知识、家庭教育方法以及新的教育观念与实践等；幼儿园方面可以有幼儿园近期的教育活动或重大事项、孩子的作品等。当然也可以给家长留一些篇幅，供讨论、谈心得体会、提意见或建议等。在科技发达的今天，家长园地或家庭教育专刊也可以采用先进的多媒体形式进行。

（3）建立家长委员会。家长委员会作为沟通幼儿园与家长的桥梁不仅仅起着联系的作用，还以团体的影响力参与幼儿园的决策。家长委员会参与的主要管理工作就是促进家园合作，包括促进家园之间的信息联系，保证交流渠道畅通，协调家园教育的一致性；发动和组织家长发挥各自的专长和优势，配合幼儿园教育开展各种活动；组织家庭教育经验交流会，宣传家庭教育知识，满足家长对提高家庭教育水平的需要；向幼儿园反馈家长的意见，参与幼儿园的教育决策和监督。作为幼儿园应与家长委员会保持密切的联系，尊重和支持他们的工作，为他们顺利开展工作创设有利条件。

拓展阅读

家长委员会工作章程

一、成立家长委员会的目的

为提高幼儿教育的整体效能，使入园幼儿能在一个良好、优美的环境中生活、学习和健康成长，促使其全面发展，把我园建成一个使幼儿幸福、快乐，让家长放心，社会满意，保教质量一流的幼儿园。

二、家长委员会的性质与任务

（一）家长委员会的性质

家长委员会是由我园全体幼儿家长代表组成的一个群众性的团体组织，它代表全体幼儿、幼儿家长和教职工的利益，是体现民主管理的一种形式。

（二）家长委员会的任务

（1）帮助家长了解幼儿园的工作计划和要求。

（2）协助、参与幼儿园工作，及时反映、协助解决家长对幼儿园工作的意见及建议。

（3）协助幼儿园组织家庭教育经验交流或各项活动。

三、家长委员会的作用

（1）家长委员会作为幼儿家庭与幼儿园联系的纽带，起着疏通家园信息渠道的作用。

（2）家长委员会作为群众性组织起着参与幼儿园管理，监督幼儿园各项工作的作用，使幼儿园的管理体制职能更加完善。

（3）家长委员会起着提高整个园所家长水平和家庭教育水平的作用，要动员所有家长积极学习科学育儿知识，并与园所教师密切配合，共同搞好幼儿教育。

（4）家长委员会起着利用家长人力资源和社会资源与幼儿园共同解决问题的作用。

四、家长委员会的组成

（1）家长委员会成员要求是有较高素质，热爱教育事业，热心为群众服务，有一定组织能力和群众基础，努力为大家服务的代表。

（2）家长委员会由每班教师推荐和家长共同民主推选两名家长作为代表，并由委员会选举产生主任一人，副主任三人，常务委员五人。

（3）家长委员会下设宣教组、后勤组、文体组和保卫组。家长委员会在园长的指导下工作，定期召开全体委员会，讨论幼儿园在各阶段应开展的各项教育活动，以及家长委员会在这些活动中应承担的任务。

五、职责范围

（1）学期初召开家长委员会全体会议，商讨幼儿园工作，提出本学期要重点解决的问题和具体落实的时间，制定工作计划；期末家长委员会向家长汇报幼儿园工作情况。

（2）用各种形式听取家长对幼儿园工作的意见和建议，并及时进行反馈。

（3）每学期开展内容丰富多样的活动，如家庭教育经验交流会、家园同乐联欢会等。

（4）请有经验的家长来幼儿园指导工作，如指导有关法律咨询、电脑讲座等。

（5）设立家长开放日，组织家长来园观摩，了解、检查幼儿园的教育教学情况，幼儿园伙食开支情况，幼儿园保健工作情况等。

（6）家长委员会有义务广泛联系社会各界，对幼儿园的建设、管理和教育成果以及取得的成绩给予积极地宣传和报道。

（7）家长委员会充分发挥家长群体的力量，为全体幼儿服务，为全体家长服务，为全体教职工服务，为幼儿园的建设和发展服务。

任何形式的家园合作活动，其评价标准就是家庭教育水平的提高、幼儿的发展以及教师的自我成长，并且归根结底要落实到幼儿的发展上。

（三）家园合作的原则

在幼儿园与家庭衔接与合作的过程中，教师应遵循以下基本原则。

1. 尊重家长

尊重家长即尊重家长作为教育者的主体地位和人格尊严，不能居高临下地仅仅把家长当作教育对象和教师工作的助手。在幼儿园的教育工作计划与活动内容的安排上，要听取家长的意见，允许和欢迎家长进入幼儿园了解幼儿园教育工作，参与和评价幼儿园教育工作。要和家长共同探讨幼儿教育的方法，分享观点与经验，而不是仅仅告诉家长应该做什么和怎么做。尊重家长是做好家长工作的前提。

2. 适度要求

幼儿园和家庭在幼儿的教育问题上负有共同的责任。幼儿在幼儿园发生的问题，虽然有来自家庭生活和教育的影响，但是幼儿园应该负主要责任。教师应当和家长交流情况，共同探讨教育幼儿的方法。幼儿园对家长提出的要求应当切合实际，是家长能力和物力所能达到的，不能苛求；同时要体谅家长的困难，在解除后顾之忧方面尽力给予帮助，以加深彼此之间的融洽感情。

3. 双向反馈

幼儿园在开展家长工作时，既要向家长输出科学育儿的信息，也要努力收集家长反映的信息。对来自家长的反馈，无论是积极的或消极的，都要认真分析处理。要让家长通过参与幼儿园的活动，实际体验到这种参与对幼儿、对家庭生活的好处，体验到幼儿园对自己的尊重。加强幼儿园教育与家庭教育的相互促进、相互制约，共同保证幼儿的身心健康发展。

第二节 幼儿园与社区教育的合作

社区教育在 20 世纪 50 年代被联合国重视和强调，之后在发达国家倡导和发展，在当今已经成为国际性的教育形式，并逐步走向学校、社会、家庭相互服务、互惠互利的一体化教育形态。当前随着我国社区建设的大力开展和学习型社会的积极创建，社区教育作为"实现社区全体成员素质和生活质量提高以及社区发展的一种社会性的教育活动和过程"，发挥的作用越来越突出。

一、学前社区教育概述

学前社区教育是指家庭以外的其他社会机构、社会团体、政府部门及私人创办的为学前儿童提供的非正式的教育。

（一）学前社区教育的特点

1. 接纳对象的普及性

社区学前教育不仅面向社区内每一个幼儿，而且面向每一个幼儿家庭乃至全体社区成员，为他们提供优生、优育、优教方面的服务指导，从而为儿童实现生命权、生存权、发展权提供保障。无论是来自贫困家庭的儿童，还是社区内暂住者的子女，以及残障等有特殊需要的儿童，均可从社区学前教育中获益。

2. 教育内容的娱乐性

社区教育往往是和休闲联系在一起的，儿童的娱乐是学前社区教育的重要特质。社区教育是在非正式的、无压力的状态下进行的，对儿童来说，玩就是学习。社区开展丰富多彩的教育活动，创设愉快、有趣的学习氛围，满足多方位的心理需求，为提升生活品质奠定基础，为其可持续发展提供精神动力。

3. 教育活动的整合性

要为社区全体成员提供早期教育服务，就须动员社区各方面力量乃至全体成员广泛参与、通力合作，开展适合本社区需要的多种形式的教育服务，推动家庭、幼教机构和社区的合作。社区学前教育的发展前景是形成全方位开放的系统工程，为社区成员提供跨领域的综合管理和服务，其时限可以延伸至新婚期、孕期，其内容可涉及医疗保健、婴幼儿保育、早期教育等。

（二）当今学前社区教育的发展

学前教育社区化是当今世界发达国家学前教育发展的一个基本表现。社区与学前教育的沟通和结合正在被越来越多的国家政府重视，表现为重视学前教育融入社区，重视对学前教育课程的影响，重视社区对学前教育师资培养的影响力等。

目前我国社区学前教育设施大致有三种：有专为儿童设立的，如儿童馆、儿童咨询所、儿童公园等；有为儿童与家长共同参与服务的，如图书馆、博物馆、儿童文化中心和各种教育中心等；还有所谓的"父母教育"，如母亲班、双亲班和家长小组会议等。社区开展丰富多彩的教育活动，创设愉快、有趣的学习氛围，满足多方位的心理需求，为提升生活品质奠定基础，为其可持续发展提供精神动力。

总体来说，当代国内外社区学前教育呈现几点共同趋向：一是教育改革与社会改革同步进行；二是实施跨领域协作和管理；三是学前教育与社区生活双向互动不断增强；四是广泛调动社区力量全面参与（包括家长），扩大社区教育实施主体范围；五是社区学前教育的形式越来越优化。

当今世界各国学前社区教育发展状况

20世纪90年代以来，世界各国十分重视学前社区教育，有的国家设计了专门的社区课程，或在课程中加入有关社区生活和社区问题的内容，使儿童有更多的机会认识社区，培养社区意识，增强本土情感。

一、美国

学前教育专家E.V.埃斯尔等人在为儿童设计的自我概念课程中，包含了"社区及社区助手"的主题内容，由"身份、角色及其关系、周围环境、运动、安全、健康、食物、交往"八个方面组成，在不同的年龄班有不同的具体要求。例如，对2~3岁儿童的具体要求是：

（1）意识到社区是个独特的地方。
（2）意识到社区内不同的人用不同的方式帮助自己及家庭。
（3）认识到自己的社区范围很广。
（4）认识到社区中有多种不同的旅行方式。
（5）领悟到警察、消防员维护着社区安全。
（6）领悟到医生、护士保护我们的健康。
（7）感受到我们在社区能得到食物。
（8）感受到社区有邮电局、图书馆。

对4~5岁儿童的具体要求是：

（1）认识到社区的多种独特之处。
（2）认识到通过社区帮手，人们分享社区服务。
（3）意识到自己社区的环境是独特的。
（4）意识到社区中有服务设施帮助我们旅行。
（5）领悟到社区帮手维护社区安全。
（6）领悟到社区帮手保护我们的健康。
（7）感受到社区里生产、买卖食物。
（8）感受到社区有帮助我们交往、获取信息的服务。

二、德国

1995年，政府开始推行婴儿读书计划，免费向9个月大的婴儿赠送一个礼包（内有故事书、童话诗和图书证），鼓励父母到国家婴儿图书馆去借阅图书，培养儿童对图书的喜爱，提高儿童未来的读写能力和遵纪守法的自觉性。制定了以社区为依托的学前教育方案，目前已形成两种典型的教育方案。

（一）家庭助手方案

社区青年服务部、慈善机构把经过培训的社会工作者组织起来，分派到一些特殊家庭里去工作，每周义务为家庭服务5~10小时，帮助父母掌握教养孩子的基本知识和技能。

（二）家庭互助方案

社区把家庭联合起来，结成对子，互相帮助，共同提高教育孩子的艺术。

三、以色列

社区极为重视对不同年龄儿童的家长进行分层指导，以提高指导的效率。

（一）指导 1~3 岁儿童家长的方案
（1）社区挑选、推荐专业协调员和专职家访员，经培训后上岗。
（2）每个协调员统管几个家访员，每个家访员负责指导十几个家庭的家长。
（3）家访员第一年每周都要去家访，第二年每两周去家访一次，旨在帮助父母认识到游戏对儿童发展的重要性，学会和孩子一起游戏。
（4）家访员帮助家长成立互助小组，每半个月活动一次，在小组内交流育儿经验。
（二）指导 3~6 岁儿童家长的方案
（1）教育部组织专家编写了两年使用的教材，每年九册，每册配有亲子活动方案，每项活动持续几分钟。
（2）社区专职家访员协助家长使用教材。
（3）家访员每两周对社会处境不利的家庭进行一次访问，向父母传递保教知识，帮助父母构建家庭教育环境，提高父母的教育水平。
（4）家访员还鼓励家庭成立友好小组，每半个月活动一次，探讨教养孩子的问题。

http://new.060s.com/article/2008/10/21/119378.3.htm（有调整）

二、幼儿园与社区的合作内容

（一）发掘社区资源，争取社区各方面力量的支持

1. 确立幼儿园与社区间的定期联系制度

要及时了解社区的基本自然情况、环境设施、文化风气、儿童教育措施等，并有针对性地商讨在社区环境内如何有效地教育儿童。一方面向社区领导汇报幼儿园发展中的经验与问题，另一方面提出幼儿园参与社区精神文明建设的活动计划，如绿化美化环境、协助社区开展群众性的文体活动、宣传慰问活动，争取社区的领导、监督和合作。

2. 动员社区力量共同办好托幼事业

社区是幼儿的生活环境，也是幼儿的学习环境，社区中蕴藏着丰富的教育、教学资源，无时无刻不在起着教育作用。社区人力资源是最活跃多变的社区资源，是幼儿接触社会、认识社会并融入社会的重要人力媒介。挖掘社区内人的资源，动员社会力量为幼儿园教育所用。运用社会的力量使幼儿园教育更丰富、更充实，也更贴近生活，更具说服力。

幼儿园周围的自然景观、风土人情，各种社会机构都是对幼儿进行教育的可利用资源。教师带领幼儿到图书馆、美术馆、展览馆、科学馆，甚至工地和农村去参观，增加幼儿对国家政治、历史、文化、艺术、社会生活等方面的感性知识，加深儿童对周围世界的认识。带领幼儿到现实中去学习，拉近了幼儿与生活间的距离，在现实活动中了解认识了社会，使社区环境成为幼儿教育的大课程。以某小区可利用的学前教育资源为例，具体见表 7-1。

表 7-1 某小区可利用的学前教育资源[①]

资源类型	可利用的社区资源	服务的主题
环境资源	小区整体自然环境	预设小班主题《春天来了》《多彩的秋天》
	小区内的树	生成中班主题《各种各样的树》

---

① 胡艳艳. 利用社区资源拓展幼儿园主题活动初探. 教育实践与研究，2014（1）.

续表

资源类型	可利用的社区资源	服务的主题
环境资源	某个小朋友的家	预设中班主题《我的家》
	建设社区卫生服务站	生成大班主题《我们的身体》
文化资源	小区环境保护宣传知识	预设大班主题《环保小卫士》
	居住在小区内的老人	生成大班主题《重阳节——爷爷奶奶的节日》
人力资源	小区内的医生、民警、厨师	预设中班主题《勤劳的人们》《安全宝宝》
	小区内的动物爱好者	预设小班主题《有趣的小动物》

（二）利用教育优势，探索幼儿园为社区服务的途径

1. 与社区共享教育资源，发展社区学前教育

幼儿园要在社区中发挥自身作为专门教育机构的优势，向社区辐射教育功能。如节假日向社区开放幼儿园，供社区的儿童利用园内的设施玩耍；举办幼儿教育讲座来提高社区成员的教育水平；开展各种学前教育咨询服务；协助社区开展各种教育活动等。幼儿园所具有的智力、人力、物力等资源优势，在不干扰正常教学秩序的前提下，应积极主动地根据社区的需要，真心实意地与社区相互配合，实现合作共育儿童。

2. 为社区精神文明的发展服务，共创幼儿发展的良好社会环境

幼儿园作为社区的组成部分，应以提高自身的文明程度为优化社区的文明建设做贡献，包括美化幼儿园环境、提高幼儿园教师的素质、培养幼儿良好的文明习惯等。一个好的幼儿园可以成为社区精神文明的标志，对社区的精神文明建设起示范推动作用。同时幼儿园应当积极地吸取优秀的社区文化，利用社区精神文明的成果，将之转变为幼儿园自身的无形资产，让社区成为幼儿园精神文明建设的促进者。

幼儿园为社区学前教育服务的策略

幼儿园可以为社区幼儿提供早期教育的机会，为社区家长构筑一个交流学习和经验共享的操作平台，实施以"互动"为主线的工作策略，开展多种活动，建立幼儿园、家庭、社区之间的联系，共同推进社区学前教育发展。

一、服务性活动

服务性活动是指幼儿园、家庭、社区以资源共享为目的，相互提供服务的活动，包括教育咨询、好书推荐、媒体宣传、入户指导、保健咨询、成长必备导购等。

二、培训活动

婴幼儿的成长会受到身边每一位人员的影响，任何一种影响都具有教育的作用。要做到积极教育大于消极教育，正面教育多于负面教育，就要让幼儿身边的每一个人都懂得一些幼儿教育的技能与方法。针对不同人群的培训班可照顾到家庭中的不同成员，让他们知道如何发挥自身优势开展婴幼儿教育。

三、开放性活动

开放性是指幼儿园对外开放，提供场地及设施，营造温暖、和谐、宽松的教育氛围，吸引家长关心教育，包括育儿沙龙、亲子活动室、参观观摩、实验交流等。

四、参与性活动

家长应被视为幼儿园教育教学过程中有效积极的社会教育资源而加以利用，鼓励家长在一定范围内参与幼儿园的教育过程与活动。这样就把家庭教育的理念和具体做法，从幼儿园推广到家庭和社区。幼儿园可组织开放日、家园同乐会、家委会、建议箱等参与性活动。

五、教育性活动

根据社区发展的需要和幼儿园办园发展的需要，有目的、有计划、有组织地开展一系列活动，包括亲子班、专题讲座、家园联系窗、成长档案、特殊儿童随班活动等。

六、思辩性活动

针对家庭教育及幼儿园教育中出现的问题，组织家长进行研讨。在争论思辩中达成共识，在良好互动中获得教育信息和教育方法，包括经验交流、活动反馈、家长论坛、深度访谈、成果推广等。

王红芳，金锦秀，袁芒．幼儿园对社区早期教育服务作用浅谈．学前教育研究，2005（2）．

从国外社区学前教育的经验来看，有一条是特别值得学习的，那就是不追求表面的形式，而是注意把社区活动与幼儿园教育活动有机地结合起来，将之变为幼儿园教育活动自然的组成部分，从而使二者的结合深入到幼儿园教育微观层面，既不破坏幼儿园自身的生活常规、教育规律，又有很好的教育效果和社会效益。

第三节 幼儿园和小学的衔接

学前教育作为我国学制的第一阶段、基础教育的有机组成部分，必然对我国教育事业的整体发展，尤其是基础教育的发展具有重要的作用与影响。通过帮助幼儿做好上小学的准备，有助于幼儿顺利地适应小学的学习和生活。

一、儿童入学适应的常见问题

从幼儿园进入小学跨两个发展阶段，从儿童身心发展看是从学前期向学龄期发展的过渡时期，这个时期的儿童既保留了幼儿期的某些特征，又有学龄期刚刚出现的某些特征。入学适应不良是小学生常见的心理问题，在幼儿初入学时最为普遍、突出。长期以来，刚入学的一年级学生总要经过较长一段时间，才能慢慢适应小学生活，这给小学生的学习带来了许多困扰。

无论是对家长的问卷调查，还是对教师、学校管理者及家长的访谈，都显示出新入学儿童存在着明显的衔接期，持续的时间大约一个月左右。而在这个衔接期内，部分儿童会表现出明显的衔接障碍，即入学适应不良，主要包括生活和学习等方面。

（一）生活方面的适应不良

1. 常规适应方面

如小学强调团体规范与要求，有许多新的班级规则、团体常规需要遵守，上课听、坐与说话的约束，作业与评价测验的规范等。

2. 人际关系方面

由于进入小学后，幼儿在人际关系上有所扩大与改变，包括师生、同学关系，与父母的关系，社区伙伴关系，都将因幼儿被视为已经长大而有所变化。

3. 生活自理方面

包括在学校与家中，有关作息时间的调整、个人生活时间的规律性、个人物品的检查与收拾、处理服装仪容的问题、卫生习惯、用餐习惯、盥洗、睡眠等基本的生活自理能力问题。

(二) 学习方面的适应不良

1. 课程内容方面

主要体现在由以游戏方式为主的发展性课程向以教学方式为主的认知性课程转变。具体体现在：在学习和玩乐时间的比例上发生了大幅度的变化，在学校里主要是由学习的时间构成，而游戏和玩乐的时间虽然存在，那并不属于学校课程的范畴，并且在课程的时间上有严格的安排。由于课程整体设计上的差异，小学强调学科教学与知识记忆，有越来越多的纸笔测验、作业与学习进度压力；静态的教学多于动态的活动；与幼儿园相比，只有较少的室外活动和身体运动，较少的艺术和手工活动，较少的想象游戏的机会；在课堂上，比较注重语言和一些比较抽象的活动；每日活动更加结构化，有更加正式的规则和程序等。

2. 学习环境方面

如学校设施多以大儿童为标准，在教室规划、空间布置、课桌椅的排列方式上，较强调团体式的学习。新入学的儿童必须在一定程度上了解两种不同的环境以及所面临的新的常规，包括校园物理环境以及教室场景的变化；学校工作人员及他们对新生行为、态度和期望的改变；同伴群体的变化；父母角色和参与度的变化等。

3. 学习态度方面

如对科目的喜爱程度、喜欢上学与否的动机与原因、完成作业的情况、注意力与持续的态度等问题。

4. 学习方法方面

如学习策略、考试技巧、学习时间与作业方式、能否自主学习、师生对话与回答问题情况等学习技巧的问题。

二、幼小衔接工作的内容

有学者发现儿童的个性特征、家庭结构以及学校因素综合影响着儿童的入学适应。同时也发现，适应学校生活可能与个体的自我约束、自信、同伴关系等技能和行为密切相关，如果个性特征不健全则会遭遇挫折。而有组织的、有规律的环境可能会增强儿童的适应能力，使他们更容易与环境协调。

在与家庭的联系和交流方面，幼儿园应更多地帮助家庭做好入学准备。首先要了解家长已经为孩子做了什么准备，然后告诉家长还有哪些工作要做。比如在入学时需要哪些学习用品，哪些是必需的，哪些是可以根据经济条件选择的，而哪些是完全没有必要的。针对幼小衔接的工作与幼儿园的实际情况，召开专题家长会，以取得家长的配合。开设"家长专栏""今日要点"等栏目，加强与家长的信息交流。通过各种方式指导家庭如何为儿童提供有规律的生活。

在与小学的联系和交流方面，通过图片、资料、多媒体等各种教育形式，帮助幼儿认识入学后的学习与生活。组织学前儿童参观小学的校园，观摩小学生升旗上课及课余活动。邀请小学生来园与小朋友一起举行活动。邀请小学的老师来幼儿园与教师、家长座谈，进一步了解小学的情况，便于与孩子们交谈。幼儿园老师和小学老师要经常联系，了解小学教改情况，熟悉小学一年级课程的基本精神和新课程标准的基本内容。

幼儿园教师要正确认识了解幼儿园和小学教育的异同，找准衔接关键，在尊重儿童身心发展规律的同时，调整生活作息制度和环境布置，调整教学方式，使幼儿在心理上、能力上、概念上有好的准备，在幼儿园与小学之间搭建一个适度的"斜坡"，使幼儿顺利实现从幼儿园向小学的过渡。

（一）培养幼儿对小学生活的热爱和向往

幼儿对小学生活的态度、看法、情绪状态等，与其入学后的情感体验关系很大。应注意培养幼儿愿意上学的情感倾向，帮助幼儿产生对小学生活的兴趣和向往，为做一个小学生感到自豪的积极态度。

（二）培养幼儿对小学生活的适应性

对于幼儿而言，社会性适应能力为他们进入小学生活和以后的成长有着非凡的意义。提高幼儿的社会适应能力，不仅关系到学前幼儿入学后的生活质量，也影响幼儿的学习质量。

1. 重点培养幼儿的生活自理能力

生活自理能力包括管理自己的物品、准时入园、按时入睡、在自由活动时结伴玩耍，能够听指令完成任务或听老师口头通知带指定物品等，使幼儿在自理能力、时间概念、任务意识、责任感、独立交往能力等方面打下良好的基础，进入小学后能有条不紊地生活。

2. 提高幼儿的交往能力

从幼儿身边的小事做起，让幼儿学会与他人友好和睦地相处，包括学会谦虚、有礼貌，能与小朋友分享玩具，不与小伙伴追逐斗殴等；学会关心和参与集体的活动，包括学会与人商量，会向同伴说出自己的想法，共同决定大家要做的事，在别人需要时予以帮助，在集体活动中学会与别人合作，共同完成任务；学会主动接近老师，愿意把自己的想法告诉老师，遇到困难时敢于向老师请教，身体不适时能主动找老师帮忙等。在大班后期，更应该加强与幼儿的社会交往和言语交流，多向幼儿使用心理状态的词语，如想要、希望、认为、觉得、记得、忘记等。

3. 培养幼儿的主动性

富于主动性的幼儿思维活跃，做事有信心，能主动与人交往，他们入学后会比较快地适应小学新环境，学习成绩也较好。在幼儿园中要培养幼儿的自信心、对周围的人和事物的积极态度，激发幼儿对活动的参与欲望和兴趣，给他们提供自己选择、自己计划、自己决定的机会和条件，鼓励他们去探索、去尝试，并使他们尽量获得成功的体验。

4. 提高幼儿解决问题的能力

幼儿园是培养幼儿独立解决问题能力的好场所。应该主动从幼儿学习生活的细节上入手，如自己遇到难题时怎么办？如何收拾玩具及学习用品？如何分碗筷、倒垃圾？同时，让幼儿学会准确表达自己的意见，能够妥善地解决同伴之间的矛盾。在活动中，特别是自由活动，尝试着放手让幼儿自己去解决问题。

5. 增强幼儿自我保护能力

进行安全意识教育，教幼儿很好地保护自己，例告诉儿童，不随便与陌生人说话，遇到困难如何求助等。还要教育他们懂得和遵守交通规则，注意自身安全。

（三）帮助幼儿做好学习方面的准备

学习准备是着眼于幼儿终身学习的需要，发展他们基本的学习素质，为今后的学习生活打下良好的基础。

1. 培养幼儿的小学生意识

激发幼儿的责任感和争取做好学生的上进心,帮助幼儿逐步认识学习任务与幼儿园游戏、作业等的区别。教师安排学习任务时,注意培养幼儿对任务的理解、记忆和操作技能;让幼儿学会听懂老师的任务性语言,并能很好地执行;教师可以通过适当的方式,让幼儿体验完成学习任务时的愉快感。以某幼儿园在幼小衔接方面开展的主题活动为例,具体见表7-2。

表7-2 某幼儿园在幼小衔接方面开展的主题活动[①]

主题内容	向往小学生	活动1:好担心	语言	引发话题,产生对小学的好奇;了解已有经验;进行实地参观;对观察到的小学进行记录表现,与幼儿园进行对比
		活动2:小学什么样	艺术	
		活动3:特别的参观	社会	
		活动4:我眼中的小学	艺术	
		活动5:一样不一样	语言	
	学做小学生(管理物品)	活动6:慌张的莎拉	语言	借助文学作品了解管理物品的重要性;尝试动手整理书包;树立分类整理的经验;表达喜爱的情感
		活动7:整理书包	社会	
		活动8:我会整理	科学	
		活动9:我的小书包	艺术	
	学做小学生(管理时间)	活动10:快睡吧,小田鼠	语言	借助文学作品体验管理时间的重要性;进行课间十分钟的体验活动;尝试统筹合理安排;迁移经验解决问题
		活动11:总是迟到的嘟嘟	语言	
		活动12:课间十分钟	社会	
		活动13:快速收集行动	社会	
		活动14:鹅太太洗澡	语言	
	学做小学生(学习品质)	活动15:犟龟	语言	借助文学作品感受"坚持、耐心、细心"等品质的重要性,在接力赛中体验相应的品质
		活动16:一半先生	语言	
		活动17:着急的豆豆	语言	
		活动18:一棒接一棒	健康	

2. 培养良好的学习习惯

要注意幼儿的学习兴趣、学习热情、学习专注性和持久性的培养。要让幼儿养成正确的书写姿势,提高书写能力。重视幼儿进行认、读、算背后的智能发展,提高他们的观察、归纳、概括、想象、表达、逻辑思维等能力,包括空间关系理解、观察比较、抽象符号操作等,为入学后进行正规系统的学习打好基础。

3. 培养幼儿的规则意识

充分利用和创设环境,利用各种活动的情节让幼儿养成遵守规则的意识,把一些规则运用到游戏的情节中,培养幼儿对规则的理解,使幼儿在头脑中形成条件反射,如养成在回答

[①] 沈颖洁.精心设计幼儿园主题活动.湖北教育,2016(3).

问题前要先举手、别人发言时不随意打断的习惯，加强幼儿遵守规则，培养幼儿逐步形成做事有计划、不拖拉的习惯，并锻炼幼儿的意志与品质。这有利于帮助幼儿提早适应小学的活动常规，为今后的学习做好准备。

4. 加强幼儿的早期阅读活动，养成良好的阅读习惯

老师引导幼儿阅读，同时提供自由选择阅读内容的机会，通过引导幼儿听故事、唱儿歌、看图书等使幼儿喜爱文学作品。在有目的、有计划的阅读中，培养阅读兴趣、掌握阅读方法、提升阅读能力。同时引导幼儿对这些文学作品大胆地提出质疑，激发幼儿积极地动脑思考，养成良好的阅读习惯。

再过几个月幼儿园大班的小朋友就要进入小学学习了，这是他们人生的重要转折点。让孩子顺利开始小学学习生涯，是幼儿园和家长共同关注的。

一、走进小学

幼儿园组织大班的孩子们参观小学，让他们近距离接触小学，体验小学生的学习、生活。"小学的操场有多大？""小学里有男老师吗？""小学里要睡觉吗？""小学里要上些什么课？"……孩子们带着一个个问题参观了小学。不停地问这问那，言语中对小学充满了无限的向往。亲眼看到，亲耳聆听，亲自体验，使孩子们想做小学生的欲望愈加强烈，尽快成为小学生的自豪感油然而生。

二、我爱书包

良好行为习惯的养成是幼儿学习成功的关键，学会整理书包也是入学的一项最基本的要求。通过"我爱书包"主题活动，让孩子们了解书包的用途，学习整理书包，每天带书包上幼儿园，充分体验做小学生的自豪感。

三、感受拼音

孩子进入小学后，拼音学习往往是一只"拦路虎"，幼儿园在兴趣班中对孩子们进行拼音启蒙活动，在老师的亲切引导下，孩子们和拼音交上了朋友，对拼音有了最粗浅的认识。

四、聆听讲座

幼儿园组织幼小衔接讲座来解答家长的种种困惑和疑问。老师的讲座生动、理性，而又富有激情，引起了家长们的共鸣。让家长了解了很多幼小衔接的知识，也让家长对小学有了一个更新、更全面的认识，更坚定了他们能做好幼小衔接的决心。

五、我们毕业了

在栀子花香溢满校园的时节，幼儿园为大班幼儿举行隆重的毕业典礼。在毕业典礼上，园长颁发毕业证书，祝贺孩子们在幼儿园度过了三年的快乐时光，顺利毕业。家长代表祝贺孩子们毕业的同时，感谢老师的辛勤培育。最后，孩子们以自己的歌声表达了毕业的喜悦，从此将开始人生的重要阶段。

http://nanjing.ci123.com/post/138237.html

总之，幼小衔接工作是一项长期而又重要的工作，必须树立正确的观念，渗透在幼儿一日生活的每个环节，培养幼儿各方面的适应能力，使学前幼儿能更好地度过这个成长的转折点、困难点，为他们顺利适应小学的生活打好坚实的基础。

三、国外幼小衔接的经验

幼儿教育与小学教育的衔接问题，受到世界各国普遍重视，并已成为当前世界教育研究的重要课题之一。尤其是对幼儿入学准备的状态研究已成为当前国外发展心理学研究的热点问题，其研究内容包括：了解幼儿学校适应的早期预测因素，建立学前幼儿入学准备状态的测评体系，及早发现入学准备状态不足幼儿并采取相应干预措施，对不同干预途径的效果进行比较和评价等。

（一）在衔接理念上

首先是强调双向调适的观念，即国外学者所说的"有准备的幼儿园"（School Ready Kindergartens）和"有准备的学校"（Child Ready Schools）。不仅幼儿园应该为幼儿的入学做准备，学校也应提前为幼儿的入学做准备。也正如国内学者所说的，不是单向的谁向谁靠拢的问题，而是互相靠拢的问题。

其次是建立基于生态学视野的多方交流的衔接体系，这至少要包括学校（学前与学校机构）、家庭（家长与孩子）和社区（社区与社会）等各个子系统，并且各子系统之间要充分交流、协同工作，才能形成一个和谐的入学生态系统。

（二）在衔接方案上

首先要建立一个完善的入学评估体系，这是适宜的、具有针对性的衔接方案制定的前提。在这个体系中，涉及入学评估标准的制定、政府和学校如何实施入学评估、如何正确地对待入学评估结果、入学评估对入学衔接方案的贡献等。

其次是学校应制定有效的衔接方案，这是解决入学衔接问题的核心。这个方案涉及在儿童入学前后学校所要做的具体工作，要考虑到对影响儿童入学衔接的所有问题的解决，要考虑到调动所有可能对解决衔接问题有益的各方力量，这个系统方案被看作解决入学衔接问题的工作手册。

（三）在衔接项目上

在具体的衔接内容上，首先强调对"任务""规则""交往""自理自护"和"学习"等五个方面能力的培养。无论是国内还是国外的研究，都不否认两种机构的现行坡度，培养这些能力对"爬坡者"是尤其必要的。

其次学校在课程及教学法上的连贯，这是学校在降低入学坡度上的努力。这种努力往往与各国的基础教育课程改革密切相关，在我国当前的背景下，这也是解决入学衔接问题的一个重要契机。

发达国家进行了大量研究，其目的在于让幼儿在入学前接受一二年的预备教育，提高学前儿童的身心发展水平，掌握一部分知识和技能，减少幼小衔接的坡度，从而减轻他们进入小学后的负担。

1. 美国

美国幼儿园基本上附设在小学里，接纳4~6岁儿童，作为"小学阶梯"。对上小学一年级之前的5岁儿童限定进行为期一年的预备教育，主要是促进幼儿各方面的发展，为其入学做好准备。在教育内容上，强调教育内容要符合时代的要求，对幼儿进行数学和自然科学的教育。这对幼儿智力的发展有着深远影响，为幼儿进入小学奠定了良好的基础。

2. 英国

英国初等教育分为2~5岁儿童的保育学校、5~7岁儿童的幼儿学校和7~11岁儿童的初级学校。儿童从5岁开始实行义务教育，全部入幼儿学校，经过两年预备教育后再入初级学校。从幼儿学校的课程来看，尽管幼儿学校属于小学阶段，但课程的内容、要求以及活动的组织形式仍然从学前教育阶段开始，逐步向小学过渡。另外，英国也充分重视托儿所与幼儿学校间的衔接。在伦敦，当前较普遍的做法是将保育学校与幼儿学校合并在一起，这种做法避免了两类机构在环境与社会交往范围上的差异以及由此而产生的问题。

在学校及教室环境的设计上也体现出显著的连续性。英国幼儿教育与小学低年级教育都十分重视物质环境的布置与安排，力求让儿童在与物质环境的相互作用中得到发展。幼儿活动室内的科学角、美工角的出现，能减少幼儿进入小学班级里产生的陌生感。当然，活动角的材料在内容、性质上已有所变化，进入小学后，材料逐渐向实物符号、词语方面转变，部分活动角的内容转变为墙壁上张贴的形式。

英国考虑到幼小衔接的需要，其教育机构设置的主要趋势是将学前两个年级与小学一二年级设置在同一个环境之中，将幼儿教育与小学低年级教育结合或合并为一个教育阶段来考虑，从环境布置、课程设计、教师培训都以创设一个整体的、连续的、发展而协调的学习环境为中心。

3. 日本

日本把幼儿园与小学的衔接置于终身教育的背景下来考虑，文部省明确指出幼小衔接不是要幼儿园培养与小学特定学科内容直接连续的东西，而是培养儿童上小学后成为其生活、学习基础的东西。

在小学教育方面，重要的是如何将幼儿园教育的成果进一步延伸、发展和深化。在幼儿园教育方面，新大纲对幼儿园课程内容作了重大改变，原来的六大领域（体育、语言、自然、社会、美工、音乐）改为五大领域（体育、语言、人际关系、环境、表现）。在小学教育方面，文部省在小学一至二年级的课程中增设一门新课——生活课。生活课包含了原来小学课程中理科（以自然、地理、理化基础知识等为内容的课程）和社会科（以社会常识和技能为内容的课程），取消理科、社会科。但生活课又非二者简单的结合，它是一门新的具有科学教育特色的综合课。幼小课程目标、内容、教育方法等的改革为幼小衔接创造了良好的条件，幼小改革目标的一致性，使幼儿园教育能成为儿童在小学继续学习和发展的基础。

梁燕颜. 试析五国幼小衔接的经验及其启示. 教育导刊，1999（5）.

第四节 家庭、幼儿园、社区的合作

家园区合作的开展是一项社会系统工程，应逐步建立起"政府统筹领导、教育部门主管、社会积极支持、社区自主管理、群众广泛参与"的家园区合作管理体制和运行机制。

一、以政府为主导，明确家园区合作管理机制

充分发挥政府统筹、协调的主导优势，为家园区合作的顺利运行提供组织上的支持，为其良性发展创造良好的社会环境。

（一）确定家园区合作的总体工作目标

家园区合作应该以"服务儿童、服务家长、服务社会"为宗旨，在社区内为儿童创设良好的学习、活动、娱乐环境，并对儿童实施有效的教育。建议把家园区合作的目标具体确定为：

(1) 为社区内更多的学前儿童提供受教育的机会和场所。
(2) 为本社区学前儿童成长创造良好的精神环境和心理环境。
(3) 为家长提供教育服务，提升家长教育素养。
(4) 促进社区全体成员"爱护儿童、教育儿童、为儿童做表率、为儿童办实事"的公民意识的形成。

（二）成立家园区合作管理机构

家园区合作管理机构由教育部门和社区管理部门、大型企事业单位、幼儿园及家长代表等组成。它制定家园区合作实施方案，对家园区合作进行中观管理和业务指导，统筹社区内各种教育因素，协调教育、民政、卫生保健、文化娱乐、社会服务、福利保障等相关部门。它有效地履行家园区合作的管理职能，真正担负起家园区合作的指导者、组织者和推动者的责任，促使家园区合作由自发、经验型走向自觉、规范化的发展轨道。

二、以社区为平台，完善家园区合作管理的内容与形式

社区应充分行使自己的权利，发挥组织管理服务的作用，提高居民对家园区合作重视、关心的程度，动员社区各方面力量乃至全体成员广泛地支持和参与，开展适合本社区需要的多种形式的教育服务。

（一）建立社区家庭辅导站

建议由教育、医疗、卫生及群众团体代表建立家庭教育辅导站，确定开展家庭教育的重点内容，制订实施计划，开展本社区内的学前家庭教育指导"一站式"服务。主动了解散居婴幼儿的家庭情况，为社区内0~6岁特别是0~3岁婴幼儿建立个人成长档案。通过专家咨询、登门辅导、板报宣传等方式落实"三优"工作，通过家长学校、知识竞赛、经验交流等形式，帮助家长解决在教育子女的过程中遇到的各种实际问题，使家园区合作工作覆盖到每个家庭，提高家长进行家庭教育的水平。

（二）搭建学前教育网络平台

当前家庭计算机普及率比较高，建立社区QQ群或微信群，使丰富的教师资源和学习资源通过网络平台在现实社区生活中得到共享。大力宣传、普及家园区合作理念，开展家教指南、早教论坛、亲子乐园等专题研讨，家长不仅可以直接获得最新的教育资讯，还可以直接与教师、专家交流教育观点、教育方法等。此举对于当前提出的"创设学习化社区"目标的迈进是非常有益的。

三、以幼儿园为核心，提升家园区合作的服务功能

幼儿园是社区服务系统的重要组成部分，是开展家园区合作的主阵地。幼儿园必须充分发挥各方面的优势及示范、辐射及指导作用。

（一）开展各种家园区合作活动

根据社区发展建设实际需要，完善游乐场所、教学游戏和与幼儿生活有关的服务设施。通过"玩具图书馆""幼儿园开放日""亲子园"等形式加强与社区居民的沟通，协助社区开展儿童感觉统合测试，通过"教育公益课堂"提高幼儿园教育资源的辐射能力。组织幼儿玩具、图书的出租、交换活动，定期开展幼儿生活自理比赛、玩具图书分享及各种文娱体

育活动，组织由家长陪同参加的亲子活动、家庭趣味运动会、家家乐活动等社区活动。通过活动的开展，为广大幼儿提供接触社区、加强交往的机会，也有效地促进家长与孩子之间的交流。

（二）体现社区教育的本土文化

幼儿园所应成为萌发婴幼儿社区意识和社区情感的场所。在教育目标中体现社区教育的要求，体现社区的本土文化，将引导幼儿认识社区、热爱社区的要求纳入教育目标。从社区丰富的教育资源中选取贴近儿童生活、适合儿童水平、富有教育意义的内容与幼儿园教育内容合二为一，将之作为幼儿学习领域的主题或问题，形成学习共同体，同时帮助幼儿生成初步的社区意识和社区情感。

四、以家庭为基点，拓展家园区合作实施主体

家园区合作更好地发挥家长参与家园区合作的沟通桥梁作用、督导助教作用和民主管理作用，达到家长教育资源的有效开发和利用。

（一）开展家教经验交流活动

具有不同社会、经济、文化背景的家庭本身是家园区合作的重要资源，发挥每位家长各自的专业所长和教育优势，强化家长、幼教机构以及社区之间的沟通交流、理解支持，促成家长与家长、家长与社区幼教工作者之间的经验共享和优势互补，共同促进幼儿的健康成长。

（二）参与家园区合作活动

家长参加举办家园小报、家长联席会、邻居互助活动或开放日活动。这不仅有助于家庭教育资源的开发和利用，还可以通过家长辐射影响整个社区的文化教育氛围，使更多的幼儿在入园前就能受到良好的家庭教育和社区文化熏陶，从而提高家园区合作的水平、效率和质量。

依据社区服务为中心，积极打造优质的学前教学模式是今后一段时间学前教育发展的方向。必须进一步加大家园区合作建设力度，通过主管部门、社区、幼儿园、院校、家长之间建立一种共生互补、交叉融合、持续发展的生态关系，形成"共建、共管、共享"的格局，提高服务各界、服务幼儿、服务家长的质量，从而促进家园区合作效益的提高，更好地推动和促进各项事业的健康发展。

总之，加强幼儿园教育、学前家庭教育、学前社区教育的联系，为幼儿的健康成长创造一个和谐的、良好的大教育环境，是一项十分艰巨的任务，是一个浩大的系统工程，需要全社会的共同努力。广大教育工作者在这项工程建设中，无论是理论研究还是实践探索，都起着举足轻重的作用，这一点应引起广大教育工作者的足够重视。

家园区合作技能训练

一、训练目标

（1）明确家园区合作在幼儿成长中的意义及作用，掌握家园区合作的方式。

(2) 对幼儿入园适应、幼小衔接有初步的认知。
(3) 初步形成与家长沟通的技能技巧。
(4) 开展家园区合作的初步尝试。

二、内容与要求

(1) 见习或假期社会实践时到幼儿园，获得家园区合作的直观认识。
(2) 收集教师与家长沟通的案例。
(3) 访谈技能练习，拟定一份针对家长的访谈提纲，在适当的时机展开访谈。整理访谈记录并做出评析。
(4) 制定一个家园合作的活动计划，并到幼儿园实施，记录分析实施效果。
(5) 走访社区，了解社区学前教育的开展情况。
(6) 走访幼儿园，对幼儿园小学化问题开展实地调查，分析原因并提出解决方法。

三、分析案例，回答问题

(1) 星期一，陆老师埋怨说："小孩在家过了一个双休日，再回到幼儿园后，许多良好的行为习惯就退步了，不认真吃饭，乱扔东西，活动时喜欢说话。真不知孩子在家时，家长是怎么教育的？"站在一旁的张老师接着说："是啊，如果家长都能按我们的要求去教育孩子，我们的工作就好做多了。"关老师也很有感慨："这些家长不按我们的要求去做倒也罢了，还经常给我们提这样那样的意见，好像我们当老师的还不如他们懂得多，真拿这些家长没有办法……"

请您运用幼儿园与家庭合作的有关理论，对几位老师的教育观点进行分析和评价，并具体谈谈家园合作对幼儿发展的重要意义与目前存在的误区。

(2) 幼儿园开展社区合作活动，大家都要带孩子们到社区演出，算是完成一项任务。这不，老师们又忙着商量加班排练节目呢，老师们都抱怨说："合作什么呀？天天园里正常工作都把人累死了，还要额外折腾。"

为什么会出现这种情况？如何解决？

(3) 新学期开始了，大班的家长们都急着问教师："什么时候开始教拼音、识字和计算呀？好多小学在招收学前班，要不要转走？"园长和教师们耐心解释，国家不让幼儿园小学化，幼儿园有自己的衔接措施。可是好多家长还是坚持要教师教小学的内容，否则就转走。园长为了留住这些孩子只好要求教师们教一些小学的内容。

您如何看待这一现象，怎样才能解决这个问题？

(4) 有幼儿家长向教师反映孩子回家后偶尔会说脏话，以前却从不说脏话，猜测是在幼儿园学的。

请根据情况选择适当的家园沟通方式。

(5) 家长询问小班教师为什么孩子上幼儿园后会经常生病，您怎样与家长沟通此事？

(6) 嘟嘟和乐乐喜欢在一块玩，但经常玩不了一会儿就会争吵甚至打架。有一天，嘟嘟把乐乐的手抓破了。乐乐爸爸来接孩子时，教师向他解释，可他一句也听不进去，对教师大发雷霆："嘟嘟已经不止一次欺负乐乐了，这次把手都抓出了血，我要把这个小混蛋赶出去。"并转身对乐乐说："儿子，以后他再欺负你，你就给我狠狠地还手。"教师听后，赶紧劝乐乐爸爸说："小朋友之间的事情，大人不要插手，交给我们来处理吧。"没等教师说完，乐乐爸爸便火冒三丈："你有能力处理？能处理我儿子还会被欺负？我忍了多少次了，这次不用你们管了！"

请分析案例中教师与家长的沟通方式是否欠妥，如果您是乐乐的老师，您会怎么处理？

（7）妞妞刚刚入园，每天早晨她与家长离别后，哭一会儿就不哭了，但是她不许教师碰。游戏时，妞妞对丰富多彩的游戏环境没有一点兴趣，别人玩得兴高采烈，她却一个人坐在角落里。当教师试着和她交流时，她非常紧张地把头一扭，不看老师，也不跟教师说话。集体活动时，她也会有意地跟大家保持一定的距离，当有别的小朋友靠近，她会紧张得大声尖叫。后来，教师从妈妈那里了解到，妞妞是姥姥带大的，从小很少和外人接触，可能是陌生的环境让她不适应。

教师应采取怎样的措施？

（8）性格活泼开朗的奇奇入园以来一直表现很好，团结其他小朋友，从来没和其他小朋友吵闹过。他的好奇心很强，凡事都喜欢问为什么。"五一"劳动节过后，奇奇妈妈向教师反映说孩子不愿来幼儿园，每天早晨都会以各种理由拒绝入园。经过和家长沟通，教师弄清了他不想来幼儿园的原因。原来，"五一"劳动节前几天，奇奇高高兴兴地来到幼儿园，并主动跟教师打招呼，但教师因为忙着跟家长交接工作，周围又很吵，没有听到，他以为教师不喜欢他了，故意不理他，所以很伤心，以后再也不愿上幼儿园了。

如果您是奇奇的老师，接下来您会怎么做？

（9）马老师是个很认真的幼儿园教师，她带班时制定了很多管理幼儿的细则，每天抽空念给幼儿听，并利用"小红花光荣榜"来帮助幼儿遵守这些细则。通过认真观察，她发现幼儿很难遵守这些规定，如坐桌子、不把椅子放整齐、洗手时玩水等，甚至幼儿更喜欢在走路时故意乱跳，或者故意冲别人大叫等，有很多孩子没有小红花也不在意……这些细则对幼儿如同虚设。

这是为什么呢？马老师的做法有哪些问题？

（10）最近,"幼儿园手工作业成家长甜蜜负担"之类的报道时常见诸报端。每逢大小节日,很多幼儿园都会邀请（要求）家长参与各种活动,日常也会给家长布置各种手工类亲子作业。幼儿园的初衷是很好的,让父母和孩子一起参与,增加亲子时光,加强父母和孩子的亲密度。可是家长们表示：周周有活动,啥节都要过,我们真的好累呀！现在这些手工作业,往往全家总动员才搞定。哪里是锻炼孩子,分明是考家长啊！

请问问题出自哪里？如何解决？

（11）新学期开始,李红和张霞担任幼儿园大班教师,她们认为大班幼儿马上就要进入小学学习了,为了做好幼小衔接工作,让学前儿童尽快适应小学生活,她们采取了小学化的教育模式,如教学内容以算术和写字为主、布置书面家庭作业等,学前幼儿以游戏为主的活动改变为以学习为主的活动,课后还要预习、复习功课或做作业等。

请您运用相关理论分析该大班两位教师的做法。

（12）一位家长向幼儿园教师反映这样一件事：我的女儿今年不到三岁,上幼儿园有一个多月了。一开始进幼儿园经常哭闹,现在好了。但是在幼儿园里表现很内向,不爱说话,小朋友一起吃东西的时候,她自己上一边去吃；老师主动逗她玩儿,她也不说不笑。但是在家里却很活泼,把在幼儿园里学的东西都能一一表演,前后判若两人。

这是怎么回事？教师需要做什么？

第八章

学前儿童发展评价

学前儿童发展评价是幼儿园教育的重要组成部分。教师应自觉地运用评价手段，了解教育活动对幼儿发展的适宜性和有效性，以利于调整、改进工作，提高学前教育的质量。

第一节 学前儿童发展评价概述

一、学前儿童发展评价的内涵

学前儿童发展评价是依据学前教育目标以及与此相适应的学前儿童发展目标，运用教育评价的理论与方法，对学前儿童的身体、认知、品德与社会性等方面的发展进行价值判断的过程。它是学前教育评价的重要组成部分。

学前儿童发展评价的根本目的是全面了解学前儿童发展，为制订和调整教育计划提供依据，使教育过程更符合学前儿童发展的需要，最终有效地促进学前幼儿的全面发展。评价幼儿的发展层次和发展水平不仅仅是技术问题和方法问题，更主要是促进幼儿创造性学力的提高和综合素质的完善。评价应采取重过程、重应用、重体验的价值取向，在此基础上创造性地运用多元化、多样性的评价手段去推动幼儿全面和富有个性的发展。

二、学前儿童发展评价的意义

观察、记录、分析、判断儿童发展的能力，是新时期学前教师能力结构中的重要内容，开展学前儿童发展评价有利于教师发展和提高这些基本能力，是提高教师素质的有效措施。

（1）能够反映幼儿学习与发展过程中的重要信息，真实地感受到幼儿的进步和成长。

（2）让每个幼儿都看到自己的进步和努力，体验到成功的快乐，培养有利于进一步学习的情感与态度。

（3）有助于教师发现幼儿的个体差异，提供适合每一个幼儿的特点与水平的教学与指导。

（4）将幼儿的生活和评价融合为一体，有利于实现教育回归生活、融于生活的精神追求。

（5）通过积累有关幼儿学习与发展的各种数据与证明，促进形成性评价与终结性评价的有机结合。

三、学前儿童发展评价的内容

学前儿童发展评价的内容是多元的，既关注幼儿在各学习领域知识技能的获得，也关注幼儿的学习兴趣、情感体验、沟通能力的发展；既了解某个幼儿一段时间内身体、社会、语言等方面发展的情况，或某个幼儿的兴趣、个性特点、学习方式、发展优势等，也了解全体幼儿在某一领域或某一个具体活动中的发展情况。学前儿童发展评价不仅关注幼儿目前的发展情况，同时也注重分析过去、预期未来，注重发现和发展幼儿多方面的潜能。学前儿童发展评价的内容及其切入点可包括以下几方面：

（一）选择学科领域对学前儿童发展进行评价

教师可选择学科领域来对儿童发展进行评价，如健康、社会、科学、语言、艺术等。教师通过了解一段时间内幼儿情绪、社会、认知和身体发展的脉络，如在学期开始时观察幼儿，将收集到他如何摆脱分离焦虑、如何适应新环境的资料；在持续的观察中，将会知道他如何交朋友，他喜欢什么活动；到学期结束时，可以用一幅完整的图画描述他进步、发展的情形。

（二）选择多元智力的各方面对学前儿童发展进行评价

可选择多元智力的各方面来对儿童发展进行评价，如人际沟通智力、音乐韵律智力、语言文字智力等。通过评价确认儿童智力的优势和弱势，了解群体中各幼儿的个体差异，以此调整教学进程。当教师观察到某个幼儿经常选择积木区活动，很少到阅读区时，可以请他将搭建的作品画下来或用语言描述出来，在教师的帮助下做成一本积木作品集放进阅读区。

（三）选择按某一时间、某一活动对学前儿童发展进行评价

可选择按某一时间、某一活动来对儿童发展进行评价，如照顾一只小兔的经历等。教师持续评价幼儿在这一活动中的行为表现，便于调整教师与幼儿互动方式的适宜性，帮助教师决定在某种情况下如何做出最佳的回应。当教师观察到一个幼儿经过多次尝试都无法将模型拼插好而准备放弃时，会思考：他需要我的帮助吗？或许我该建议他改用另一种方法？或者应该让他自己处理这个挑战？

（四）选择主题活动的不同阶段对学前儿童发展进行评价

可选择主题活动所经历的不同阶段对儿童发展进行评价，如开展"我自己"这个主题活动，教师可以在起始阶段评价幼儿的已有经验是什么，幼儿对哪些方面发生兴趣；主题的发展阶段了解幼儿收集了哪些与主题有关的材料，哪些内容可以进行深入地探究；主题的深入阶段分析幼儿是如何解决问题的，采取了哪些方法和途径，在解决问题的过程中幼儿有哪些差异等；主题的结束阶段评价幼儿在这个主题里获得了哪些发展，还存在什么问题，这些问题如何解决等。

教师可根据评价的目的、教育工作的需要选择具体的评价内容。不论使用哪种内容的划分方式，评价者在进行学前儿童发展评价时都要有正确的评价价值取向。在学前教育过程中，教师应拓宽评价领域、优化评价要素、改进评价方法以提高评价效能。

四、学前儿童发展评价的基本要求

现代教育评价的一个重要理念是"评价不是为了证明，而是为了改进"。在学前教育改

革的大潮中，评价越来越向着人文关怀的方向发展。为合理利用评价促进学前儿童发展，教师应关注以下几个方面。

（一）注重学前儿童发展评价的主体性与多元性

在学前教育评价中，幼儿作为评价主体的地位越来越得到关注和重视。评价的过程也是幼儿自我评价和反思的过程，教师应关注幼儿的自我评价，发挥幼儿的主体性，为幼儿提供一个自我反思的机会，有意识地培养幼儿反省的习惯，有助于幼儿自我概念的形成和发展，有助于教师更好地理解幼儿。同时鼓励家长积极参与到评价中来，共同促进幼儿的成长。让幼儿自我反省，尝试评价；让家长学会欣赏，参与评价；让教师调整行为，因材施教。增强幼儿自我评价的意识；提高教师观察、记录、研读幼儿的能力和水平；激发家长参与家园合作的积极性，形成幼儿、教师、家长三位一体的互动式评价。

（二）注重学前儿童发展评价的综合性与过程性

在实施表现性评价时，教师应多方面、多角度地对幼儿进行评价。在评价过程中，教师不应只关注幼儿特定方面的发展，要应关注幼儿各方面的发展，全面综合地评价幼儿。在评价过程中，教师可综合运用多种方式方法对幼儿进行评价。例如，在成长记录袋评价中，教师可将等级评估表、观察记录、评语三部分加以结合，记录的方式也不局限于描述性语言，可增加一些幼儿能看懂的如绘画评语或照片记录等，让幼儿亲身感知自己的进步，从而树立积极的自尊心和自信心。

幼儿天生具有探索和求知的欲望，幼儿的学习每时每刻都在发生。一次创作的成果、一张发展量表怎能完全体现幼儿的学习和成长过程呢？评价过程不是某个单一的教学活动，也不是一次简单的综合测评，而是幼儿在某一时期连续、系统、整体的发展过程。教师需通过连续性的观察，了解幼儿发展中哪些方面有所欠缺、为什么欠缺以及应从哪些方面帮助幼儿弥补。幼儿的外显行为易受多种因素的制约，在不同环境、不同情境、不同活动中，幼儿的表现可能会有很大的差别。因此，教师在观察和评价的过程中，应关注幼儿的实际情况，将幼儿当前的表现与以往的表现加以对比，从而对幼儿做出发展性评价。

（三）注重学前儿童发展评价的日常性与系统性

良好的日常评价有利于提升整体评价质量，更好地促进幼儿发展。在日常评价中，教师的评价应更加聚焦，即评价语要尽可能具体一点，以分析性评价为主，减少类似"很棒""非常好"等空泛的评价。可将评价语转换成"我认为你……方面做得好""表现很好，也可以在……方面继续加强"等具有针对性和指导意义的形式，以使评价更具有价值。教师在评价幼儿活动中的表现时，可多选择"做事细心，有条理""与其他小朋友沟通时有礼貌""在活动中，能够与其他小朋友分工合作，且合作过程愉快"等评价语，以帮助幼儿了解自己哪些方面做得好，哪些方面还有待加强，进而增强幼儿的自我认知能力。为提高日常评价的质量，教师应多选用具有针对性、指向性和指导意义的评价语。

在运用表现性评价的过程中，要注重评价的系统性。表现性评价的实施是一个伴随"制订计划——确定观察主题——创设情境——收集信息——分析整理——反思总结——改进活动——再次制订计划……"一系列步骤的循环往复过程。教师需要做长期系统的观察和记录，才能更好地了解幼儿，更充分地利用评价改进自己的教学工作，从而促进师幼的共同发展。

全美幼教协会标准体系中关于儿童发展评价的问题：
1. 评价过程是以托幼机构所制定的具体课程目的和目标为基础的吗？
2. 评价结果能使幼儿获益吗？评价过程能为每个幼儿制订计划、了解幼儿的兴趣和需要以及进行个性化的教学，而不是对每个幼儿定性或使幼儿有挫折感吗？
3. 评价过程是强调学习和发展的所有领域（即社会的、情感的、身体的和认知的）和幼儿对学习的体验和倾向性吗？
4. 评价过程为教师提供了有用的信息来帮助他们把工作做得更好吗？
5. 评价过程是以教师对幼儿每日活动定期的和阶段性的观察和记录为基础，所得出的结果反映了经过一段时间幼儿的发展变化了吗？
6. 评价过程是作为进行中班级活动的一部分而发生的，而不是一种人为的、做作的情境下进行的吗？
7. 评价过程是以行为过程为基础的，而不是孤立地对各种技能进行测查的吗？
8. 评价是以幼儿的多种信息来源，如收集他们的作品、教师访谈的结果以及谈话、观察的结果为基础吗？
9. 评价过程能反映个性上、文化上和语言上的多样性吗？它有没有文化、语言和性别上的偏见？
10. 在评价过程中，幼儿显得自然和放松而不是紧张或焦虑不安吗？
11. 评价过程能够增强家长对幼儿的信心和促进家长教育能力的提高吗？
12. 评价是展现幼儿的优点和能力，而不仅仅是表现他们的缺点或他们不能做什么的吗？
13. 教师是主要的评价者，而且教师在承担这项工作时得到充分的培训了吗？
14. 评价过程包括教师、幼儿、管理者和父母之间的合作了吗？来自父母的信息被运用到评价过程中去了吗？告知父母有关评价方面的信息了吗？
15. 幼儿有机会去思考和评价他们自己的学习吗？
16. 幼儿是在一种支持性的背景下被评价的，并通过评价我们能确定在教师的帮助下他们能够做些什么和他们可以独立地做些什么吗？
17. 有一个用于收集有利于运用到计划教学和同父母交流的评价信息的系统化过程吗？
18. 有一个定期举行的运用有意义的语言同父母交流评价结果的活动，而不是通过写信或告知得分的方式来报告幼儿个人的进步吗？

［美］CarolE，Catron，Jan Allen，著. 学前儿童课程——一种创造性游戏模式.
王丽，译. 北京：中国轻工业出版社，2002.

第二节 学前儿童发展评价的方法与实施

在当前学前教育实践中，一般采用观察法、评定量表法、谈话法、作品分析法、成长记录袋评价等方法对学前幼儿发展进行评价。

一、观察法

观察法是观察者有目的、有计划地对观察对象或行为进行考察、记录、分析的一种方法。这是在学前儿童发展评价中最主要、最经常的评价方法。因为幼儿的发展情况往往表现在其日常外显行为中,与年龄较大的儿童相比,幼儿的语言能力和自我表达能力有限,因此对学前儿童发展的评价往往以幼儿在活动中自然表现出的可观察到的外部行为为主要依据。观察法按照观察的时空条件、目的、角度等,可以分为自然观察法和情境观察法两种。

(一) 自然观察法

自然观察法是指在日常生活的自然状态下,有目的、有计划地对幼儿的行为进行直接的观察、记录,从而获得幼儿发展信息的方法。其特点是不对幼儿的行为进行人为的干预与控制,教师与幼儿都处于自然状态下,能够观察到幼儿在日常生活中最真实、最典型、最一般的行为。自然观察法适用于幼儿发展的各个领域,在幼儿情感、社会性发展评价中尤其具有重要价值。自然观察法可分为描述观察、取样观察和行为检核三种方式。

1. 描述观察

描述观察是指观察者在日常生活情况下,将幼儿自然表露的行为进行原始的、真实的记录,以此了解幼儿的发展情况。观察记录偏向叙述性方式,记录的焦点是出现的重要或突发行为表现,如针对幼儿在班级里的互动情况、幼儿在活动中的学习表现,或是针对幼儿面对问题寻求解决的过程等,一般认为这些行为表现可能与后续某些重要的结果有所关联。可以辅以文字、录音甚至影像等记录形式,对于观察行为的记录最常采用"先前行为——行为——后续事件——记录"方式,可提供观察行为较为丰富的信息。观察者的敏锐度相当重要,必须在当下区辨行为并进行记录。

> 在观察儿童积木游戏时,大部分教师会观察儿童的动作发展,包括精细动作和手眼协调;会观察儿童对大小、形状的认知;会观察儿童的社会性发展,比如是否与其他小朋友有合作和交流;会观察儿童的情绪情感,比如是否有耐心,玩得是否愉快;还会观察游戏结束时儿童是否有收拾玩具的良好习惯。这些内容的确是儿童在玩积木的过程中都有可能表现出来的,但不是我们要了解的儿童积木游戏的"核心信息"。因为上述行为是儿童在其他游戏中也可能表现出来的。教师在观察儿童积木游戏时将重点放在以下内容上:
>
> (1) 他选择哪些积木?(积木的大小和类型,辅助材料——玩具娃娃、小型积木、汽车、木偶等)
>
> (2) 他搭建哪种形式的建筑?(高高耸立式;十字交叉式;沿着地板的;堆放式的;可以辨认的结构)
>
> (3) 他如何利用空间?(拘束地或伸展地;靠近架子;注意障碍物)
>
> (4) 他解决问题的灵活性如何?是否尝试不同的方法?是否重复同一种无效的方法?是否反复运用一种成功的解决办法?
>
> (5) 他是否一边工作一边用语言表述?
>
> (6) 他是否给搭建的物体命名?是否在戏剧表演游戏中使用?是否主要对搭建的过程感兴趣?
>
> (7) 是否有重复的主题?主题是否多变和多种多样?
>
> (8) 进行搭建活动的同时是否会进行想象游戏?在搭建完成之后呢?
>
> [美] 科恩,等著. 幼儿行为的观察与记录. 马燕,马希武,译. 北京:中国轻工业出版社,2017.

在实际应用中,描述观察可以方便地应用在任何情境中,不需要先预定记录行为甚至进行严谨的分类界定。由于描述观察可针对特定行为进行详尽描述，有时能有助于针对幼儿发展提出一些重要的假定与疑问，协助前述问题顺利地解决。

2. 取样观察

取样观察是一种严格、系统的观察方法，是观察者根据一定的标准，抽取一定的幼儿行为进行观察、记录和研究，从而获得对幼儿行为了解的方法。它包括时间取样法和事件取样法。

（1）时间取样是指在事先设定的时间间隔内观察目标行为，并记录目标行为出现的次数，借以了解行为模式的一种方法。其主要适用于幼儿经常出现或出现频率较高的行为，一般容易被观察到。以时间取样法观察和记录幼儿的行为表现所得到的资料属于量化的资料，方便统计幼儿出现该目标行为的次数或频率，利于进一步分析解释。

在时间取样的设计上，可以采取规律性的时间取样或随机性的时间取样等不同方式，针对取样时间内的行为表现进行观察记录。例如，观察某名幼儿不专注行为，在区域活动时间观察幼儿30次，观察时距为20秒（观察15秒，记录5秒）。观察表格要预先准备好，见表8-1。

表8-1 儿童不专注行为观察表

观察时间	儿童姓名	儿童姓名
10：00：00		
10：00：20		
10：00：40		
10：01：00		
表格延续至观察时间结束		
10：09：40		
统计		

使用时间取样时，观察者必须事先将目标行为进行分类，同时清楚明确地定义各行为类别。清楚明确的行为定义可以让不同的观察者使用同一个行为标准来进行观察，以达到观察应有的信度与效度，并且让阅读资料的人能以同一个行为标准来解释和分析资料。

在实际应用中，时间取样是一种有效且省时的观察与记录方法，它能提供行为出现的数量信息，所得的记录结果具有统计上的代表性。但时间取样只能观察到目标幼儿的外显行为，无法了解行为发生的背后原因及因果关系。

（2）事件取样法是选择某种或某类事件作为观察的目标，在观察中等待该事件的发生并仔细观察记录事件全过程的方法。事件取样主要用于观察特定的行为或事件，不规定观察时间，观察所得的资料和信息较具连续性和自然性。当教师设定观察的目标行为出现时，就开始将目标行为及其发生前后的事件记录下来，一直记录到事件结束为止。在记录方法上，教师可以采用行为分类记录方法，记录幼儿的行为是否已经发生，而且可以加入描述性记录，将事件发生的前因和后果记录下来。运用此方法，也要事先设计好观察记录表。例如，教师对幼儿在活动中的告状行为进行观察，见表8-2。

表 8－2　幼儿在活动中的告状行为观察

姓名	性别	发生背景	指向对象	情形描述	分析

事件取样法所观察的行为呈现频率比较高，如幼儿的争执行为、同伴之间的友好行为、对成人的依赖性、儿童的社交行为等。观察者在特定的时间内将焦点置于特定的观察行为，对行为进行完整描述。观察行为必须事先界定清楚，甚至观察与记录的实施步骤也可以进行事先的系统规划，以便顺利实施。常见的事件取样可针对幼儿个案进行观察，也可以同时针对数名幼儿的事件行为进行观察和记录。

3. 行为检核

行为检核是将要观察的项目和行为预先列出表格，然后检查行为是否出现，或行为表现的等级如何等，并在所选择的项目上做上标记。

行为检核是观察目的的具体体现，这种方法可使观察更具有针对性，教师在对幼儿发展进行评价时，可以将所选择的评价指标体系分解为若干个行为检核表，一个阶段对全体幼儿进行检查，对检查结果进行统计分析，了解幼儿个体或群体的发展状况。幼儿合作行为检核见表 8－3。

表 8－3　幼儿合作行为检核表

幼儿姓名：　　　　　　　　　　　　　　　　　　　　观察时间：

1. 主动与他人交谈　　　　　　　　　　　　　　　　　是（　）否（　）

2. 说出自己对合作作品的贡献　　　　　　　　　　　　是（　）否（　）

3. 与他人分享经验与想法　　　　　　　　　　　　　　是（　）否（　）

4. 赞美别人的努力　　　　　　　　　　　　　　　　　是（　）否（　）

5. 主动帮助他人，解决问题　　　　　　　　　　　　　是（　）否（　）

6. 与他人分享玩具或学习材料　　　　　　　　　　　　是（　）否（　）

7. 与他人共同完成作品　　　　　　　　　　　　　　　是（　）否（　）

8. 爱惜与他人共同完成的作品　　　　　　　　　　　　是（　）否（　）

(二) 情境观察法

在教育的实际情境下，按照研究目的控制和改变某些条件，将幼儿置于与现实生活场景类似的情境中，由评价者观察在该特定情境中幼儿行为的方法。例如，教师有意减少玩具的数量来观察幼儿的分享或者合作行为。

在幼儿园举行"合格小公民"比赛，老师事先把活动室的图书、桌椅、玩具乱摆乱放。然后在这种情境下让幼儿进入活动室，看看幼儿的行为反应，可以考察一下幼儿的行为习惯，看幼儿会不会自觉收拾整理物品。

情境观察法的优点：一是可以在一次活动中集中获得大量信息；二是可以改变有些条件

保证观察效果,又可保持情境的真实自然,易于观察幼儿的自然表现;三是方法比较简单,完全可以和幼儿园各种教育活动结合起来使用。

运用情境观察法收集评价信息应注意以下问题:

(1)要围绕观察目的设计情境,所创设的情境要能引发幼儿表现出评价者观察的行为。

(2)设计的观察情境应尽量与幼儿的日常生活情境相似,应是幼儿较感兴趣的活动,能够使幼儿积极参与并产生真实感。

(3)情境观察应与日常观察相结合。幼儿在某一特定情境中的行为,不一定代表在日常生活中所有的情况,所以不能以一次情境观察得到的材料对幼儿进行评价,经过多次情境观察与日常生活中的自然观察相结合,才能使教师对幼儿的评价有比较充分的事实依据。

二、评定量表法

评定量表法是由于观察者设计一种独特的数字或描述价值的工具,用来记录观察行为的一种方法。评定量表法可以使用检核表示的项目问卷,搜集观察对象在各项目的回应或表现情形,也可以使用连续评定、次序评定、行为程度的选择,或是用图及表的方式呈现更复杂的,可以制定评定表现等级或技巧熟练程度标准。这些评定的结果经过一定时间的观察后需合计得分,用以作为推论与分析行为的依据。

在实际应用中,设计与使用的便利性是评定量表法最大的优势,观察者只需最低程度的训练便能具体实施,且同时可以用来记录多种观察行为表现,特别适用于评定观察行为在一定时间内出现的稳定性,且很快地提供有关观察对象的信息。儿童本体觉发展评定量表见表8-4。

表8-4 幼儿本体觉发展评定量表

儿童姓名:　　　　　　性别:　　　　　年龄:

	没有	很少	偶尔	常常	总是
1. 在眼睛看得见的情况下,屡次碰撞桌椅、杯子或旁人,方向和距离感差。	□	□	□	□	□
2. 大动作笨拙,容易跌倒,倒下时不会用手支撑保护自己;拉他时显得笨重。	□	□	□	□	□
3. 俯卧地板床上时,无法把头、颈、胸、四肢抬高离地(如飞机状)。	□	□	□	□	□
4. 不善与同伴投球和传球。	□	□	□	□	□
5. 不会洗手,上厕所不会自行擦屁股。	□	□	□	□	□
6. 不会使用筷子,或一直用汤勺吃饭,不会拿笔。	□	□	□	□	□
7. 不会玩骑上、爬下或钻进去等的大玩具。	□	□	□	□	□
8. 不会站起来用脚荡秋千,不会攀绳网或爬竹竿。	□	□	□	□	□
9. 穿脱袜子、衣服、扣纽扣、系鞋带等动作,向来非常慢,或做不来。	□	□	□	□	□
10. 单脚跳,跳绳等都做不好也学不好。	□	□	□	□	□
11. 对拿笔写字,剪贴作业,着色等做得不好或非常慢。	□	□	□	□	□
12. 饭桌上经常弄得很脏,成人要求他收拾好书桌或玩具很困难。	□	□	□	□	□

续表

没很偶常总
有少尔常是

13. 做手工、做家务事很笨拙，使用工具抓握动作很不顺手。　　　☐☐☐☐☐
14. 常惹事，如弄翻碗盘、弄洒牛奶、从车上跌落等，需要特别保护。☐☐☐☐☐

三、谈话法

谈话法是调查者通过与幼儿面对面的交谈收集评价信息的方法。例如，通过谈话了解幼儿的性格或生活情况，或者了解幼儿在某方面的特点等。

按照谈话方式，谈话法可以分为以下四种：第一种是直接回答的谈话，这是一种一问一答的谈话。谈话者把准备好的问题一一提出来，提问一个让幼儿回答一个。第二种是选择答案的谈话，谈话者把询问的内容预先拟定成具体的选择题，以便供幼儿选择。第三种是自由回答的谈话法，这种方法是围绕着一个或几个问题进行回答，直到了解问题为止。第四种是自然谈话的方法，这种谈话没有具体顺序和问答形式，可对动机、感情、态度、意见等内在情形进行了解。

谈话法有一定的优越性：谈话时教师与幼儿面对面交谈，当幼儿不理解问题的含义时，教师可详细地加以说明。谈话的手段可运用于较为广泛的范围内，获得的信息更为详细，可向不同的访谈对象提出不同类型的问题，较为灵活。谈话法的不足在于费时太多，记录时较为困难，也不能像问卷那样可以进行系统统计。

师：为什么有的气球会飞到天上去？
幼：因为它有气。
师：为什么有的气球不能飞上天？
幼：因为里面气太少。
师：什么动物有两只脚，早上太阳公公起来的时候，它会叫你起床？
幼：鸡，父鸡。
师：什么叫父鸡？
幼：母鸡叫母鸡，公鸡叫父鸡。
师：怎么分辨男女？
幼：看头发，长头发的是女孩，短头发的是男孩。
师：如果朝池塘里扔块石头，会发生什么现象？
幼：水会变成波波。
分析：访谈者根据幼儿的年龄特征和当前的心理状态提问，访谈时态度亲和自然，让幼儿无心理疑虑或压力；提问语言平实简洁，无学术化或书面化的语言，使幼儿能清楚地理解并能做出适当的回答。访谈中，研究者能很好地控制谈话节奏，围绕主题推进谈话。

运用谈话法应注意以下问题：

（1）谈话应有明确的目的，谈话时围绕主题进行，不能脱离主题，漫无边际。谈话应该选择适当的时间，如当一个幼儿正急于到户外去玩，那么此时就不宜谈话。谈话还应该选择安静的地方进行，避免其他干扰。

(2) 与幼儿谈话时，应该语气和蔼、态度亲切，谈话用语应易于幼儿理解。谈话时不能催促被评价幼儿，也不应暗示和启发。

(3) 要准备好提问的顺序，按一定的思路发问。谈话过程中，不能对谈话对象有偏见，也不可对谈话内容加以褒贬，在记录整理时，亦不能加入调查者个人的主观印象。

四、作品分析法

作品分析法是通过对幼儿作品的分析来了解幼儿知识能力、认知倾向、技能技巧、熟练程度、感情状态等发展状况的一种方法。

一般作品分析法常用的维度指标包括：

1. 时间

时间维度用于反映幼儿的心理能力，心理能力强者正确完成作品所用的时间应比别人的少。

2. 形式

形式是作品表现主题的方式，反映着幼儿的想象力和对任务完成方式的掌握程度，体现幼儿的技能水平。

3. 内容

内容是指作品内容的正确行为，是幼儿知识、能力和心理特点的反映。

4. 能力

能力是个体完成某种活动所表现出来的典型、稳定的心理特征。通过作品分析幼儿的能力特征，是作品分析的一项重要内容。

5. 性格

性格反映着幼儿对现实的态度和行为方式的特点。作品分析法中幼儿性格的研究主要偏重于了解幼儿在性格方面存在的问题，以便进行指导。这些问题包括两个方面：消极态度和问题行为。

http://www.docin.com/p-738111306.html

在幼儿园中，教师和幼儿合作收集幼儿不同时期具有代表性的阅读、描述、数学、美工和音乐作品，如绘画、泥塑、各种记录单、参观访谈的记录报告、幼儿自创的书写符号、叙述自编故事时的录音带、创编舞蹈时的录像带、幼儿合作探究时的摄影作品、成人记录幼儿描述的故事或事件等，把作品和教师的文字记录放在一起，可以帮助教师看出幼儿的发展状况，确认幼儿进步的情形。

幼儿获取的成果是初步的、不完整的、幼稚的，不可能达到有所发明、有所创新的标准，大多是已有科学成果的"再次发现"，个别的甚至连结果都没有。庄子曰："始生之物，其形必丑"，但"其作始也简，其将毕也巨"。美国心理学家爱德华·底博农说："要求事情在任何阶段、任何时间万无一失，也许是新思想的最大障碍"。

一幅名为《太阳》的想象画引起了我的注意，这幅画用笔稚拙、随意，有点粗糙，也无"技巧"可言，更无任何背景。但幼儿画了四个太阳——分别为绿、蓝、黄、红四种颜色，用笔大胆，色彩丰富。他的回答令我惊诧，四个太阳分别代表四个季节，绿太阳是春天的太阳，象征万物复苏；蓝色是冷色调，希望夏日的阳光能给人带来凉意；而黄色当然表示收获的金黄的秋天；最后他希望冬天的太阳红彤彤，照得大家暖洋洋。我除了给他的创新思维予以大大赞扬，给他的画打高分以外，又怎能苛求他画得像不像，画面是否完美呢？

可以说这位教师已经把握了作品分析法的实质，即在评价过程中，科学性并不是一个绝对的概念，它应该服从于发展性、趣味性等动机激励因素。评价不是终结性的，而是形成性的，它永远是推动幼儿进步的参照。

五、成长记录袋评价

成长记录袋评价（Portfolio Assessment）也称档案袋评价、历程记录评价，是根据教育教学目标，有意识地将有关幼儿表现的作品及其他证据收集起来，通过合理地分析与解析，反映幼儿在学习与发展过程中的努力与进展，并通过幼儿的反思与改进，激励幼儿取得更高的成就。目前，成长记录袋评价作为一种有效的质性评价方式被我国更多的幼儿园大力推广和使用。

成长记录袋以不同的功能为标准，可以分为展示型、文件型和评价型三种。展示型主要是由幼儿选择出来的最好和最喜欢的作品集；文件型是教师通过评价、考查、轶事、成绩测验等得出的儿童进步的系统性、持续性记录；评价型是根据幼儿作品做出的幼儿在某一学习领域所取得成绩的标准化报告。

成长记录袋评价融过程评价与结果评价为一体，兼容多种具体评价的方法，如观察法、谈话法、作品分析法等。作为一种新型的质性评价方式，其作用的发挥依赖于一定的理念及技术支撑。

（一）明确成长记录袋评价的实质

就幼儿评价来说，创建成长记录袋的主要目的是促进幼儿的发展。其过程中的幼儿有关资料的收集，不是为了收集而收集，而是为了评价而收集。通过收集幼儿作品、活动记录、评价记录等丰富而有用的信息，并进行合理的分析与解释，是为了给幼儿提供有针对性的发展与改进的建议。在评标过程中，教师更多关注的是幼儿的需要，以欣赏、乐观、发展的眼光对待幼儿的成长，促进每个幼儿实现他们最大的潜力和价值。同时，多角度、多维度地发现幼儿的特点和优势。

（二）全面收集评价内容

当前幼儿园的成长记录袋在类型上存在展示型居多，文件型、评价型较少的状况。成长记录袋收集的内容应覆盖幼儿在身体、认知、言语、情感及社会能力等多个发展领域，其具体形式也是丰富多样的。应该说，只要是与幼儿发展有关的信息，能够说明幼儿发展轨迹的、能够反映幼儿在某一领域的进步、态度和努力，无论形式如何，都可作为成长记录袋收集的内容。

教师在活动中用相机捕捉幼儿的动作、眼神、表情等，不忽略活动室环境等细节，也尽量不惊动幼儿，使照片能呈现真实的活动情况，反映当时当地幼儿的状态：有可能是遇到了难题，也可能是有所发现，还可能是正在探索解决问题的办法，以此展现幼儿的不同表现。教师还为幼儿的作品或活动照片加注简短的说明。如果只呈现作品或照片，幼儿说过的话、事件发生的背景等信息都无法体现，不了解情况的人往往无法从中获得准确的信息。因此，教师应根据活动的内容和幼儿的不同表现有所侧重地记录当时幼儿的语言、行为表现等。

（三）突出幼儿的个别差异

当前幼儿园的成长记录袋在主题的选择、材料的收集、内容的呈现往往出现完全相同的情况。每个幼儿的成长记录袋都应当是独一无二的,是幼儿个体成长过程的记录,是他们一生的财富。

> 成长记录袋包括的内容如下:
> 一、我的幼儿园
> 摘贴幼儿园简介,然后附上幼儿园图片,也可以让孩子画幼儿园。
> 二、我爱我家
> 写上家庭概况,贴张可爱的全家福。
> 三、我的小档案
> 包括个人基本信息、生长发育情况、性格特点、特长爱好、我的梦想、我的好伙伴等。
> 四、我的成长
> 包括幼儿的日常生活及美工作品的照片、教师的观察记录、幼儿发展评价表、幼儿身体状况测量表、各种测验和调查结果、主题活动延伸作品以及反映幼儿发展阶段特点的作品。
> 五、我的发明发现
> 儿童的自制玩具、自创的书写符号以及自编的故事。
> 六、精彩瞬间
> 挑选孩子最精彩的一张照片,讲述关于照片的内容故事。幼儿的口述记录、趣闻轶事、活动过程的音像材料、幼儿的优秀作品及幼儿自主选择的作品。
> 七、快乐足迹
> 包括幼儿在家、在园的童言稚语,成长中的小故事,旅游外出等内容。
> 八、教育寄语
> 您对孩子的期望。
> 九、心灵沟通
> 我要说:
> 爸爸妈妈对我说:
> 老师对我说:
>
> http://wenwen.sogou.com/z/q171072625.htm (有改动)

学前儿童发展评价技能训练

一、训练目标

(1) 掌握学前儿童发展评价的基本内涵,明确学前儿童发展评价的基本内容及评价对幼儿发展的重要意义。

(2) 明确学前儿童发展评价的基本方法与操作要领。

(3) 初步形成儿童访谈、情境观察、作品分析等儿童发展评价的基本技能。

二、内容与要求

(1) 测量量表运用训练。根据量表对幼儿进行身体发展评价、认知发展评价。

(2) 时间取样观察训练。对幼儿注意力分配情况进行观察,观察时间为 10~15 分钟,自己确定时间间隔，并如实记录。

（3）事件取样观察训练。确定所要观察的行为或事件的类型，并在自然环境下等待记录行为或事件，以旁观者的身份进行客观地观察和翔实记录。

（4）描述观察训练。如实对同学合作状况做出描述，描述要有细节、有情节，语言文字要有故事感。尝试对所叙述的内容进行一定的分析，并归纳出既有个性又有一定参考意义的教育理念或方法。

（5）访谈技能训练。拟定一份针对幼儿的访谈提纲，在适当的时机展开访谈。整理访谈记录并做出评析。

（6）作品分析训练。对幼儿美术作品进行分析，并结合幼儿审美特点及心理发展特征提出建议。

（7）写评语训练。确定评价对象后写100字评语。

（8）成长记录袋设计训练。为大班幼儿设计40页成长记录袋目录。

三、分析案例，回答问题

（1）小凯和小丽各自在桌子前拼小熊积木，小凯始终低头自己拼积木，不与别的小朋友说话。一会儿小强走到桌边，靠近小凯，想和小凯一起玩，但小凯仍低头拼积木，没理小强。玩了一会儿，小凯手上只剩下一件小熊衣服和小熊裤子，他去找小熊头，但是找不到，他低下头接着拼积木。

拼了一会儿，小凯抬头看着小丽拼的小熊，用手指着小丽的小熊说："它的头太大。"小丽大声说："是我的。"小凯有点生气，但还是低头继续拼，一会儿又看向小丽，说："你有两个是不是？"小丽没反应。他又说："你有两个是不是？"小丽仍没有搭理他，只管自己拼。于是，小凯靠近小丽身边，小手拍了桌子一下，生气地说："你是不是有两个？"小丽还是没理他。小凯最后只好又低头拼积木了。

上述内容是学前教师在幼儿活动中记录的一个片段。如何评价小凯和小丽的特点？您觉得教师应该如何应对他们之间的"冲突"，并说明理由。

（2）以下是两位教师对同一活动的描述观察。

A教师的观察记录：孩子们开始分配角色。两个孩子选择了白、蓝蝴蝶。扮演黄蝴蝶的小姑娘很热情地帮伙伴穿蝴蝶服装。粉色裤子的女孩还没确定自己的角色，她没有选择伙伴帮她挑的衣服，最后自己选了"黄花"的装扮。选择当红花的小姑娘很早就穿了好衣服，但是她发现没有红蝴蝶，她拿起粉蝴蝶服装又放下。"黄蝴蝶"帮"黄花"穿好衣服了。"白花"早已穿好衣服和伙伴们一起布置场地。"红花"也跑来帮忙找材料。"黄蝴蝶"到处飞来飞去，还问一句"开始了吧？"……

B 教师的观察记录：活动开始了，幼儿有序地为自己选择角色服装并穿戴好。其中有一个女孩穿不上白蝴蝶的服装，嘴里嘟囔着"怎么办？"。另一个女孩看到主动上前说："我来帮你穿。"过了一会儿，刚才想穿白蝴蝶服装的女孩又说："我要当白花。"这个帮助她的女孩说没有"白花"，于是帮她穿戴"黄花"的服装。场地布置中，幼儿分工不明确，"红花"一开始漫无目的地观望，偶尔参与干活，"白蝴蝶"女孩和穿黑斗篷的男孩在操场上奔跑追逐和玩耍，只有"白花""黄花"和穿黑斗篷的女孩在忙碌地布置草丛……

请对两位老师的描述观察进行评价。您更认同哪一种描述？为什么？

（3）这是幼儿园老师给幼儿的评语。

给中班小朋友蒙蒙的评语：你有一双灵巧的小手，你画的花儿像是飘着香味儿，你制作的"小动物"好像能和我们说话，真是了不起！老师想和你说句悄悄话：小朋友们都期待你能做他们的小老师呢，教他们画画、折纸的本领吧。老师也想和你做朋友，每天都在一起说说心里话，让我们分享你的成功和快乐，好吗？你要先和爸爸妈妈分享，给他们讲讲你的画，你可以给他们当小老师，你一定会做得很好！

给小班小朋友成成的评语：你真是个聪明能干的小男子汉，无论什么事你都能自己拿主意，在游戏的时候你也能经常获得胜利，老师真为你感到骄傲！老师推荐你和妈妈一起读一读《龟兔赛跑》的故事，然后你可以发挥你的聪明才智，再创作一个故事，想象一下，当兔子发现自己输了，接下来又会发生什么事情？

您从老师的评语中体会到哪些东西？

（4）小强是大班的幼儿，一次班上举行做小汽车的比赛，小强和大家一样在教师的帮助下想好自己要做的款式以及所需的材料，做了一个比较漂亮的小汽车。小强做的小汽车是在参考汽车图片的基础上自己想出来的，独特之处就在于他在汽车上安了一个天窗，并且在天窗的上方给小汽车加了一对翅膀，有种汽车飞机的感觉。他的汽车门是活动的，能够开关，汽车轮子也是可以转动的。

请问您如何对小强的作品进行评价？

（5）活动结束后，蕾蕾小心翼翼地捧着一个"我们左看右看不知道是什么"的泥疙瘩，她迫不及待地放上交流台，并兴致勃勃跟小伙伴谈开了："你们知道我做的是什么吗？告诉你们吧，这上面是两个山峰，一个大，一个小，中间还有一条瀑布流下来，这下面是我和我哥哥在那里看瀑布……"听着她滔滔不绝的话语，再看看她脸上始终洋溢着的幸福与满足的笑容，我想，这是其他一切评价所无法实现的。

请结合学前儿童发展评价的相关理论对案例进行评析。

（6）以下是某幼儿园教师对幼儿绘画作品的评价。

该图线条较为流畅，能表现物体的主要部分和基本特征，反映出图示期幼儿的绘画特征。画面布局合理，马路上有车子在行驶，马路两边有房子和树木，太阳则位于马路和房子的上空，车头的位置也呈现了车辆行驶的方向，这说明幼儿的空间概念得以建构。画面主题明确，表现的是马路的情景，反映了幼儿的生活经验。而图中车辆造型、种类及车灯、车轮、车窗等细节的表现，则体现了作者细微的观察力……

请结合学前儿童发展评价的相关理论对案例进行评析。

（7）田田是个好问、爱动脑筋的孩子。一天，教师要求他们画《春天的公园》。一进家门，田田就迫不及待地拿出纸和水彩笔，趴在桌上认真地画了起来。吃晚饭前，爸爸回来了，见田田正在认真地作画，就走了过去："哟，你画的公园真美。可为什么这两朵花少了两片花瓣呢？""是蝴蝶不小心碰掉了。""那花儿会怎样的啊？""花儿会伤心地哭的，爸爸我给红花画上红眼泪，给黄花画上黄眼泪吧，再画上正在道歉的蝴蝶吧。"田田没有停笔，在画纸上又画了起来。爸爸问："你还要画什么？""我还要画雨。""你为什么要画雨天的公园呢？""我觉得下雨天的公园特别美，空气特别新鲜。我还要把雨画成彩色的，我要让春天的公园变得五彩缤纷。""那花儿喜欢吗？""喜欢，你看它们都乐呵呵的，因为它们个个都穿上了五彩的衣裳。"田田又认真地画了起来，一幅《春天雨后的公园》诞生了。第二天一早，田田揣着这幅得意的杰作，高高兴兴地去了幼儿园。可晚上回家，却带着一脸的沮丧。原来，田田没有按教师的示范画画，且越出了主题，结果连个五角星也没有得到。田田不解地："我动脑筋画的画，老师为什么不给我五角星？"

请结合学前儿童发展评价的相关理论对案例进行评析。

(8) 中班彩绘活动"新年贺卡"中,教师并没有给孩子们任何范画,引导幼儿大胆创想自己的贺卡,利用彩绘再进行装饰。小言和芯芯是一对好朋友,他们一同把作品拿到教师的面前,齐声说道:"陶老师,看我们都画好了,哪张更漂亮?"此时,放在教师面前的是两张截然不同的贺卡,芯芯是运用各种流畅线条勾画可爱动物的花色边框贺卡,上面还画上了她最爱的妈妈;小言是运用抽象形状涂鸦方式装饰的黄色贺卡,上面也画上了自己的妈妈,两个孩子都要把这张贺卡送给自己的妈妈。回想两个孩子之前的彩绘水平——小言运用线条的能力要比芯芯差,对于色彩搭配也没有芯芯更有想法。然而这一次小言用色很大胆,有了很大进步,芯芯是一如既往得好。教师看着这两张贺卡,笑着说道:"小言用色真大胆,芯芯贺卡真精致。为你们两人都竖起大拇指!"

请结合学前儿童发展评价的相关理论对案例进行评析。

参 考 文 献

[1] 蔡春美，洪福财. 幼儿行为观察与记录［M］. 上海：华东师范大学出版社，2003.
[2] 陈帼眉. 学前心理学［M］. 北京：人民出版社，2006.
[3] 丁海东. 学前游戏论［M］. 济南：山东人民出版社，2001.
[4] 董旭花. 幼儿园游戏［M］. 北京：科学出版社，2011.
[5] 冯伟群. 幼儿教师临场应变技巧60例［M］. 北京：中国轻工业出版社，2015.
[6] 冯晓霞. 幼儿园课程［M］. 北京：北京师范大学出版社，2003.
[7] 傅建明. 学前教育学［M］. 北京：中央广播电视大学出版社，2010.
[8] 桂景宣. 学前教育概论［M］. 北京：高等教育出版社，2012.
[9] 何艳萍. 幼儿园区域活动的实践与探索［M］. 北京：北京师范大学出版社，2010.
[10] 霍力岩. 学前教育评价［M］. 北京：北京师范大学出版社，2002.
[11] 霍习霞. 学前教育概论［M］. 武汉：华中师范大学出版社，2013.
[12] 教育部基础教育司. 幼儿园教育指导纲要（试行）［M］. 南京：江苏教育出版社，2002.
[13] 李季湄. 幼儿教育学基础［M］. 北京．北京师范大学出版社，2004.
[14] 李生兰. 学前教育学［M］. 上海：华东师范大学出版社，2005.
[15] 林崇德. 教育的智慧［M］. 北京：开明出版社，1999.
[16] 刘焱. 儿童游戏通论［M］. 北京：北京师范大学出版社，2003.
[17] 刘晶波. 师幼互动研究［M］. 南京：南京师范大学出版社，1999.
[18] 刘晓东. 学前教育概论［M］. 南京：江苏教育出版社，2009.
[19] 柳阳辉，张兰英. 学前儿童游戏［M］. 郑州：郑州大学出版社，2006.
[20] ［意］蒙台梭利. 童年的秘密［M］. 马根荣，译. 北京：人民教育出版社，1990.
[21] 庞丽娟. 教师与儿童发展［M］. 北京：北京师范大学出版社，2001.
[22] ［瑞士］皮亚杰. 儿童的心理发展［M］. 傅统先，译. 济南：山东教育出版社，1982.
[23] 唐淑，钟昭华. 中国学前教育史［M］. 北京：人民教育出版社，1993.
[24] 王春燕. 幼儿园教学诊断技巧与对策58例［M］. 北京：中国轻工业出版社，2014.
[25] 王金洪. 儿童游戏教程［M］. 北京：北京出版社，2011.
[26] 王振宇. 儿童社会化与教育［M］. 北京：人民教育出版社，1992.
[27] 魏建培. 学前教育学［M］. 北京：科学出版社，2008.
[28] 叶澜. 教育概论［M］. 北京：人民教育出版社，1991.
[29] 翟悱红. 学前儿童游戏教程［M］. 上海：复旦大学出版社，2011.
[30] 张文新. 儿童社会性发展［M］. 北京：北京师范大学出版社，1999.
[31] 俞春晓. 幼儿教师必须修炼的10项教学技能［M］. 北京：中国轻工业出版社，2015.
[32] 朱慕菊. 幼儿园与小学衔接的研究报告［M］. 北京：中国少年儿童出版社，1995.

［33］朱家雄，朱爱华．幼儿园环境与幼儿行为和发展的研究［M］．北京：世界图书出版社，1996.

［34］祝士媛，唐淑．幼儿教育百科辞典［M］．上海：上海教育出版社，1989.

［35］朱霞，李霞．学前教育学［M］．长沙：湖南师范大学出版社，2015.

［36］中国学前教育网．http：∥www.preschool.net.cn

［37］中国幼儿教师网．http：∥www.yejs.cn

［38］中国儿童教育网．http：∥www.cnfirst.net